MÉMOIRES
ET LETTRES
DU
MARÉCHAL DE TESSÉ.

TOME I.

Les sieurs TREUTTEL et WÜRTZ mettent cette édition des MÉMOIRES ET LETTRES DU MARÉCHAL DE TESSÉ, sous la sauvegarde des loix, spécialement de celle du 19 juillet 1793, an 2, et du décret impérial du 1er germinal an 13, concernant la librairie. Ils ont d'ailleurs rempli toutes les formalités exigées par ces loix, pour s'assurer la propriété incontestable de leur édition : en conséquence ils poursuivront comme contrefacteur, devant les tribunaux, quiconque imprimera et vendra, sans leur autorisation expresse et par écrit, la totalité ou aucuns fragmens ou morceaux détachés, conformes au contenu de la présente édition.

DE L'IMPRIMERIE DE CRAPELET.

MÉMOIRES

ET

LETTRES DU MARÉCHAL

DE TESSÉ,

CONTENANT DES ANECDOTES
ET DES FAITS HISTORIQUES INCONNUS,
SUR PARTIE DES RÈGNES DE LOUIS XIV ET DE LOUIS XV.

TOME PREMIER.

A PARIS,

Chez Treuttel et Würtz, libraires, ancien hôtel
de Lauraguais, rue de Lille, n° 17, vis-à-vis les Théatins;
Et à Strasbourg, même maison de commerce.

1806.

INTRODUCTION

OU

AVERTISSEMENT NÉCESSAIRE A LIRE.

Le maréchal de Tessé a passé parmi ses contemporains pour un homme de beaucoup d'esprit, qui écrivoit avec autant de facilité que de graces. L'Editeur d'une collection intitulée : *Recueil A, B, C, D,* &c. en vingt-quatre volumes ou parties *in*-12, a même tenté de créer un mérite littéraire au Maréchal, en publiant comme de lui, dans le recueil A, les quatre fragmens dont l'indication suit :

1°. Circonstances particulières dont l'enchaînement fit que le marquis d'Arquien, père de la reine de Pologne (1), ne put obtenir d'être fait duc ;

2°. Histoire de Daniel de Cosnac, archevêque d'Aix ;

---

(1) Femme de Jean III, Sobieski.

3°. Mémoire, ou histoire secrète des motifs qui ont donné lieu au grand-visir Kara-Mustapha, d'entreprendre le siége de Vienne en 1683;

4°. Mémoire sur ce qui donna lieu, en 1683, à Jean Sobieski, roi de Pologne, de secourir Vienne, assiégé par les Turcs, et dont l'Empereur et toute sa famille avoient été obligés de sortir, avec quelques circonstances de l'entrevue de Sa Majesté Impériale et de Sa Majesté Polonaise.

Si, d'un côté, ces quatre opuscules n'ont pas nui à la réputation littéraire du maréchal de Tessé, qui jamais ne l'ambitionna, de l'autre ils ne peuvent y contribuer, puisqu'il n'en est pas l'auteur ; qu'il est constaté aujourd'hui qu'ils sont de l'abbé de Choisi; que le second fait même partie de ses Mémoires (livre VIIe), imprimés en 1727, en deux vol. *in*-12, et que les trois autres se trouvent parmi ses manuscrits historiques inédits. D'ailleurs, pour peu qu'on ait de tact, il est impossible de méconnoître le style de l'abbé de Choisi dans ces quatre fragmens. On va donc mettre en évidence des preuves plus certaines du mérite quelconque du maréchal de Tessé, comme écrivain : elles consistent dans une réunion de lettres ou de mémoires authentiques, relatifs à diverses opérations de guerre et de politique auxquelles il a eu part, ou à de simples rapports de société. Ces pièces inconnues, mais utiles à l'histoire, n'annoncent de la part de leur auteur aucune prétention littéraire; et afin qu'elles n'offrent pas une simple collection de morceaux détachés, placés par ordre de dates, on les a liées par des détails explicatifs qui présentent un ensemble sur la carrière que le maréchal de Tessé a parcourue dans les armes et les affaires. Notre objet a été de donner, non une histoire détaillée de sa Vie, mais des Mémoires suivis ; et pour nous dispenser de revenir ailleurs sur le caractère du Maréchal, nous citerons ce que le duc de Saint-Simon, qui assure l'avoir connu particulièrement, en dit dans deux endroits de ses Mémoires.

« C'étoit un grand homme, bien fait, d'une figure fort noble et fort agréable, doux, liant, poli, flatteur, voulant plaire à tout le monde. Il devint bientôt comme d'Huxelles (1), mais dans un genre différent, l'homme à tout faire de M. de Louvois, et celui qui de par-tout l'informoit de toutes choses; aussi en fut-il promptement et roidement récompensé.... C'étoit un Manceau digne de son pays, fin, adroit, ingrat à merveille, fourbe et artificieux de même. Il avoit le jargon des femmes, assez celui de courtisan, tout-à-fait l'air d'un seigneur et du grand monde, sans pourtant dépenser; au fond, ignorant à la guerre, qu'il n'avoit jamais faite que par un hasard d'avoir été par-tout, et de s'être toujours trouvé à côté des actions et de presque tous les siéges. Avec un air de modestie, hardi à se faire valoir et à insinuer tout ce qui lui étoit utile. Toujours au mieux avec tout ce qui fut en crédit et dans le ministère, sur-tout avec les puissans valets. Sa

---

(1) M. de Louvois qui avoit été amant de la mère de celui-ci, lui procura assez d'avancement, pour qu'il se trouvât en mesure d'être maréchal de France le 14 janvier 1703.

douceur et son accortise le firent aimer ; sa fadeur et le tuf qui se trouvoit bientôt, pour peu qu'il fût recherché, le firent mépriser. Conteur quelquefois assez amusant, bientôt après plat et ennuyeux, et toujours plein de vue et de manège. Il sut profiter de ses bassesses et de l'amitié que madame la duchesse de Bourgogne se piqua d'avoir pour lui, ayant été l'instrument de son bonheur (1), et parce qu'elle sentoit que cela plaisoit au Roi, à madame de Maintenon et à M. le duc de Bourgogne (2) ».

Voici l'autre passage des Mémoires de M. de Saint-Simon :

« Tessé, ami de Pontchartrain (3), étoit suspect *aux seigneurs et aux ministres ;* les personnages qu'il avoit faits ne lui avoient acquis l'estime ni la confiance de personne. Sa conduite à l'égard de Catinat l'avoit perdu

---

(1) C'étoit lui qui avoit négocié son mariage avec le duc de Bourgogne.

(2) *Voyez* les Œuvres du duc de Saint-Simon, tome II, pag. 17, 18 et 19, de l'édition en 13 vol. *in*-8°. donnée en 1791 à Strasbourg, par les sieurs Treuttel et Würtz, laquelle est la meilleure et la plus complète.

(3) Chancelier de France.

dans l'esprit de tous les honnêtes gens, et empêcha même les autres de se lier avec lui ; et sa bassesse à l'égard (du prince) de Vaudémont, (du duc) de Vendôme et (du duc, depuis maréchal) de la Feuillade (1), avoit achevé de l'anéantir. Son ambassade de Rome (en 1708) ne le releva pas, ni ses lettres ridicules au Pape, qu'il n'eut pas honte de publier par-tout (2) ».

Si ce portrait offre quelques traits ressemblans, on croit y en appercevoir d'autres fort exagérés ; d'ailleurs, personne n'ignore que le duc de Saint-Simon n'étoit pas indulgent ; son extrême sévérité, et même son injustice envers M. de Tessé, vont jusqu'à la calomnie, du moins sur l'article de la bravoure, ainsi qu'on le démontre dans plusieurs endroits de ces Mémoires.

On lui impute des bassesses à l'égard du prince de Vaudémont, du duc de Vendôme et du duc de la Feuillade ; mais, outre qu'on ne trouve aucune preuve de ces

---

(1) En 1724.
(2) *Voyez* les Mémoires du duc de Saint-Simon, cités ci-dessus, t. v, pag. 70.

INTRODUCTION. xj

accusations, elles paroissent sinon totalement démenties, du moins fort atténuées par les réflexions suivantes. M. de Tessé jugeant l'influence de M. de Vaudémont indispensable pour renverser le maréchal de Catinat, agit de concert avec lui en tout ce qui pouvoit remplir cet objet. Ce fut un tort trop grave pour que l'épithète *de bassesse* pût y convenir; il falloit donc employer une autre expression ou citer un autre exemple. On voit par le ton de deux lettres, que le comte de Tessé écrivit en août 1697, au duc de Vendôme et au Grand-Prieur, son frère (1), qu'il avoit avec ces princes des liaisons assez intimes, qu'il entretint et chercha probablement à augmenter, lorsque le premier vint commander l'armée d'Italie, en 1702 ; démarche qui n'a rien de blâmable, et le duc de Saint-Simon lui-même en auroit fait autant. Quant au duc de la Feuillade (2), on connoît

---

(1) *Voyez* tome 1, pag. 123 et 124 de ces Mémoires.
(2) Il est question de ce duc de la Feuillade, page 135 du second volume de ces Mémoires : on y verra que c'étoit le fils du maréchal de la Feuillade qui bâtit la place

les lettres que le Maréchal écrivit à son sujet, en 1703 et en 1704, à M. de Chamillart, à qui il promit de bien vivre avec son gendre, d'ailleurs gouverneur du Dauphiné, et de ne rien négliger pour lui faciliter les moyens de réussir et de se distinguer dans des opérations militaires qu'on projetoit alors. Un ministre de la guerre desire que le mari de sa fille marque par ses services; il exprime cette intention au général de l'armée : celui-ci, obligé par sa position à beaucoup de ménagemens avec le Ministre, l'assure qu'il fera tout ce qui dépend de lui pour le satisfaire. Qu'y a-t-il de bas à cela? et qui, à la place de M. de Tessé, eût agi différemment ? Au reste, il ne faut pas

---

des Victoires pour placer au milieu la statue de Louis XIV, renversée en 1792. Il ne manquoit ni d'esprit, ni surtout d'originalité; on en a cité pour exemple, qu'il ne vouloit coucher avec sa femme, qu'autant que M. de Chamillart lui donnoit de l'argent, et encore le gagnoit-il souvent très-mal; genre d'escroquerie qui mettoit au désespoir madame de la Feuillade ; alors elle se servoit de la tendresse que son père lui marquoit, pour lui extorquer de nouvelles contributions en faveur de son nexorable mari.

perdre de vue que c'étoit un courtisan, (classe parmi laquelle les hommes essentiellement vertueux sont rares,) et non un moraliste austère : on ne doit donc pas le juger sous ce rapport. Il résulte de ces observations, que les hideuses couleurs avec lesquelles le trop rigoureux Saint-Simon hasarde de peindre le Maréchal son contemporain, ne sont pas toujours celles de la vérité ; car des imputations vagues, quelque graves qu'elles soient, ou des conclusions tirées de faits dont on ignore souvent les causes secrètes, ne sont point des preuves irréfragables aux yeux de la raison et de l'équité ; et comme nous ne voulons suivre d'autre loi que la leur, nous remarquerons que de tous les reproches que M. de Saint-Simon fait à M. de Tessé, il n'y en a que deux de prouvés : 1°. son ingratitude à l'égard du vertueux Catinat; 2°. son desir immodéré de plaire à tout le monde, et qui lui fit oublier quelquefois ce qu'il se devoit à lui-même. On ne peut nier qu'il semble n'avoir négligé, même aux dépens de sa propre dignité, aucun moyen pour faire adopter ses vues à ceux avec lesquels il traitoit; et que, par exemple, il commençoit et terminoit ses lettres aux Ministres, par des formules de *Monseigneur* et de *respects*, qui répugnent toujours à un homme de qualité, mais qui séduisent sûrement des bourgeois parvenus dans la robe. Si elles ne coûtoient rien à M. de Tessé, il en faudroit conclure qu'il manquoit d'élévation d'ame; si elles lui répugnoient, il poussa alors trop loin la souplesse. Au surplus, on croit être juste et impartial en disant, que ce fut un homme d'esprit, doué de la plus brillante valeur, qui eut des qualités et des défauts, une médiocre délicatesse sur les moyens de parvenir, et qui remplit du reste honorablement une carrière distinguée, sans autre tache évidente, que son intrigue pour supplanter, en 1701, le maréchal de Catinat, son bienfaiteur et celui de son frère.

On n'a rien inséré dans ces Mémoires, qui ne soit justifié par des pièces dont on possède les originaux, ou au moins des copies authentiques. On n'a pas eu l'in-

INTRODUCTION. xv

tention d'écrire l'histoire des campagnes des généraux sous lesquels M. de Tessé a servi ; mais quand il s'est trouvé acteur principal, ses actions exigeoient des détails qui ne pouvoient se passer sous silence, et on en a parlé de manière à ne pas omettre ce qui est essentiel, à être entendu des militaires, et à ne pas ennuyer ceux qui ne le sont pas. On croit avoir tenu à cet égard un juste milieu, convenable à la plus nombreuse classe des lecteurs. Il s'en trouvera, peut-être, quelques-uns qui ne seront pas fort récréés, par le Mémoire sur le *droit de Dace* ou de *Ville-Franche*(1); par divers articles du Journal du blocus de Mantoue (2); par le Mémoire sur la défense de Cadix et de l'Andalousie, adressé à Philippe v (3) ; enfin, par quelques détails politiques relatifs à la négociation avec le czar Pierre 1er, en 1717 (4) ; mais ce sont des pièces importantes pour l'histoire, et

---

(1) Chapitre IV, tome I, page 134.
(2) Chapitre v, tome I, page 230.
(3) Chapitre IX, tome II, page 174.
(4) Chapitre XIII, tome II, page 313.

qu'on ne devoit ni omettre, ni mutiler. Au reste, on sera amplement dédommagé de leur sécheresse, par le grand nombre d'anecdotes et de faits intéressans et inconnus sur partie des règnes de Louis xiv et de Louis xv qu'on trouvera dans le surplus.

Le sommaire des chapitres placé à la fin de chaque volume, en indique exactement le contenu.

Nota. On a imprimé sur papier vélin quelques exemplaires de cet ouvrage.

MÉMOIRES
ET
LETTRES DU MARÉCHAL
DE TESSÉ.

CHAPITRE PREMIER.

Naissance du comte de Tessé. Son entrée au service et ses premières armes en Lorraine avec le maréchal de Créqui. Il est placé ensuite dans le même régiment avec le chevalier de Tessé, son frère. Il sert dans la guerre de Hollande commencée en 1672. Il parvient successivement aux grades de capitaine et de colonel. Son mariage. Il marche en Roussillon, passe en Sicile, se distingue sur le Rhin en 1677, sous les ordres du maréchal de Créqui. Est élevé au grade de brigadier de dragons. Se signale encore dans la campagne de 1678 sous le même général. S'introduit dans la société du marquis de Louvois, et gagne son amitié. Obtient le commandement du Dauphiné et celui de plusieurs camps de paix. Est employé au siége de Luxembourg en 1684. M. de Louvois lui procure la charge de mestre-de-camp général des dragons.

Mans-Jean-Baptiste-René de Froullai, comte de Tessé, né en 1651, montra, dès sa plus tendre jeunesse, beaucoup de vivacité d'esprit et d'envie de parvenir. Le comte de Froullai, son oncle, grand maréchal-des-logis de la maison du Roi, chevalier des ordres en 1661 et mort en 1671, le produisit dans le monde. Il débuta dans la carrière des armes en 1669, par servir d'aide-de-camp au maréchal de Créqui, qui commandoit alors une petite armée en Lorraine. Le 24 décembre de la même année, il fut nommé enseigne au régiment de Royal-la-Marine, qu'on venoit de créer. On y plaça en même temps, et avec le même grade, Philibert-Emmanuel, son frère cadet, connu sous le nom de chevalier de Tessé. La plus parfaite union régna toujours entre eux, et ils s'attachèrent à être ensemble dans la même armée, autant que les circonstances le permirent. Le comte de Tessé servit encore en Lorraine en 1670, fut blessé légèrement au siège d'Epinal, pris à discrétion le 25 septembre, et se distingua de nouveau à celui de Chatté, qui se rendit le 6 octobre, après six jours d'attaque. Son régiment faisant partie de l'armée du Roi en 1672, dans la guerre contre les Provinces-Unies des Pays-Bas, il se trouva au siège d'Orsoi, pris le 3 juin, et à celui de Rhinberg, qui capitula le 6, se signala le 12 au passage du Rhin, et ensuite à l'attaque de

Doesbourg, dont les portes s'ouvrirent aux Français le 21. Le 26, M. de Tessé fut nommé capitaine dans le régiment de cavalerie de Beauvezé, avec lequel il suivit le maréchal de Turenne au-delà du Rhin, à la fin de 1672, et servit sous ses ordres en 1673, aux siéges d'Unna, de Kamen, d'Altenau et de Ham qui se soumirent les 5, 7, 8 et 19 février.

Une commission du 25 mars 1674, autorisa le comte de Tessé à lever un régiment de dragons de son nom, et tandis qu'on en accéléroit la formation, il épousa, le 10 juin, Marie-Françoise Aubert d'Aunai, fille unique du baron de ce nom, qui possédoit des terres assez considérables en Normandie. Les contemporains de la comtesse de Tessé ne parlent point d'elle, ce qui prouve qu'elle ne fit aucune sensation dans la société; mais on ne peut conclure de ce silence, qu'elle fût une femme sans mérite; il paroît au contraire que si les qualités brillantes lui manquèrent, elle avoit des vertus domestiques qui contribuèrent à son bonheur et à celui de son mari, qui lui rendit toujours justice (1). Mais à peine

---

(1) Elle eut de lui sept enfans, sans compter ceux qui peuvent être morts en bas âge :

1°. Réné-Mans de Froullai, d'abord marquis, puis comte

marié, il s'arracha des bras de sa femme, courut en Roussillon, et se signala le 26 juin à l'action de Saint-Jean-de-Pagés, sous les yeux du comte de Schonberg, commandant de l'armée française, que son régiment joignit au mois d'août.

Le chevalier de Tessé avoit fait les cam-

---

de Tessé, né le 11 novembre 1681, entra dans les Mousquetaires en 1697, et fit la campagne de Flandre avec son père. Colonel d'un régiment d'infanterie de son nom, le 1er septembre 1699, passa en Italie en décembre 1700, servit sous son père en juillet 1701 au combat de Carpi, à celui de Chiari, au blocus de Mantoue, pendant lequel se donna le combat de Borgoforte, de Castel-Mantouan et de Saint-Antoine, et à la défaite du général Trautmansdorff le 22 mars 1702, apporta au Roi la nouvelle de la levée du blocus de Mantoue, se trouva aux actions de Santa-Vittoria, de Luzara, au siége de Guastalla et à l'attaque de Borgoforte; prit le titre de comte de Tessé quand son père devint maréchal de France, au commencement de 1703; servit cette année en Allemagne sous le duc de Bourgogne au siége de Landau, et sous le comte de Tallard à la bataille de Spire; fit les campagnes de 1704, 1705 et 1706 en Italie. Grand d'Espagne sur la démission de son père, le 8 mars 1706. Marié le 13 avril suivant à Marie-Elisabeth-Claude-Pétronille de Bouchu. Fit les campagnes de 1707, 1708, 1709, 1710, 1711 et 1712 en Provence et dans les Alpes; succéda à son père à la lieutenance générale du Maine, Perche et Laval, le 1er décembre 1712; fit la campagne du Rhin en 1713, et ne servit plus. Lieu-

pagnes de 1672 et de 1673 dans les Pays-Bas, en qualité d'aide-de-camp du Roi. Nommé major du régiment de son frère à sa création, ce fut lui qui le conduisit en Roussillon, où il servit le reste de la campagne de 1674, et pendant celles de 1675 et 1676, sous le duc de Navailles, qui avoit remplacé M. de Schonberg en 1675.

tenant général des armées le 8 mars 1718; premier écuyer de l'Infante, sur la démission de son père, le 1er novembre 1724; premier écuyer de la Reine le 29 mai 1725, chevalier des ordres du Roi le 16 mai 1728, mort le 22 septembre 1746.

2°. Réné Louis de Froullai, marquis de Tessé, d'abord chanoine comte de Lyon et abbé de Savigni, ordre de Saint-Benoit, le 10 mai 1704; quitta l'état ecclésiastique et se maria en Suisse, en 1711, avec Anne de Castan. Il fut successivement capitaine des Gardes et premier gentilhomme de la chambre du duc de Bourbon.

3°. Réné-François, chevalier de Tessé, entra dans l'ordre de Malte, et mourut en 1734.

4°. Marie-Françoise de Tessé: mariée 1°. à Guillaume Fouquet, marquis de la Varenne; 2°. à Jean-François de Briqueville, comte de la Luzerne.

5°. Gabrielle de Tessé paroit n'avoir contracté aucune alliance.

6°. Henriette-Marthe de Tessé, mariée le 15 février 1698 à Jean-Baptiste Colbert, comte de Maulevrier.

7°. Françoise-Gabrielle de Tessé, successivement abbesse de Vignats et de la Trinité de Caen.

Le 9 janvier 1675, le comte de Tessé fut choisi pour commander la cavalerie en Sicile, où le comte, depuis maréchal-duc de Vivonne, étoit envoyé pour fomenter et entretenir la révolte contre l'Espagne. M. de Tessé repassa en France au commencement de 1677, et obtint le 10 mai une patente de commandant des dragons dans l'armée du maréchal de Créqui, où il fit employer son frère, de même que pendant l'année suivante. M. de Tessé se distingua dans l'action du 15 juin 1677, près de Morville; le 11 juillet près de Feistroff, au combat dans lequel l'arrière-garde de l'armée impériale souffrit de grandes pertes; à la défaite du prince de Saxe Eisenach, le 22 septembre; enfin, à la prise de Fribourg, qui se rendit le 15 novembre. Elevé au grade de brigadier de dragons le 20 janvier 1678, le comte de Tessé servit encore pendant cette campagne dans l'armée du maréchal de Créqui; fut blessé d'un coup de pique au combat de Rhinfeld, le 6 juillet, et reçut le 23 un coup de mousquet au passage de la Kintzig. Ces fréquentes blessures prouvent qu'il payoit réellement de sa personne, et ne se bornoit pas, comme l'avance le duc de Saint-Simon, *à se trouver à côté des actions et de presque tous les siéges;* d'ailleurs, on le verra dans la suite

ANNÉE 1683.

de ces Mémoires, donner des preuves de la plus grande intrépidité. Son avancement fut prompt : il le mérita par ses services, mais il eût peut-être été moins rapide sans un heureux hasard, dont on ne peut blâmer le comte de Tessé d'avoir profité. Son ayeule paternelle étoit sœur du marquis d'Escoubleau-Sourdis, dont le fils, ami intime de M. de Saint-Pouange, créature et confident du marquis de Louvois, qui se déchargeoit sur lui de beaucoup de détails relatifs au département de la guerre, et lui confia les principales intendances d'armées. M. de Sourdis consentit à donner sa fille unique en mariage au jeune Saint-Pouange, et cette parenté, dont M. de Tessé sut se prévaloir, le fit admettre dans la société de M. de Louvois, à qui il sut plaire. Le ministre le prit même en amitié, et contribua ensuite essentiellement à sa fortune.

Après la paix de Nimègue, en 1679, il fut employé en qualité de brigadier, avec des troupes qui campèrent sur la Sarre. Il obtint, le 9 octobre 1680, la lieutenance-générale au gouvernement du Maine, du Perche et de Laval, et en 1681, le commandement du Dauphiné ; ce qui ne l'empêcha pas de servir la même année et la suivante au camp de la Sarre, et en 1683, quoique commandant en

Dauphiné et en Languedoc, il se rendit au camp de la Saône, que concourut à former un régiment de dragons, qu'il avoit procuré le 4 août 1681 à son frère. En 1684, ce dernier servit en Flandre, et on employa le comte de Tessé sous le maréchal de Créqui, au siége de Luxembourg, qui se rendit le 4 juin. Il acheta pour quarante mille livres, de la famille du feu comte de Quincé, la charge de mestre de camp général des carabins, espèce de dragons qui n'étoient plus guère en vogue, que le Roi supprima par un édit du 17 décembre, qui créoit en même temps, pour le comte de Tessé, la charge de mestre de camp général des dragons, et son régiment prit ce nom. Il est évident qu'il ne dut une faveur aussi distinguée qu'à l'intérêt que le marquis de Louvois prenoit à lui. Un officier-général désigné pour commander, en 1685, un camp sur la Kinche, en Alsace, étant tombé malade, le ministre le fit remplacer le 16 avril par M. de Tessé, qui retourna l'année suivante (1686) en Dauphiné, dont il obtint le commandement en chef le 8 août, lorsque M. de Saint-Ruth qui l'exerçoit, alla commander en Guyenne.

ANNÉE 1686.

CHAPITRE II.

A la révocation de l'édit de Nantes, M. de Tessé devient un des missionnaires militaires ou chefs des dragonades, chargés d'opérer à coups de sabre la conversion des Calvinistes, mais sans se permettre les mêmes excès que plusieurs autres. Lettre singulière qu'il écrit à M. de Louvois sur les abjurations forcées de la ville d'Orange. Le ministre lui procure le grade de maréchal de camp et le cordon bleu. Il va servir successivement sur le Rhin et sur la Moselle. Fait des courses dans le duché de Juliers, et commande ensuite sur la Meuse.

L'ÉDIT de Nantes, qui avoit accordé aux protestans une existence légale en France, étoit révoqué depuis 1685, et un des résultats qui suivirent cette impolitique mesure, fut la résolution aussi extravagante que barbare, de contraindre les sectaires d'abjurer leurs dogmes de gré ou de force. On connoît les exécutions militaires, et les autres cruautés atroces auxquelles cet inique projet donna lieu. Comme concourir à son exécution, étoit un moyen de plaire à Louis XIV et à la plupart de ses entours et de ses ministres, le comte de Tessé devint un des missionnaires militaires ; mais il ne paroît pas qu'il commît les mêmes excès que beaucoup d'autres ; du moins il traitoit les choses moins sérieusement, ainsi qu'on peut le voir par la lettre suivante, qu'il adressa, dans le courant de 1686, au marquis de Louvois, pour l'informer du succès d'une course, ou plutôt d'une mission à main armée qu'il venoit de faire à Orange.

« Monseigneur, je vous ai promis par la dernière lettre que j'ai eu l'honneur de vous écrire, qu'apparemment le succès des conversions que j'espérois répondroit à mon attente. Je vous tiens parole aujourd'hui, Monseigneur, et non-seulement dans une même journée toute la ville d'Orange s'est convertie, mais l'Etat a pris la même délibération, et messieurs du parlement, qui ont voulu se distinguer par un peu plus d'obstination, ont pris le même dessein vingt-quatre heures après; tout cela s'est fait doucement, sans violence et sans désordre : il n'y a que le ministre Chambrun, patriarche du pays, qui continue à ne point vouloir entendre raison, car M. le président, qui aspiroit à l'honneur du martyre, fût devenu mahométan, ainsi que le reste du parlement, si je l'eusse souhaité. Je vous envoie le modèle de la délibération, qui est suivie de la particulière abjuration d'un chacun; je ne vous célerai pas que ces gens-ci m'ont fait des propositions de créance, qu'il faut être fou pour imaginer. La moins extravagante et la plus difficile à surmonter, c'est la nécessité où ils croient être, de mettre le nom et l'autorité du Roi dans toutes les lignes, pour se disculper envers leur prince (1) de ce changement, par une contrainte qu'ils vouloient qui parût (2). Vous verrez comme quoi j'ai retranché tout ce qui pouvoit la ressentir. Du reste, pour ce qui regarde les points de croyance, M. l'évêque d'Orange s'en est contenté; mais j'ai cru me devoir roidir, et ne pas souffrir qu'on parlât autrement de l'autorité du Roi. En tout cas, il faut que le Roi regarde ce qu'on fait avec ces gens-ci, comme quand d'une mauvaise paye l'on tire ce qu'on peut ».

Cette étrange lettre donne lieu à des réflexions si simples et si naturelles, et en même temps si révoltantes, qu'il est superflu d'en fatiguer le lecteur, qui les fera bien lui-même.

---

(1) Le prince d'Orange, stadhouder des Provinces-Unies des Pays-Bas, étoit le légitime souverain de cette petite principauté, que Louis XIV retenoit à titre de sequestre, et qui ne lui fut authentiquement cédée que long-temps après.

(2) Elle étoit assez évidente.

Dans le temps de ces conversions forcées qu'on appeloit avec raison *dragonades*, le comte de Tessé envoie un détachement de dragons dans un village, pour en forcer les habitans à se convertir. Ces bonnes gens, effrayés, écrivent qu'ils sont prêts à faire leur abjuration. Sur cette promesse, le comte retire son détachement. Mais comme le pillage étoit un des argumens de ces missionnaires armés, le capitaine, fâché de quitter sa proie, dit en arrivant : « Je crains, mon général, que » ces marauds-là ne se moquent de vous, car » ils ne nous ont pas seulement donné le temps » de les instruire ».

Il est vraisemblable que M. de Tessé continua son bizarre apostolat en 1687, car on ne trouve nulle part qu'il ait été employé à autre chose. Son zèle fut récompensé en 1688, par le grade de maréchal de camp, qu'il obtint le 24 août. On l'envoya commander dans le Palatinat au mois d'octobre suivant, et le 31 décembre le crédit de M. de Louvois le fit nommer chevalier des ordres du Roi. Il obtint, le 28 mai 1689, une commission pour lever un régiment d'infanterie de son nom, et fut ensuite employé à l'armée d'Allemagne avec son frère, sous le maréchal de Lorges, dont les opérations se réduisirent à incendier les villes du

Palatinat, en vertu des ordres de la cour de France. Cette atrocité, dont une nation barbare eût seule été capable, est une flétrissure pour le règne de Louis xiv. De l'armée d'Allemagne, le chevalier de Tessé passa à celle de Flandre vers la fin de 1689, et son aîné sur la Moselle, en vertu d'un ordre du 31 octobre, et resta pendant l'hiver dans le corps commandé par le marquis de Boufflers, depuis maréchal de France. On continua de l'employer en 1690 dans l'armée de la Moselle, où il obtint un corps séparé, avec lequel il fit des courses jusqu'aux portes de Cologne, mit à contribution les pays de Juliers, ainsi que les environs d'Aix-la-Chapelle, remporta un avantage vers Juliers, sur les troupes de Munster et de Neubourg, au mois d'août, et vint ensuite commander à Sedan pendant l'hiver.

Le chevalier de Tessé, nommé brigadier de dragons le 10 mars 1690, obtint le 30 janvier 1691 le grade de maréchal de camp, et passa en Irlande, aux ordres du lieutenant-général Saint-Ruth, envoyé par Louis xiv, avec un corps de troupes françaises, pour soutenir les intérêts du roi d'Angleterre, Jacques ii, détrôné par le prince d'Orange, Guillaume iii, son gendre. Le chevalier de Tessé se distingua le 22 juillet à la bataille d'Aghrim, où Saint-Ruth fut tué, et quoique blessé lui-même de trois coups de feu, il rallia la cavalerie et se retira sous Galowai, et ensuite à Limerick. Devenu lieutenant-général des armées du roi Jacques, il fut assiégé dans cette place, depuis le 4 septembre jusqu'au 13 octobre, qu'il obtint la capitulation la plus honorable, et ramena en France un corps de douze à quinze mille Irlandais catholiques, qui ne vouloient pas rester sous la domination de l'hérétique Guillaume III.

ANNÉE 1691.

CHAPITRE III.

Le comte de Tessé est envoyé en 1691 à l'armée d'Italie aux ordres de M. de Catinat. Il gagne l'amitié de ce général. Est blessé à l'attaque du château de Veillane, obtient le gouvernement d'Ipres, le grade de lieutenant général des armées et la charge de colonel général des dragons. Il entreprend avec les Barbets, contre l'avis de M. de Catinat, un traité dans lequel il échoue. On le nomme successivement au commandement de l'Aunis et du Béarn. Il revient à l'armée d'Italie et réussit à se faire employer par M. de Catinat et par la Cour, dans les négociations secrètes avec le duc de Savoie. Il défend contre ce Prince le fort de Sainte-Brigite, la citadelle et la ville de Pignerol avec autant de valeur que d'intelligence, et continue à négocier avec lui. Bizarres artifices de Victor-Amédée. M. de Tessé va le trouver à Turin déguisé en postillon. Il n'en obtient d'abord que des espérances. Il concerte avec lui la reddition et la démolition de Casal. Il réussit enfin à conclure avec le Duc un traité préliminaire de paix, dans lequel le mariage de la fille aînée de ce Prince avec le duc de Bourgogne est arrêté. Nommé plénipotentiaire de Louis XIV pour conclure la paix définitive, il la signe à Turin, de même que le contrat de mariage du duc de Bourgogne. Il sert ensuite au siége de Valence, accompagne la duchesse de Bourgogne jusqu'à Fontainebleau et retourne à Turin. Ses liaisons cachées avec la comtesse de Verrue, maîtresse du duc de Savoie. Notice sur la personne et les aventures surprenantes de cette femme singulière. Elle trahit son amant pour servir Louis XIV. Lettres curieuses du comte de Tessé au Roi à ce sujet. Il adresse au marquis de Barbezieux, ministre de la guerre, des détails relativement à un alchimiste. Il va servir en Flandre dans l'armée du maréchal de Catinat en 1697. Il est employé au siége d'Ath. Quelques-unes de ses lettres écrites pendant cette campagne.

Au commencement de 1691, le comte de Tessé reçut ordre d'aller servir à l'armée d'Italie, commandée par le vertueux Catinat, dont il gagna en peu de temps la confiance et l'amitié. Ce général ayant commencé ses opérations par la conquête du comté de Nice, il y fut secondé par M. de Tessé, à l'attaque du château de Villefranche, soumis le 21 mars, après deux jours de résistance; à la prise de possession de Nice, qui ouvrit ses portes le 26 mars, et au siége de Montalban, commencé le 27, et terminé le 2 avril par une capitulation en vertu de laquelle la garnison l'évacua le 5. Le comté de Nice soumis, M. de Catinat se porta à Suze, à dessein de prendre Veillane, et de jeter ensuite des secours dans Casal. Le général français part de Suze le 27 mai, et arrive le lendemain à la vue de Veillane et de l'armée du duc de Savoie, (que nous nommons Victor-Amédée II, quoiqu'il signât seulement Victor-Amée), et qui, trop foible pour risquer une bataille, se retire vers Turin. Le 29, Catinat charge le comte de Tessé d'attaquer le château de Veillane, où il est blessé à la hanche d'un éclat de grenade, et le fort qui se rend le lendemain est démoli. M. de Tessé ne fit plus rien de remarquable pendant le reste de cette campagne, où il perdit le 16 juillet le marquis de Louvois son ami, mais plus certainement encore son protecteur. Il paroît cependant que cette mort lui fut peu nuisible, car il obtint le 17 octobre le gouvernement d'Ipres, qui étoit le meilleur de la Flandre, vacant par le décès du marquis de la Trousse, et le 26 on lui expédia un ordre, pour commander pendant l'hiver sur la frontière de Savoie et de Piémont, et dans les ville et cidatelle de Pignerol.

Le comte de Tessé, convaincu qu'en France un militaire est inactif la plus grande partie de sa vie, s'il n'est propre qu'à sa seule profession, jugea utile de s'ériger en négociateur. La cour de France avoit, dans l'origine de la guerre, négligé le conseil donné par M. de Catinat, de détacher du parti du duc de Savoie les Barbets ou Vaudois, qui avoient toujours harcelé nos armées. L'occasion favorable manquée, on ne pouvoit guère s'attendre à la faire renaître; cependant M. de Tessé se flatte d'y réussir, il espère en outre faire révolter le peuple du Mondovi, et l'amener à égorger la garnison savoyarde de la place; il propose ces vues au ministre à l'insu de M. de Catinat, et la faveur dont il jouissoit lui fait obtenir l'autorisation d'en tenter l'exécution. Il ne peut alors se dispenser d'en faire part à son général, mais c'est avec l'embarras d'un inférieur qui ne se dissimule pas le tort d'avoir manqué d'égards à son supérieur. M. de Catinat, trop philosophe pour s'affecter d'une chose de cette nature, manifeste seulement à M. de Tessé la crainte de voir un homme de son rang se compromettre avec des vagabonds, sans chefs et sans principes, qui feront sans doute avorter toutes ses mesures, quelque bien concertées qu'elles puissent être. La négociation est entamée, et son mauvais succès justifie la prédiction du sage Catinat. Mais on verra plus loin que M. de Tessé ne fut pas découragé.

Depuis le commencement de la guerre, le duc de Savoie n'avoit cessé de négocier avec la France. Dès le commencement de décembre 1690, il fit assurer Louis XIV que le desir de rentrer dans ses bonnes graces l'animoit exclusivement, et que s'il étoit assuré de n'avoir aucune entreprise à craindre contre ses Etats de la part de ses troupes, il chercheroit les moyens d'éloigner des frontières de France les

Impériaux et les Espagnols ; mais qu'il demandoit pour cela une suspension d'armes secrète et sur parole, pendant trois mois. Le Roi saisit avec empressement cette ouverture pour terminer la guerre d'Italie, qui ne promettoit aucun avantage solide sans l'alliance de Victor-Amédée, et envoya à M. de Catinat un pouvoir pour traiter avec ce prince aux conditions suivantes : 1°. Qu'il renonceroit à ses ligues avec les ennemis de la France, et feroit sortir leurs troupes de ses Etats, aussitôt après l'échange des ratifications ; 2°. qu'il remettroit au pouvoir du Roi la ville et le château de Verrue, Carmagnolle, Villefranche dans le comté de Nice, et Montmélian en Savoie ; que les Français garderoient Suze jusqu'à la paix générale, et qu'il seroit rendu alors de même que les autres places ; mais qu'aussitôt que l'accommodement particulier avec le duc seroit conclu, on lui restitueroit la Savoie ; 3°. que le Roi consentoit à la neutralité de l'Italie, pourvu que tous ses princes en garantissent l'exécution par écrit ; 4°. enfin, que la France exigeoit que Victor-Amédée envoyât trois de ses régimens d'infanterie, et autant de dragons, pour servir dans l'armée de Flandre. Les mois de janvier, de février et de mars 1691 se passèrent à discuter sur ces articles ; mais après la conquête des places du comté de Nice, le Roi fit dire au duc, qu'il vouloit garder de plus jusqu'à la paix générale, Nice, Villefranche, et le fort de Saint-Hospitio (1), avec toutes leurs dépendances, ainsi que les comtés de Beuil et de Tende. Alors Victor-Amédée développa ses variations et ses artifices ordinaires, et finit par déclarer qu'il ne pouvoit se décider avant d'avoir mûrement discuté la matière avec ses ministres. Cette réponse évasive rompit la négociation.

Grupel, intendant des finances du duc de Savoie, homme assez obscur, étoit l'agent dont il s'étoit servi dans les négociations de l'année précédente avec M. de Catinat. Grupel, déguisé en paysan, et dont la physionomie ne démentoit pas le costume, vint trouver M. de Tessé à Pignerol, le 30 décembre 1691, pour renouveler des propositions d'accommodement avec le Roi, qui dès qu'il en fut instruit, envoya M. de Chamlai à Pignerol, afin de suivre cette négociation, et d'offrir des conditions plus douces que celles de 1690. Le monarque consentoit, 1°. à indemniser Victor-Amédée des frais de la guerre; 2°. que les places conquises sur ce prince fussent mises en séquestre entre

---

(1) Près de Villefranche, sur le bord de la mer.

les mains d'une puissance neutre jusqu'à la paix générale; 3°. que si le roi d'Espagne mouroit sans enfans, la France aideroit le duc de Savoie à conquérir le Milanais, où on le maintiendroit aux conditions qui seroient ultérieurement réglées; 4°. que le Roi acceptoit la neutralité de l'Italie; 5°. qu'il consentoit à la démolition des fortifications de Casal si le duc l'exigeoit; 6°. que celui-ci enverroit ses dragons et quelques régimens d'infanterie à notre armée de Flandre. Lorsque ces conditions arrivèrent, Victor-Amédée qui aimoit la guerre et qui étoit instruit que le Roi avoit résolu de se tenir sur la défensive en Italie, pendant la campagne de 1692, espérant retirer de grands avantages de l'offensive et de la supériorité avec laquelle il projetoit d'agir, n'avoit plus le même desir de traiter; mais avant de rompre les pourparlers, il vouloit être sûr des ressources que la ligue lui fourniroit pour remplir ses vues; il traîna donc les discussions en longueur jusqu'à la fin de janvier, qu'il connut positivement les secours et les subsides sur lesquels il pouvoit compter de la part de ses alliés. Son ministre, le marquis de Saint-Thomas, écrivit alors à M. de Chamlai la lettre suivante :

28 janvier 1692.

« M. Quandon (1) croit avoir lieu d'espérer
» son bien sans témérité. L'on a peine à aban-
» donner ceux qui promettoient de nous y con-
» duire, sauf qu'on trouve le même avantage
» par une voie plus courte, et qui seroit sans
» doute plus agréable de toutes manières. Je
» veux dire que si S. A. R. peut se promettre
» positivement par votre moyen, de se voir ré-
» tabli dans la possession entière et sans sé-
» questre de ses Etats et places, S. A. sera
» bien aise de vous voir avec les précautions
» que l'on dira, et avec votre parole, que
» quel que soit le succès de cette entrevue,
» elle restera ensevelie dans le plus profond
» secret ».

On conçoit aisément que cette proposition
ne convint pas au Roi, et qu'elle termina la
négociation. Le duc de Savoie manda à l'Empereur, qu'enfin il s'étoit débarrassé de toutes
les sollicitations de la France, et qu'il préféroit
l'amitié de S. M. I. à tous les autres avantages
qu'on lui proposoit, parce qu'il espéroit qu'avec

---

(1) Le duc de Savoie.

les troupes qu'on lui promettoit, il viendroit à bout de celles de la France et de ses places de guerre. Louis XIV irrité des procédés insidieux de Victor-Amédée, fit répandre dans ses Etats et dans le reste de l'Italie un manifeste imprimé, contenant les propositions faites à ce prince pour le rétablissement de la paix dans cette contrée. Ce manifeste indisposa les sujets du duc contre lui, et produisit au surplus partout ailleurs l'effet que le Roi en attendoit.

A son retour d'Irlande en France, le chevalier de Tessé se démit de son régiment, et fut envoyé à l'armée d'Italie, pour y servir dans son grade de maréchal de camp, pendant la campagne de 1692. Quant au comte de Tessé, nommé lieutenant-général des armées du roi, le 17 avril, et colonel-général des dragons le 29, lorsque le marquis de Boufflers quitta cette charge pour être colonel des Gardes-françaises, il fut destiné à servir dans une armée que le maréchal de Bellefonds rassembloit en Normandie, pour reconduire en Angleterre le roi Jacques II. Ce projet resta sans exécution, M. de Tessé alla commander au mois de mai à la Rochelle et sur la côte d'Aunis, le 17 d'août il eut ordre d'aller prendre le commandement du Béarn, et il retourna à Pignerol à la fin de l'année.

Pendant la campagne de 1692, le duc de Savoie qui ne perdoit jamais l'occasion d'intriguer, fit entretenir un commerce en apparence de simple politesse, par un premier gentilhomme de sa chambre, avec le marquis d'Herleville, gouverneur de Pignerol, à qui il insinua par degré, de la part du prince, beaucoup de regrets de la rupture des négociations précédentes, et le desir de les renouer; mais le duc finit par entrer en campagne, et profitant de la supériorité de ses forces, prit Embrun le 15 août, Gap le 20, et se proposoit de pousser plus loin ses succès, lorsqu'il fut attaqué d'une petite vérole maligne qui le conduisit aux portes du tombeau. Comme il n'avoit point encore d'enfans mâles, sa maladie produisit une grande sensation à Vienne et à Madrid. La cour de France fut instruite, qu'en supposant qu'il mourût, l'Empereur projetoit de se saisir de la personne des princes et des princesses de la maison de Savoie, de faire déclarer le prince de Carignan qui étoit héritier présomptif, mais muet, inhabile à succéder, et de procurer la succession à son fils aîné, sous la tutele du prince Eugène de Savoie qui étoit au service d'Autriche. Louis XIV prit de son côté des mesures en faveur du prince de Carignan, et ordonna au maréchal de

Catinat de se tenir prêt à agir avec l'armée, pour faire échouer les desseins de l'Empereur ; mais la convalescence de Victor-Amédée mit tout le monde d'accord.

Le fâcheux début politique de M. de Tessé dans sa négociation avec les Barbets, ne l'avoit point dégoûté de cette carrière. D'ailleurs le maréchal de Catinat, chargé de conduire la guerre et la politique en Italie, ne pouvant, par sa position, ni faire lui-même certaines démarches indispensables, ni s'absenter de l'armée, ainsi que les circonstances pouvoient l'exiger, il falloit alors qu'il se fît aider ; M. de Tessé le sentit et en profita pour lui-même. Dès qu'il fut de retour à Pignerol, et instruit de ce qui s'étoit passé pendant son absence avec le duc de Savoie, il espéra être plus heureux que ses devanciers, et qu'il pourroit réussir à fixer le variable Victor-Amédée ; celui-ci ne voyant pour lui aucun inconvénient à paroître entrer dans des mesures, dont il étoit possible qu'il pût se prévaloir un jour, soit pour son propre intérêt, soit pour tromper ses alliés ou ses ennemis, ce qui étoit également dans son caractère, s'empressa d'entrer en pourparler avec M. de Tessé, mais ce fut d'abord par des gens d'un rang très-subalterne, tels qu'un nommé Perraquin avocat, madame

Perraquin, et un jésuite dont on n'a pas retrouvé le nom, et qui correspondoit avec d'autres jésuites à Turin. C'étoit, non pas une négociation, mais une intrigue : moyen qui ne pouvoit conduire à la paix, et qui dans la suite fut très-utile à M. de Tessé, en le conduisant à une ambassade, vraie cause de la faveur et de l'élévation auxquelles il parvint. Enfin, le duc de Savoie envoya Grupel pour s'aboucher secrètement avec lui à Pignerol. Comme cette ouverture parut se faire de bonne foi, le Roi adressa le 9 février 1693, au comte de Tessé, un pouvoir de sa main qui l'autorisoit à faire à Victor-Amédée les propositions suivantes :

1°. Qu'il falloit que le duc convînt de tempéramens et de gradations d'époques et d'affaires, pour la restitution de ses places, sans quoi S. M. n'entendroit à aucune proposition de paix.

2°. Qu'après l'échange des ratifications de la paix avec le prince, et indépendamment de celle de l'Italie, le Roi lui rendroit son duché de Savoie, et même Montmélian, dont le gros canon resteroit cependant en dépôt à Grenoble, jusqu'à la paix générale.

3°. Que le Roi ne rendroit Suze qu'à la paix de l'Italie, ou que cette place seroit jusqu'alors mise en séquestre entre les mains du pape ou d'une autre puissance dont on conviendroit.

(*M. de Tessé avoit ordre de n'accorder cette modification qu'à la dernière extrémité.*)

4°. Que la France ne rendroit Nice, Villefranche, et les châteaux qui en dépendoient, qu'à la paix générale, mais que les domaines utiles des comtés de Nice et de Suze seroient restitués au duc en même temps que la Savoie.

(*M. de Tessé étoit autorisé à consentir au séquestre de ces places jusqu'à la paix d'Italie, pour être rendues ensuite à Victor-Amédée, mais à condition qu'il enverroit en France sa fille aînée et le fils aîné du prince de Carignan, pour servir d'otages. Il étoit enjoint à M. de Tessé de ne modifier ainsi cet article, qu'autant qu'il n'y eût pas moyen de faire autrement.*)

5°. Que la fille du duc étant en France, on pourroit arrêter son mariage avec le duc de Bourgogne, petit-fils du Roi, et destiné à lui succéder un jour, mais que ce mariage ne se feroit qu'après la paix générale, et que Victor-Amédée en auroit religieusement exécuté les conditions.

(*Grupel avoit proposé le mariage.*)

6°. Que le Roi offroit le séquestre de Casal,

en même temps que celui de Nice, et que la puissance qui en seroit chargée, remettroit cette place à la paix générale, entre les mains de celui des deux souverains à qui le traité l'adjugeroit.

7°. Que le Roi payeroit au duc un subside de deux cent mille écus, pendant quatre ans.

8°. Que si après la paix particulière entre le Roi et Victor-Amédée, la guerre continuoit en Italie, les troupes du dernier joindroient celles de France et agiroient de concert, pour forcer les alliés de consentir à la neutralité en Italie, et que si la paix s'y faisoit, une partie des troupes du duc seroit envoyée dans les autres armées du Roi, qui les solderoit.

Les instructions de M. de Tessé lui prescrivoient d'informer Victor-Amédée, que la cour de France étoit instruite, à n'en pouvoir douter : 1°. Que celle de Vienne ne le sollicitoit aussi vivement d'assiéger et de bombarder Pignerol, que dans l'espérance que le Roi feroit en représailles démolir Nice et Montmélian, ce qui éloigneroit tout accommodement entre S. M. et la cour de Turin. 2°. Que le projet de l'Empereur étoit de faire assiéger Casal pour s'emparer de cette place, au moyen de laquelle il prétendoit donner la loi à toute l'Italie, et au duc lui-même, comme au souverain le plus puissant de cette contrée. Que l'envoi d'un corps considérable de troupes autrichiennes, sous prétexte de secourir et protéger ce prince, n'étoit qu'un voile pour couvrir le projet d'assujettir l'Italie, et d'y recueillir la succession d'Espagne, si le roi Catholique mouroit sans enfans. Que rien ne prouvoit mieux les vastes desseins de l'Empereur sur l'Italie, que l'abandon de ses affaires en Hongrie, où il s'exposoit à faire des arrangemens honteux avec les Turcs, et que le conseil même de Madrid, tout gouverné qu'il étoit par celui de Vienne, en prenoit beaucoup d'ombrage depuis le commencement de la guerre. 3°. Enfin que le Roi pensoit toujours de même dans le fond de son cœur pour le duc de Savoie.

Grupel revint le 14 avril à Pignerol, pour demander de la part de son maître, la restitution entière et sans séquestre des Etats et des places conquis par la France, une neutralité entière, si la guerre continuoit en Italie, pour les Etats du duc qui fourniroit aux troupes du Roi, en payant, tout ce dont elles auroient besoin, ainsi qu'une libre communication avec Casal par le Piémont. Victor-Amédée accordoit les otages exigés par Louis XIV, et s'engageoit en même temps à faire sortir d'Italie les armées autrichiennes et espagnoles, mais sans en indiquer les moyens. Le Roi consentoit à la neutralité particulière du duc, mais ne vouloit pas se relâcher sur le séquestre des places. Grupel demande le 30 mai, qu'au moins ce séquestre soit levé dès que les alliés auront évacué l'Italie. Le Roi y souscrit et propose de donner pour gage de sa parole, des otages également distingués par leur naissance et leurs emplois. Le 30 juin, le duc de Savoie envoye proposer quelques changemens peu essentiels, témoigner de la répugnance pour envoyer en France le fils aîné du prince de Carignan, et offrir sur cet article un dédommagement quelconque, dont le Roi seroit satisfait. Celui-ci adopta les modifications, et attendoit qu'on s'expliquât sur le dédommagement annoncé, lorsque Victor-Amédée rompit brusquement, et entra en campagne avec ses alliés.

En 1693, M. de Tessé fut encore employé sous M. de Catinat à l'armée d'Italie, assemblée entre Suze et Pignerol, que les projets des ennemis l'obligèrent bientôt d'abandonner à ses propres forces, pour se retirer au camp de Fenestrelles, et couvrir Suze, ne pouvant garder à la fois ces deux débouchés. Le comte de Tessé qui commandoit à Pignerol avec son frère, se voyant prêt d'être entièrement enfermé dans la place, commença le 22 juillet à y faire rassembler des subsistances pour plusieurs mois, à presser les travaux du fort de Sainte-Brigite, composé de quatre bastions et situé sur une hauteur qui commande la citadelle, à la portée du canon, et par où il prévoyoit que les ennemis commenceroient leur attaque, et à le bien munir; il fit camper en même temps cinq des douze bataillons qu'il avoit, entre ce fort et la citadelle de Pignerol, afin d'en assurer la communication, du moins pour aussi long-temps qu'elle ne pourroit être interrompue par un corps supérieur. La ville étoit mal fortifiée, mais la citadelle en bon état et communiquant avec le fort de Sainte-Brigite, par un bon chemin couvert qui donnoit la facilité de relever la garnison du dernier, on pouvoit avec du courage et de l'intelligence se soutenir long-temps dans cette position. Le 24, le duc de Savoie campé à Buriasco, commençant à pousser des troupes du côté des hauteurs de Saint-Pierre et de la maison carrée, M. de Tessé obligé de retirer les postes qu'il y avoit avancés, facilita leur retour par une escarmouche qui dura long-temps, et il alla lui-même, avec quatre compagnies de grenadiers, favoriser la retraite des détachemens de

Saint-Pierre, que l'ennemi commençoit à envelopper. De nouvelles troupes arrivant au duc de Savoie, à Saint-Second, à la Perouse et à Frosasco, le comte de Tessé approvisionna entièrement le 25 le fort de Sainte-Brigite, pour un siége, et fit élever trois redoutes de terre, pour en assurer la communication avec la citadelle, lorsqu'il seroit obligé de retirer les cinq bataillons postés dans cet espace. Dès-lors il ne recevoit plus qu'accidentellement des nouvelles de M. de Catinat, toujours campé à Fenestrelles. Le 26, le duc de Savoie laissa devant Pignerol une partie de ses forces, et marcha à la Perouse avec le reste. Ces mouvemens, dont M. de Tessé ignoroit l'objet, l'engagèrent à pousser vers Frosasco ses postes avancés; mais il ne put les y tenir long-temps, car dès le lendemain les ennemis y portèrent plus de cinq mille hommes, avec lesquels on batailla toute la journée, leur disputant le terrein pié à pié, et les Français se retirèrent à la chute du jour sous le camp de Sainte-Brigite, après avoir tué plus de cent cinquante hommes aux ennemis. Le soir, M. de Tessé apprit, qu'ils faisoient venir de Turin du gros canon et des mortiers : il se jugea l'objet de ces préparatifs, et qu'il étoit inutile d'exposer les cinq bataillons campés entre la citadelle de

Pignerol et Sainte-Brigite; il les fit donc rentrer dans la place, ne laissant que cinq cents hommes au poste de Pilou, au-delà duquel les ennemis s'établirent le 28, dans un fond, où ils firent un grand amas de fascines. Le même jour, beaucoup de déserteurs français, encouragés par une promesse d'amnistie que le comte de Tessé avoit fait répandre dans l'armée du duc de Savoie, vinrent le rejoindre. Le 29 il établit dans le fort de Sainte-Brigite une garnison fixe de quatre cent cinquante hommes, choisis sur toutes ses troupes, et la mit aux ordres de MM. de Beaulieu, gouverneur, et de Sterbia, colonel. Le marquis d'Herleville commandoit spécialement dans Pignerol. Les ennemis s'emparèrent en même temps, mais avec perte, d'une redoute avancée qui les auroit empêchés de commencer leurs approches.

Le maréchal de Catinat, en laissant M. de Tessé dans Pignerol, lui avoit donné sur la défense de cette place quelques idées dont il sut très-bien profiter. Ne fondez point, lui dit-il, une longue défense sur de grandes sorties, qui causent presque toujours plus de pertes que d'avantages : travaillez à de petits retranchemens et à de petites tranchées partant des chemins couverts, qui vous permettent de prendre des revers sur les attaques des assiégeans.

Le 30 juillet, les ennemis ouvrirent la tranchée à environ deux mille pas du fort, et la poussèrent jusqu'à trois ou quatre cents, en même temps qu'ils travailloient à une batterie. Le 31, ils avancèrent encore leurs travaux, et les terminèrent par une ligne parallèle au fort, d'environ cent cinquante pas d'étendue. Les assiégés leur opposèrent un grand feu, et firent sortir trois détachemens pour occuper des cassines ou petites maisons avancées, d'où la mousqueterie incommoda beaucoup les travailleurs. La nuit suivante, un détachement d'infanterie et de cavalerie ennemie vint brûler une maison isolée à la portée du canon de Pignerol, et continua le lendemain et le jour suivant à en détruire d'autres. M. de Tessé se plaignit de ces incendies au duc de Savoie, qui répondit qu'il ne les avoit pas ordonnés, et qu'il ne falloit les imputer qu'aux Allemands et aux Espagnols. Le 1er août, les assiégeans s'emparèrent après une longue résistance, d'une des cassines dont le feu les incommodoit, et firent prisonniers les trente hommes qui la défendoient. Ils poussèrent ensuite leurs approches jusqu'au Pilou, d'où les assiégés ne se retirèrent que parce que le travail de l'ennemi l'embrassoit à droite et à gauche, et qu'après avoir tué un grand nombre de travailleurs ; mais ils allèrent se poster derrière un petit retranchement, au bas du glacis du fort de Sainte-Brigite, où M. de Tessé ordonna d'en élever un autre, intermédiaire, pour soutenir le premier. Le 2, une batterie de quatre pièces de canon commença à tirer sur le fort de Sainte-Brigite, ce qui n'empêcha pas les assiégés de s'emparer d'une cassine où ils essuyèrent quelque perte, mais dont le feu nuisit essentiellement aux ennemis, et retarda leurs travaux, cependant pas au point de les empêcher d'augmenter, le 3, leur batterie de quatre pièces de canon : elle endommagea alors le parapet du fort et le bastion attaqué. Les assiégeans jetèrent aussi des bombes, mais sans beaucoup d'effet.

La nuit et la journée du 4, se passèrent en grosses escarmouches, et le comte de Tessé se dédommagea de la perte de quelques soldats tués par les bombes, en faisant conduire à la pointe du jour sur une petite hauteur, entre le fort et la citadelle, quatre pièces de campagne qui, voyant à revers les travaux des ennemis, y produisirent beaucoup de ravages. On retira le soir cette artillerie, parce qu'elle n'étoit pas en sûreté, et ce parti fut d'autant plus sage, que la nuit suivante les assiégeans envoyèrent quatre mille hommes pour l'enlever, mais ils ne trouvèrent qu'une cinquantaine de soldats qui furent pris à la suite d'une résistance si vigoureuse, qu'elle donna le temps à d'autres troupes d'arriver, et de causer aux assaillans une perte assez considérable. M. de Tessé, qui vouloit ménager ses soldats, eut beaucoup de peine à contenir leur ardeur. Pendant cette même journée du 5, les ennemis prirent, auprès du fort de Sainte-Brigite, une redoute gardée par quarante grenadiers. La nuit suivante ils mirent cinq mortiers en batterie, mais la pluie qui continua pendant la journée, modéra le feu de part et d'autre. La nuit du 6 au 7, les assiégeans embrassèrent, par une parallèle, la courtine et le bastion attaqué; comme il étoit déjà fort ébranlé par la multitude de coups de canon qu'on y avoit dirigés, on commença à en fermer la gorge par un retranchement que les bombes ne permirent pas d'achever. La nuit du 7 au 8, les ennemis augmentèrent et perfectionnèrent leurs travaux, et deux officiers français envoyés par le Roi dans quelques villes d'Italie, trouvèrent moyen de traverser l'armée des assiégeans, et d'arriver à Pignerol, où ils rapportèrent que le bruit couroit dans leur camp, que le siége leur coûtoit déjà environ trois mille hommes.

La journée fut employée à retirer du fort de Sainte-Brigite les blessés et l'artillerie endommagée, à la remplacer par d'autre, ainsi qu'à pourvoir la garnison de tout ce dont elle avoit besoin. Sur les six heures du soir, le comte et le chevalier de Tessé, qui observoient le camp ennemi, y apperçurent des mouvemens précurseurs ordinaires d'une attaque générale, et n'eurent que le temps de faire retirer les postes, tant de Belvédère que des redoutes. Tous les grenadiers de l'armée des alliés, avec des dragons à pié, attaquent bientôt de tous côtés, et se saisissent d'abord des redoutes, mais le feu du canon de la citadelle les empêche de les conserver. Munis de fascines pour combler le fossé du fort de Sainte-Brigite, et d'échelles pour l'escalader, ils le tentent à deux reprises, sont vigoureusement repoussés, et se retirent après deux heures de combat, avec perte de plus de huit cents hommes. Leur cavalerie, qui s'étoit dispersée dans la plaine pour occuper les assiégés sur plusieurs points, souffrit aussi du canon de la ville. On assure que cette attaque, faite un samedi, n'eut d'autre principe qu'un pari que le prince Eugène de Savoie avoit fait avec le comte de Palfi, de faire entendre la messe le dimanche dans le fort, au duc de Savoie. Le 6, au point du jour, le comte de Tessé fit réoccuper, par de petits postes entre la citadelle et le fort de Sainte-Brigite, les redoutes que les ennemis n'avoient pas eu le temps de détruire, et où l'on trouva même leurs outils. Leur perte fut si considérable à l'attaque du fort, qu'ils avoient demandé une suspension d'armes pour enlever leurs morts et leurs blessés restés sur le glacis. Pendant cette suspension, le prince Eugène de Savoie vint lui-même sommer le gouverneur, qui ne craignit pas de lui faire voir l'état de son rempart et de ses brêches, assez bien réparées pour lui permettre de résister encore; d'ailleurs, M. de Tessé lui envoya un supplément de subsistances et de munitions, mais non de troupes, parce qu'il n'y avoit eu que deux soldats tués et quatorze blessés. Le même jour, deux officiers envoyés par le maréchal de Catinat, vinrent apporter des dépêches à M. de Tessé, et lui apprendre que le maréchal de Luxembourg avoit battu le prince d'Orange à Neer-Winden le 29 juillet. La nouvelle de cette victoire ne servit pas médiocrement à encourager les troupes de Pignerol.

Les assiégeans se bornèrent, pendant plusieurs jours, à jeter des bombes sur le fort, et tirèrent fort peu de canon, parce qu'ils manquoient de boulets, et travailloient à rapprocher leurs batteries, qu'ils établirent sur le glacis, et commencèrent à les éprouver le 11, mais sans succès, parce que les embrasures se trouvèrent trop hautes, ce qui envoyoit les boulets par-dessus le fort, d'où six pièces de canon, secondées par l'artillerie de la citadelle, faisoient un feu continuel sur les travaux de l'ennemi. Le même jour, le comte de Tessé chargea son frère de renouveler la garnison du fort, mais de ne la composer que de trois cents hommes, ce nombre étant suffisant. Le changement se fit successivement par détachement de cinquante hommes à-la-fois, de manière que les ennemis ne s'en apperçurent pas. Les officiers refusèrent d'être relevés. La nuit du 11 au 12, un violent orage ne permit aux assaillans que d'étendre et d'épaissir leur parallèle, et leur canon ne recommença à tirer que le 12 vers midi, mais ce fut jour et nuit sans interruption et avec tant de succès, que les remparts du fort se trouvèrent ébranlés, au point que M. de Tessé jugeant impossible de conserver désormais ce poste, en fit retirer deux grosses pièces de canon aux armes de France, à l'aide des troupes qui gardoient la communication, et dont on doubla le nombre.

La nuit du 12 au 13, les ennemis ayant encore augmenté leurs batteries, M. de Tessé retira trois autres pièces de canon du fort, où il n'en resta qu'une petite. Le soir les brèches étoient si larges et le fossé tellement comblé par les éboulemens et les décombres, qu'on douta s'il falloit attendre jusqu'au lendemain pour évacuer le fort, d'autant que les ennemis avoient une mine pour renverser la contrescarpe dans le fossé; mais M. de Beaulieu ayant assuré qu'il répondoit de la nuit, et le chevalier de Tessé qui alla reconnoître l'état des choses, partageant l'opinion du brave gouverneur, le comte de Tessé ordonna de faire le plus grand feu possible, pour empêcher les assiégeans de reconnoître l'état des brêches, et envoya miner les courtines de la porte et de la fausse porte, avec ordre à M. de Beaulieu d'abandonner le fort et de se retirer vers la citadelle, aussi-tôt qu'il appercevroit le danger d'être forcé. Les ennemis continuèrent leur feu de canon et de mortiers pendant la nuit du 13 au 14. A la pointe du jour, le gouverneur voyant le travail des mineurs achevé, et deux brèches à monter au moins vingt hommes de front, ne jugea pas à propos de s'exposer de la part des ennemis à une attaque, dans laquelle sa garnison pouvoit être accablée par le nombre. En même temps qu'il faisoit entretenir, (par quelques hommes qui eurent ordre de se sauver quand il en seroit temps), le feu de mousqueterie et de grenades, les soldats prenoient successivement par petites troupes le chemin de la citadelle, où elles arrivoient à la faveur d'une sortie dirigée par le comte de Tessé lui-même. Tout ce qui restoit de poudre, de bombes et de grenades dans le fort, avoit été placé sous le pont avec une traînée de poudre. Cependant les assiégeans, qui n'apperçurent aucun de ces mouvemens, continuoient à battre les murailles, et le reste de la garnison sortit du fort, M. de Beaulieu fermant la marche avec vingt grenadiers. A l'instant où il atteignoit la première des redoutes par lesquelles on communiquoit avec la citadelle, une des mines de Sainte-Brigite sauta et enleva la fausse porte. Les ennemis, persuadés que leurs bombes avoient mis le feu aux poudres des assiégés, redoublèrent le leur, mais quand les autres mines et l'amas formé sous le pont jouèrent, l'explosion fut terrible et jeta dans la tranchée des assiégeans une si grande quantité de pierres et d'éclats de bombes, que leurs batteries se turent tout-à-coup. Alors celles de la citadelle commencèrent à se faire entendre, et les alliés voyant que le fort ne tiroit plus, y firent entrer quelques hommes qui ne trouvèrent qu'un monceau de ruines, et une petite pièce de canon aux armes de Savoie, soigneusement enclouée.

Tel fut le résultat du siége de Sainte-Brigite, mauvais poste qui arrêta seul le duc de Savoie, depuis le 30 juillet jusqu'au 14 août, et lui coûta tant de monde, que ses soldats nommoient la tranchée *la boucherie*. Le projet des alliés étoit de bombarder Pignerol aussi-tôt qu'ils auroient reçu dix mille bombes, et un renfort d'artillerie qui devoit porter leurs canons à quatre-vingts grosses pièces, et les mortiers à vingt-quatre. Il paroît que le duc de Savoie retarda autant qu'il le put ces préparatifs, et qu'il avoit des raisons quelconques pour différer le bombardement ; en conséquence, les alliés perdirent beaucoup de temps à commettre de ces dégâts qui sont de vrais actes d'inhumanités, puisqu'ils ne servent qu'à augmenter les maux de la guerre. Ils brûlèrent les cassines, coupèrent les vignes des environs de Pignerol, et travaillèrent seulement à construire une batterie de mortiers entre Sainte-Brigite et la citadelle, et deux autres de l'autre côté de la place. Ils préparoient en même temps une grande quantité de fascines et les matériaux pour faire des barraques, afin, disoient-ils, de bloquer Pignerol pendant l'hiver, s'ils ne le forçoient pas à se rendre. Le canon et les sorties du comte de Tessé troublèrent souvent leurs travaux. Ils commencèrent le 20 septembre à jeter quelques bombes, mais ce fut de loin en loin.

M. de Tessé ne fut pas médiocrement étonné de voir arriver, le 22 septembre, à Pignerol, sous son déguisement ordinaire de paysan, Grupel qui l'assura, que le duc de Savoie étoit désolé que les alliés ne lui eussent pas donné le temps de répondre aux dernières propositions du Roi; qu'ils étoient entrés en campagne et l'avoient entraîné malgré lui; que leur premier projet étoit d'assiéger Suse, mais que le maréchal de Catinat ayant fait échouer cette entreprise, ils s'étoient rejetés sur Pignerol, dont l'attaque leur présentoit moins d'inconvéniens que les hasards d'un combat. Que la mesure de bombarder cette place déplaisant à Victor-Amédée, il n'avoit rien négligé, sinon pour la faire échouer, du moins pour la différer par le retard des voitures et la lenteur des transports; mais qu'il n'avoit pu empêcher les dégâts commis par les Allemands et les Espagnols dans la vallée de la Pérouse et aux environs de Pignerol; qu'il prioit M. de Tessé de représenter au Roi l'embarras de sa situation, de l'assurer qu'il ne demandoit que le temps de faire retirer ses alliés, pour terminer plus facilement pendant l'hiver la négociation commencée; et qu'il desiroit, par ces motifs, que M. de Catinat se pressât de sortir de son camp de Fenestrelles, pour pénétrer en Piémont, afin de lui fournir un prétexte plausible d'exiger la levée du blocus de Pignerol. Plus le sieur Grupel afficha de zèle pour son maître et pour le Roi, et moins M. de Tessé y ajouta de confiance; il jugea que cette bizarre ambassade n'avoit pour objet que de tirer de lui des éclaircissemens quelconques sur les projets de M. de Catinat; il feignit donc de n'avoir aucune nouvelle de ce général depuis que le blocus de Pignerol étoit formé, mais il ajouta que si le duc de Savoie vouloit lui envoyer un de ses trompettes, il lui remettroit volontiers une lettre en chiffres pour le maréchal, dont le même trompette lui apporteroit ensuite la réponse. Grupel partit le 23 et revint le 24, pour apprendre à M. de Tessé, que le duc ne pouvoit prolonger au-delà du 27 le retard du bombardement de Pignerol; qu'il desiroit plus ardemment que jamais que M. de Catinat s'avançât en Piémont, pour lui épargner la honte de l'envoyer prier de faire ce mouvement; que l'expédient du trompette pour écrire à M. de Catinat, présentant trop d'inconvéniens, Victor-Amédée proposoit d'y substituer un parti de quelques hommes, et que dans le cas où ils seroient pris, il donnoit sa parole de les renvoyer sur-le-champ au maréchal. Ces pourparlers ne paroissant qu'un piége, M. de Tessé rejeta le moyen du détachement, comme le duc de Savoie avoit rejeté celui du trompette, et Grupel retourna au camp de ce prince.

Le 25 au soir, les batteries des ennemis étant prêtes et garnies de canons et de mortiers, le feu devint presque continuel, les bombes, les carcasses et les boulets rouges n'étoient point épargnés, mais la surveillance des assiégés en rendit l'effet peu nuisible. Le maréchal de Catinat avoit déjà reçu quelques renforts, et se proposoit d'agir offensivement contre le duc de Savoie, aussi-tôt que les troupes qu'il attendoit encore seroient arrivées. Le 29 septembre, ce prince commença à faire retirer son canon des batteries, mais cette opération fut longue et difficile, ne pouvant s'exécuter que la nuit, parce que le feu de la place tuoit beaucoup de bœufs et de chevaux, et que les postes de la garnison que

M. de Tessé avoit toujours maintenus au-delà du glacis, troubloient sans cesse les transports pendant le jour, et ils ne furent achevés que la nuit du 1er au 2 octobre. Ce jour-là, Victor-Amédée fit sauter à onze heures du matin une partie des ruines des fortifications de Sainte-Brigite, dont les Français sauvèrent les courtines et les casernes, parce qu'ils s'y portèrent avec audace à l'instant où le prince décampoit, et qu'ils arrachèrent à temps les saucissons des fourneaux destinés à ruiner ces constructions. Victor-Amédée laissa dans son camp douze mille boulets, avec une grande quantité d'outils, et alla camper à la Marsaille, près de la petite rivière de Cisolle, laissant les champs de Pignerol engraissés par les cadavres de près de six mille soldats tués devant cette place, que le comte de Tessé défendit avec un courage et une intelligence dignes des plus grands éloges. Toujours gai et même gaillard, il inspira ses sentimens à ses troupes, et rassura toujours sur son sort M. de Catinat, par sa résolution et les plaisanteries dont il remplissoit ses lettres. Le maréchal lui rendit la pareille dans celle par laquelle il lui faisoit pressentir sa prochaine délivrance : *Préparez*, disoit-il, *de l'oseille pour nous faire des soupes vertes.* Les ennemis avoient jeté dans Pignerol près de quatre mille bombes ; cependant les maisons furent peu endommagées, n'y en ayant eu que quatorze brûlées et une vingtaine d'autres maltraitées. Le bombardement ne coûta aux Français que trente-cinq hommes.

M. de Catinat avoit rassemblé, le 27 septembre, son armée près de Suse ; elle campa le 28 à Bussolin, le 29 à la Chiusa, et le 30 à Veillane, d'où le maréchal détacha par ordre du Roi, M. de Bachevilliers, maréchal-de-camp, pour aller faire le dégât aux portes de Turin, en représailles de neuf cents arpens de vignes que le duc de Savoie avoit fait couper aux environs de Pignerol, de l'abbaye et des maisons qu'il y avoit brûlées, ainsi que dans les vallées de la Perouse et de Pragelas, outre plusieurs églises bâties aux frais de Louis xiv, pour les nouveaux convertis, et que Victor-Amédée avoit fait démolir. M. de Bachevilliers commença par réduire en cendres la Bulgliera, maison de campagne du marquis de Saint-Thomas, premier ministre du prince ; il marcha ensuite à la Vénerie, château de celui-ci, qui se trouva meublé, qu'on pilla, et où on mit le feu. Le 2 octobre, Rivoli éprouva le même sort, aussi bien que plusieurs maisons du territoire de Turin. L'armée française s'avança en même temps à Rivalta, et le 3 en avant de Piosasque. Comme les alliés avoient passé la Cisolle, les deux armées se trouvèrent en présence. Le duc de Savoie ayant négligé de faire occuper des hauteurs situées entre sa position et Piosasque, M. de Catinat s'en empara, et attaqua le lendemain, 4 octobre, l'armée ennemie, sur laquelle il remporta une victoire complète, puisqu'elle eut neuf ou dix mille hommes tués sur la place, des blessés à proportion, deux mille prisonniers, et qu'elle perdit trente pièces de canon, vingt-huit drapeaux et quatre étendards. Cette bataille est connue sous le nom de la Marsaille. Toutes les relations qu'on en a, ne parlent point du comte de Tessé, mais on trouve dans son éloge, inséré dans le dictionnaire de Moréri, qu'il contribua au succès. Ce fut probablement en se portant avec une partie des troupes qu'il avoit à Pignerol, sur le flanc gauche et les derrières des ennemis, dont il put ainsi augmenter les pertes. Au surplus, le maréchal de Catinat fit valoir auprès du Roi les services de M. de Tessé, qui, disoit-il, méritoit une récompense distinguée, pour avoir défendu avec succès une mauvaise place très-importante. Il ne connoissoit pas encore madame de Maintenon, qui contribua depuis à sa fortune. Elle pria M. de Catinat, après la levée du siége de Pignerol, d'engager M. de Tessé à protéger les filles de la Visitation de cette ville, ne pouvant lui demander cette grace, parce qu'elle ne l'avoit jamais vu. Elle ajoutoit que la confiance qu'elle avoit en lui, venoit du pouvoir qu'il auroit sur elle, s'il se présentoit jamais quelqu'occasion de le servir. M. de Tessé étoit trop adroit pour ne pas se prévaloir d'une conjoncture aussi avantageuse pour lui. Les filles de la Visitation furent comblées d'égards et des attentions les plus recherchées, et la reconnoissance de madame de Maintenon s'exerça puissamment.

Le duc de Savoie, retiré à Montcalier, avoit été obligé par sa défaite d'ordonner la levée du blocus de Casal, pour se renforcer des troupes qui le formoient, et ne put empêcher le maréchal de Catinat, campé depuis le 14 à Polonghera, sur la rive droite du Pô, d'établir des contributions dans tout le Piémont. Le Roi desiroit qu'on formât de nouvelles entreprises, notamment le siége de Coni; mais il s'y trouvoit de grandes difficultés, et on se borna à subsister, autant qu'il étoit possible, aux dépens du pays ennemi, jusqu'au 15 décembre, que l'armée française se sépara pour entrer dans ses quartiers d'hiver. Les alliés imitèrent aussi-tôt cet exemple.

Jusqu'ici le duc de Savoie n'avoit su ni faire loyalement la paix, ni s'en tenir franchement à l'état de guerre contre la France. Au mois d'octobre, le marquis de Saint-Thomas écrivit au comte de Tessé, qui étoit toujours à Pignerol (1), pour lui reparler de négociations : celui-ci demanda les ordres du Roi, qui consentit à ce qu'elles fussent reprises, conformément aux bases qu'on avoit essayé de poser l'hiver précédent ; mais le monarque voulut qu'on renouvelât la proposition du séquestre des places du comté de Nice, et qu'on tentât de l'obtenir, sans rompre néanmoins avec Victor-Amédée, s'il persistoit à rejeter cette mesure. Ce prince finit par inviter M. de Tessé à venir traiter directement avec lui : proposition qui fut acceptée, et le 30 novembre il se rendit à Turin, travesti en postillon, et conduit par un trompette de confiance. Il fut introduit dans le palais par une porte dérobée, y resta caché pendant six jours, et eut plusieurs conférences, tant avec le duc qu'avec M. de Saint-Thomas, qui lui raconta sur les

---

(1) Ses pouvoirs pour commander dans cette partie furent renouvelés le 14 novembre, et il commanda même sur toute la frontière pendant l'absence du maréchal de Catinat.

causes de la déclaration de son maître contre le Roi, plusieurs détails intéressans pour l'histoire, et qui sont consignés dans une dépêche que le comte de Tessé adressa à Louis xiv le 8 décembre suivant.

Le marquis de Saint-Thomas assuroit, que Victor-Amédée ne s'étoit jeté dans le parti de la ligue, que par le mécontentement que lui donnèrent les propos hautains et indécens du comte de Rébénac, ambassadeur de France à Turin, et sur-tout une lettre que Monsieur, frère de Louis xiv, et beau-père du duc, lui écrivit pour le conjurer de réfléchir sur la puissance du Roi, qui pouvoit le réduire au même état que le duc de Lorraine, chassé et dépossédé de ses Etats; que cette lettre avoit d'autant plus aigri le duc de Savoie, qu'il s'étoit flatté que la France lui feroit jouer un rôle considérable dans cette guerre, et que lui marquis de Saint-Thomas, avoit été chargé d'insinuer à M. de Rébénac, que l'on pourroit faire une diversion assez forte dans le Milanais, pour que le duc y pût représenter agréablement. J'eus, ajouta le ministre, une explication fort vive avec cet ambassadeur sur ses propos menaçans ; j'en écrivis à M. d'Ogliano, notre ambassadeur auprès du Roi, mais nous ne trouvâmes par-tout que de la hauteur, et nul soin de nous guérir. Sur ces entrefaites, l'armée française s'avança en Piémont; nous n'avions ni poudre, ni munitions, ni d'autres troupes que les nôtres, ni songé à faire aucun traité pour en avoir. Le Roi nous demanda la citadelle de Turin pour gage de notre bonne foi; nous nous réduisîmes à discuter et à gagner, par des paroles ambiguës, le temps de nous jeter à la tête de ceux qui, pour leur propre intérêt, devoient nous recevoir à bras ouverts (1). M. de Saint-Thomas finit par protester à M. de Tessé, que le premier traité du duc de Savoie avec la cour de Vienne, ne concernoit que l'acquisition des fiefs impériaux des Langhes (2).

S'il est possible de bien démêler les véritables motifs de ce prince à travers le tissu de finesses et la dissimulation qui formoient son caractère, on sera tenté de croire, qu'effectivement l'humeur, plus que la réflexion ou aucune vue ambitieuse, l'avoit jeté décidément dans la ligue d'Augsbourg, car son intérêt naturel de-

---

(1) L'Empereur.
(2) Ces fiefs tirent leur nom des montagnes voisines. Ils sont situés près de la Méditerranée et de l'Apennin, et furent cédés en 1736 par l'Empereur, au roi de Sardaigne fils de Victor-Amédée, comme arrière-fief de l'Empire.

voit l'attacher à la France, par l'agrandissement qu'elle pouvoit lui procurer dans le Milanais; avantage bien supérieur aux promesses vagues de l'Empereur; d'un autre côté, la hauteur et la dureté avec lesquelles le marquis de Louvois traita le duc avant la guerre, sont connues, et peuvent avoir aigri et poussé à bout un jeune prince de vingt-quatre ans. Les propos qu'il tint à M. de Tessé à leur première entrevue, le prouveroient encore : « Je me flatte, lui dit-il, que le Roi me rendra la justice dans le fond de son cœur, de croire que je ne me suis lié avec ses ennemis, que pour ne pas tomber dans le mépris et la dépendance dont j'étois menacé; et bien, que ce fût par lui, il est trop juste pour ne pas s'être apperçu, que si j'ai eu le malheur de perdre son amitié et sa protection, j'eusse été beaucoup plus à plaindre si j'eusse perdu son estime. Je ne suis à son égard qu'un fort petit prince, mais le caractère des souverains, quelqu'opprimés qu'ils soient, est indélébile. J'ai toujours respecté le Roi, mais j'ai cru devoir lui faire connoître que je ne le craignois pas ». Le duc s'excusa le mieux qu'il put sur le bombardement de Pignerol, et sur les dévastations qui l'avoient précédé, persistant à les rejeter sur les Espagnols et sur les Allemands.

Il résulta de la négociation de M. de Tessé, une convention conditionnelle, par laquelle le duc de Savoie s'engageoit à agir conjointement avec le Roi contre la maison d'Autriche, si elle refusoit de consentir à la neutralité de l'Italie; mais il ne voulut jamais entendre au séquestre des places du comté de Nice. Le comte de Tessé revint à Pignerol le 6 décembre, toujours déguisé en postillon. Le maréchal de Catinat, qui dirigeoit à-la-fois les affaires politiques et militaires, s'appercevant que la victoire de la Marsaille pouvoit rendre le Roi plus difficile sur un accommodement, jugea nécessaire que M. de Tessé allât à la cour, tant pour rendre compte de ce qui s'étoit passé pendant son séjour à Turin, que pour proposer des vues sur la campagne suivante. Le comte, précédé par une dépêche du 8 décembre, dont on a parlé plus haut, partit le même jour pour Versailles. Le Roi approuva les conditions ébauchées avec le duc de Savoie, fit expédier le 31 décembre un plein pouvoir à M. de Tessé, pour conclure, s'il étoit possible, un traité analogue, et le renvoya à Pignerol au commencement de janvier 1694.

Victor-Amédée informé des résolutions de Louis XIV, fit agir fortement à Vienne pour engager l'Empereur à accepter une neutralité en Italie ; mais le conseil autrichien ne voulut jamais y consentir, et menaça même le duc de tourner contre lui toutes les forces dont le Monarque allemand disposoit en Italie, s'il se séparoit de la ligue. Ce prince intimidé, n'osant encore rompre avec ses alliés, fit proposer au Roi une inaction tacite et sur parole pour la campagne suivante, promettant d'y contribuer de tout son pouvoir, sans cependant répondre des événemens; parce que n'étant pas le maître, il ne pouvoit, disoit-il, que contrarier sourdement les projets offensifs des puissances liguées, qui avoient mille moyens de l'entraîner et de le faire agir malgré lui. M. de Tessé le pressa d'offrir quelque chose de plus positif qu'une proposition aussi captieuse que la sienne, mais le prince répliqua, qu'il ne pouvoit mieux faire, et ne demandoit que le temps nécessaire pour amener les cours de Vienne et de Madrid à la conclusion du traité, afin que sa conduite ne parût pas une défection précipitée, que sa qualité de généralissime de la ligue rendroit infiniment honteuse pour lui. Il observa même que pour mieux cacher ses intelligences avec le Roi, il paroissoit convenable que les armées continuassent à agir selon la raison de guerre, mais sans en venir à rien de décisif.

MM. de Catinat et de Tessé demandèrent de nouveau à la fin de juin, à Victor-Amédée, de justifier ses bonnes intentions et l'inaction qu'il avoit proposée, par une convention secrète; mais il s'y refusa, et les choses en restèrent là jusqu'au mois de mars 1695. Cependant il remplit assez fidèlement ses promesses pendant la campagne de 1694, car le maréchal de Catinat écrivoit le 26 août à Louis XIV : « Il semble que M. le duc de Savoie se conforme autant qu'il peut aux idées qu'il nous a fait donner de la conduite qu'il desiroit tenir...... Que V. M. joigne à cela qu'un homme de qualité nous donne des nouvelles, et selon toute apparence de concert avec M. de Savoie ou quelqu'un de ses ministres; car ces nouvelles ont été jusqu'à présent très-justes, et nous annoncent d'avance les mouvemens des ennemis ».

La campagne de 1694 se passa presqu'entièrement dans l'inaction. Le comte de Tessé, toujours établi avec son frère à Pignerol, avoit pour objet la conservation de cette place, contre laquelle le duc de Savoie ne vouloit rien entreprendre; on lui supposa le projet de se porter dans le comté de Nice, et dans ce cas cet officier-général y eût marché avec la plupart des troupes qu'il commandoit; mais

Victor-Amédée se borna, pour satisfaire l'Empereur, à faire bloquer Casal par un corps de six mille hommes, et à consommer toutes les subsistances de la plaine de Piémont, afin d'empêcher le maréchal de Catinat d'y entrer vers l'arrière-saison, si on lui envoyoit des renforts comme l'année précédente ; mais ce général se tint sur la défensive jusqu'à la fin de novembre, qu'il envoya son armée en quartier d'hiver. Les alliés s'étoient eux-mêmes séparés peu auparavant.

Ils avoient continué le blocus de Casal pendant tout l'hiver de 1694 à 1695, et le Roi, fatigué des artifices et des variations du duc de Savoie, avoit défendu au comte de Tessé d'entretenir directement ou indirectement aucune correspondance avec ce prince ou ses ministres; mais le marquis de Saint-Thomas lui mandoit de temps en temps, quoique sans rien particulariser, que son maître persévéroit toujours dans le desir de se réconcilier avec le Roi. Enfin, le 15 mars, le sieur Grupel arriva à Pignerol, pour informer M. de Tessé, que Victor-Amédée se trouvoit dans le plus cruel embarras; que depuis deux ans son obstination seule avoit empêché le siége de Casal, sur lequel l'Empereur insistoit sans cesse; mais qu'après avoir épuisé tous les prétextes et les délais possibles pour éluder cette entreprise, il ne pouvoit se dispenser de se rendre enfin devant Casal, où les généraux des alliés étoient déjà; qu'il tenteroit de nouveau de les détourner d'en former l'attaque, parce qu'il seroit au désespoir de contribuer à une conquête qui mettroit ses Etats dans une dépendance totale de l'Empereur. Qu'en conséquence, il proposoit au Roi d'ordonner au marquis de Crénan, gouverneur de la place, de la rendre, à condition que les fortifications en seroient rasées, et qu'il se faisoit fort d'amener les alliés à souscrire à cet arrangement.

Le Roi manda le 24 mars, au comte de Tessé, de répondre au duc de Savoie, que sa proposition lui convenoit d'autant moins, qu'elle tendoit à faire remettre à ses ennemis une place considérable en bon état, et à leur épargner les dépenses, les fatigues et le dépérissement inévitables qu'un siége leur occasionneroit; qu'au surplus, il ne consentiroit jamais à un semblable arrangement, à moins que Victor-Amédée ne se fût assuré avant ou pendant le siége, que ses alliés souscrivissent aux trois conditions suivantes : 1°. Que les fortifications de la ville et de la citadelle de Casal seroient réellement démolies; 2°. que la garnison française y resteroit jusqu'à la parfaite démolition; 3°. qu'il y auroit une entière neutralité en Italie entre toutes les puissances belligérantes jusqu'à la fin de novembre. Le Roi exigeoit en outre, que dans le cas où les alliés se refuseroient à ces arrangemens, le duc renonçât à tous ses traités avec eux, et joignît ses troupes à l'armée du maréchal de Catinat, qui auroit ordre de le protéger efficacement, lui et ses Etats, contre le ressentiment que les contractans de la ligue d'Augsbourg pourroient avoir de sa réconciliation avec la France. Louis XIV terminoit sa dépêche par l'injonction de rompre toute négociation, si on incidentoit comme de coutume sur ses propositions.

Grupel revint le 6 avril à Pignerol, et commença par remettre à M. de Tessé le portrait de la jeune princesse de Savoie, qu'il avoit déjà été question de marier au duc de Bourgogne; démarche singulière après tout ce qui s'étoit passé, et qui n'étonna pas moins le négociateur que le Roi. Le premier expliqua à Grupel les intentions définitives du Monarque, en ajoutant que celui-ci étoit informé que, quand même l'Empereur consentiroit à la démolition de Casal, il ne tiendroit pas mieux cet engagement qu'un semblable qu'il avoit contracté avec tout l'Empire, relativement à

Philisbourg, dont les troupes autrichiennes s'étoient emparées immédiatement après sa reddition. Il y eut entre M. de Tessé et Grupel beaucoup de discussions inutiles à rapporter, et à la suite desquelles Victor-Amédée écrivit au premier, le 29 avril, la lettre suivante :

« Monsieur de Tessé, ayant fait les réflexions convenables sur les entretiens que vous avez eus avec l'homme que vous savez, touchant la résolution prise par mes alliés d'assiéger Casal, je m'engage et ai signé de bonne foi ce qui suit :

1°. Que la tranchée ouverte devant Casal et la place attaquée pendant quelques jours, je ferai sommer le commandant de rendre la place à mes alliés. Il répondra d'abord qu'il ne veut pas y entendre ; mais quelques heures après il sera censé y avoir réfléchi, et il proposera de lui-même de remettre la place moyennant que les fortifications des ville, citadelle et château seront démolies et entièrement détruites, sans qu'aucune des puissances avec lesquelles je suis présentement allié, puisse les réidifier pendant le cours de cette guerre ; m'engageant, foi de prince, de m'y opposer, comme aussi d'observer et faire observer par

ANNÉE 1695.

mes alliés, les articles de la capitulation qui m'ont été envoyés signés par vous au nom du Roi.

2°. En considération de la remise et démolition de Casal, je m'engage que mes troupes ni celles de mes alliés ne pourront point, pendant la présente campagne de 1695, dont le terme est fixé au 1er novembre prochain, entreprendre aucune chose sur les places et pays du Roi du côté des Alpes, tant de son ancien royaume que des pays qu'il a conquis sur les alliés en Italie; et ne pourront mes troupes, ni celles de mes alliés, camper sur le finage de Pignerol, ni du comté de Suse, ni généralement sur les pays du Roi; que cependant les Vaudois ou Barbets ne seront point compris dans le présent article, et il sera libre aux troupes du Roi de les contenir (1).

---

(1) Cet article a été apostillé ainsi par le comte de Tessé : « M. de Savoie donna séparément sa parole, que ses alliés ni lui n'entreprendroient rien pendant les mois de novembre et de décembre. Les Barbets étoient soudoyés par l'Angleterre, et M. de Savoie n'osa pas les comprendre dans l'inaction qu'il promettoit, pour ne pas découvrir à l'Angleterre ses intelligences avec le Roi ; d'ailleurs les Barbets faisoient un corps séparé de l'armée ennemie, et ne reconnoissoient les ordres de M. de Savoie que quand ils le vouloient ».

3°. Je m'engage que mes alliés ne pourront retirer d'Italie les troupes réglées ou milices qu'ils y ont présentement, pour les envoyer en Catalogne, en Allemagne ou ailleurs, au service de leurs autres alliés; comme aussi vous me promettez au nom du Roi, que de son côté S. M. ne fera rien entreprendre pendant le cours de cette campagne par son armée, sur mes places, pays et Etats, ni sur ceux de mes alliés en Italie.

4°. Le Roi s'obligera de laisser dans les Alpes ou pays voisins, pendant cette campagne, son armée d'Italie, telle qu'elle est présentement, et n'enverra aucune de ses troupes, ni en Flandre, ni en Allemagne, ni ailleurs; parce que l'on ne pourroit pas empêcher les importunités continuelles de mes alliés, qui voudroient agir s'ils voyoient quelques pays du Roi dégarnis de troupes. Vous me promettez, au nom du Roi, que son armée est composée de cent douze bataillons et de trente-six à quarante escadrons, dont vous me donnerez de bonne-foi un état au juste, comme de ma part je vous enverrai un état de mes forces et de celles de mes alliés. Au surplus, l'usage ordinaire des contributions se continuera à l'amiable.

5°. Je promets en outre, foi de prince, que

supposé que mes alliés ne voulussent pas consentir à la capitulation et démolition de Casal; je promets, dis-je, et m'engage, foi de prince, de renoncer à toutes les alliances et traités faits avec chacune des parties, ou toutes les puissances qui composent la ligue; promettant au Roi de joindre de bonne-foi mes troupes aux siennes, suivant les conditions dont nous conviendrons. Je promets même de me déclarer au premier refus que feroient les généraux de mes alliés, de consentir à la capitulation de Casal, joignant mes armes à celles du Roi, et agissant avec ses forces comme de bons, loyaux et fidèles alliés doivent faire, sans même attendre le retour des courriers que les généraux de mes alliés voudroient envoyer à leurs maîtres, pour avoir de nouvelles instructions, &c.

Le duc de Savoie desira que cette pièce restât cachetée entre les mains du comte de Tessé, à qui il fit dire en même temps par Grupel, qu'il n'entroit par sa lettre, dans aucun détail sur son traité particulier avec le Roi, parce qu'il comptoit toujours sur les conditions réglées en 1694. La cour de France, satisfaite des procédés de Victor-Amédée, chargea M. de Tessé de faire passer au commandant de Casal des ordres et un projet de capitulation analogue aux arrangemens convenus avec ce prince.

Le 22 août, le Roi accorda au comte de Tessé une commission pour lever un régiment de fusiliers de son nom, qu'il garda pendant plusieurs années.

L'armée du maréchal de Catinat resta encore sur la défensive pendant la campagne de 1695. Les ennemis firent les préparatifs du siége de Casal, qu'ils vouloient commencer dans les premiers jours d'avril; mais il tomba une si grande quantité de neige, et le temps redevint si mauvais, qu'ils différèrent cette entreprise jusque vers la fin de juin. Leur armée arriva le 25 devant la place, où elle trouva achevées les lignes de circonvallation, auxquelles les troupes qui formoient le blocus travailloient depuis long-temps. On résolut deux attaques, la principale contre le bastion de la citadelle, opposé à celui qui est enfermé dans la ville, et l'autre contre la muraille qui joint la ville avec la citadelle. La tranchée fut ouverte le 27, et les assiégeans s'emparèrent d'un petit fort avancé. Ils continuèrent à pousser leurs travaux jusqu'au 6 juillet, qu'ils commencèrent à bombarder la place, ce qui diminua beaucoup le feu des assiégés. Quoique le marquis de Crénan ne se défendît que pour la forme, il ne laissa pas de tuer du monde aux ennemis; mais comme la nuit du 8 au 9, ils s'étoient logés sur le glacis, il demanda à capituler. On discuta longuement sur les conditions, que les généraux de l'Empereur contrarièrent tant qu'ils purent. Le duc de Savoie les menaçant de se jeter sur le champ entre les bras du Roi s'ils ne levoient leur opposition, on signa enfin les articles, tels qu'ils avoient été concertés avec Victor-Amédée. La garnison qui consistoit en deux mille cinq cents hommes, n'évacua la place que le 18 septembre, après l'entière démolition des fortifications. Le domaine de Casal fut rendu au duc de Mantoue, selon que la capitulation le portoit, et M. de Crénan arriva le 25 septembre à Pignerol, avec ses troupes.

On finit par avoir la preuve, que l'intention de l'Empereur étoit réellement de s'emparer de Casal; ce qui indisposa contre le monarque le duc de Savoie, qui fit écrire le 27 août par Grupel au comte de Tessé, que les alliés, (campés alors par corps séparés entre le Pô et les montagnes), le pressoient d'agir, vouloient marcher à Suze et attaquer les derrières de Pignerol; que le duc s'y opposeroit de tout son pouvoir, et avertiroit exactement de leurs mesures, afin que l'armée du Roi fît ce qu'il faudroit pour les contrarier, et appuyer les raisons dont le prince se serviroit pour retenir ses alliés dans l'inaction; qu'il desiroit que le maréchal de Catinat menaçât la vallée de Sture, afin de l'autoriser lui-même à témoigner de l'inquiétude pour le château de Démont, et à rejeter par ce motif tous les projets qui lui seroient proposés par les Allemands et les Espagnols. Enfin, Grupel terminoit sa lettre, en demandant que les François évacuassent le château de Bersolo, situé sur la Doire, au-dessous de Suze, parce qu'un général du roi d'Espagne, campé à Veillane, vouloit l'attaquer.

M. de Catinat ne trouva aucun inconvénient à satisfaire Victor-Amédée sur ce dernier article; mais une sage défiance de la loyauté de ce prince, lui fit trouver dangereuse l'expédition dans la vallée de Sture, et il préféra de mander au chevalier de Vendôme, grand-prieur de France, qui commandoit en Provence, d'envoyer quelques bataillons dans la vallée de Barcelonnette. Les deux armées usèrent le reste de la campagne sans faire d'autres mouvemens que ceux qui furent indispensables pour subsister. Les alliés entrèrent dans leurs quartiers d'hiver à la fin d'octobre, et le maréchal de Catinat prit les siens dans les premiers jours de novembre.

Le duc de Savoie, soit par raffinement de politique et pour mieux cacher ses intelligences avec Louis XIV, soit qu'il trouvât effectivement encore trop dangereux pour lui de rompre avec les alliés, soit enfin dans l'espoir de rendre le Roi plus traitable sur les nouvelles demandes qu'il projetoit de lui faire, avoit renouvelé son alliance au mois d'octobre, avec les puissances unies par la ligue d'Augsbourg. Il instruisit M. de Tessé de cette démarche, en lui faisant dire, qu'il n'avoit pu s'en dispenser, mais qu'elle ne changeoit rien à l'intention où il étoit de rentrer dans les bonnes graces du Roi. Le 23 novembre, Grupel arriva à Pignerol, et après avoir exalté de son mieux les sacrifices auxquels son maître se résignoit en se retirant de la ligue, il ajouta que ce prince prioit le Roi de lui fournir un moyen et un prétexte plausible pour rompre enfin avec ses alliés; qu'il avoit épuisé tous les expédiens, et qu'il n'en connoissoit plus qu'un seul, qui étoit l'offre de la part de la France de lui rendre Pignerol rasé, et que si elle y consentoit, rien ne l'empêcheroit plus de se séparer des ennemis de cette couronne. Louis XIV rejeta cette proposition. Grupel revint à la charge en février

1696, et le comte de Tessé se rendit à la cour pour prendre les ordres du Roi, parce que le duc de Savoie appuyoit sa demande par une augmentation de troupes, et par tous les préparatifs susceptibles d'indiquer de sa part une offensive rigoureuse pendant la prochaine campagne.

Le Roi fatigué d'une guerre ruineuse, et convaincu que ses sujets avoient grand besoin de la paix; que le meilleur moyen d'y parvenir étoit de détacher quelqu'un des contractans de la ligue d'Augsbourg, pour affoiblir les autres; qu'on ne pouvoit mieux s'adresser qu'au duc de Savoie qui occupoit presque à lui seul une armée française, qui étoit d'ailleurs mécontent de l'Empereur et du ministère espagnol, qui le trompoient journellement par des promesses fallacieuses qu'il leur rendoit bien, se décida enfin à lui sacrifier Pignerol; mais le monarque chargea le comte de Tessé d'en tirer le meilleur parti possible, en obtenant pour la France, à titre de dédommagement, soit la vallée de Barcelonnette, soit d'autres cessions vers le Rhône. Victor-Amédée ne voulut jamais y consentir, et après de longues discussions, dont le détail ne seroit ni amusant ni instructif, M. de Tessé et Grupel signèrent le 30 mai 1696, au nom de leurs maîtres respectifs, un traité préliminaire dont voici le précis :

1°. Le duc de Savoie s'engage avec le Roi à une ligue offensive et défensive, jusqu'à la paix générale.

2°. La France cède Pignerol démoli, avec ses dépendances, consistant dans les vallées de Pragelas et de la Perouse, et jusqu'au mont Genève ; mais à condition que les fortifications de la place ne seront jamais rétablies.

3°. Le Roi rend en outre au duc, la Savoie avec les comtés de Suze et de Nice ; mais ces restitutions ne seront effectuées qu'après que les Autrichiens et les Espagnols seront sortis d'Italie ; et quant à Pignerol, il ne sera démantelé et rendu qu'à la paix générale.

4°. Le Roi ne fera aucun traité de paix avec les cours de Vienne et de Madrid, sans y comprendre le duc.

5°. On traitera incessamment le mariage de la princesse Marie-Adélaïde, fille aînée de celui-ci, avec le duc de Bourgogne.

6°. Le Roi accorde à Victor-Amédée le temps nécessaire, pour se retirer de la ligue avec les ménagemens convenables.

7°. Ses ambassadeurs seront traités désormais en France comme ceux des têtes couronnées.

8°. Il ne souffrira pas que les réfugiés français continuent à s'établir dans les vallées protestantes de Luzerne (1).

9°. Si les puissances contractantes de la ligue acceptent la neutralité pour l'Italie, le duc de Savoie réduira ses troupes, et n'aura sur pié en temps de paix, que sept mille cinq cents hommes d'infanterie, et quinze cents de cavalerie.

10°. Si les mêmes puissances n'acceptent pas la neutralité en Italie, le Duc sera nommé généralissime des armées, et joindra ses troupes à celles du Roi, pour agir conjointement contre l'ennemi devenu commun.

11°. Dans cette supposition, le Roi cède à Victor-Amédée les conquêtes qu'on pourra faire dans le Milanais; et dans le cas où le Roi d'Espagne mourroit sans enfans pendant la présente guerre, la France s'engage d'aider de tout son pouvoir le duc de Savoie à se rendre maître du Milanais, le Roi renonçant alors à toute prétention quelconque sur ce duché.

12°. Pour continuer la guerre en Italie, le Roi ne fournira pas moins de vingt-six mille hommes, dont vingt mille d'infanterie, et le Duc dix mille cinq cents, dont deux mille cinq cents chevaux.

---

(1) Pays des Vaudois ou Barbets.

13°. Pour donner le temps à Victor-Amédée d'engager l'Empereur et le roi d'Espagne d'accepter la neutralité en Italie, on conviendra d'une trève entre les armées respectives jusqu'à la fin d'août, et si le premier septembre ces deux puissances n'ont pas souscrit à la neutralité, le Duc se joindra au Roi pour agir contre elles.

14°. Enfin, tant que la guerre contre la ligue durera en Italie, le Roi payera au Duc un subside de cent mille écus par mois.

Ce Prince désavoua Grupel relativement à la stipulation contenue dans l'article troisième sur Pignerol, et demandoit que cette place fût démantelée et remise immédiatement après la conclusion de son traité particulier avec la France. Cette difficulté faillit à rompre la négociation; mais le Roi tint ferme, le Duc céda, et le 29 juin tout fut ratifié. On convint en même temps des expédiens que Victor-Amédée emploieroit pour quitter ses alliés. Il exigea que Louis XIV parût faire les avances, par l'offre de la restitution de ses Etats conquis et de Pignerol démantelé, prétendant qu'alors seulement il auroit un prétexte plausible pour faire la paix avec la France.

Le chevalier de Tessé, toujours employé à l'armée d'Italie, avoit été élevé au grade de lieutenant-général le 3 janvier 1696. Le maréchal de Catinat acheva de rassembler ses forces le 25 mai dans la vallée de Suze. Le point où l'on en étoit avec le duc de Savoie, avoit dispensé de former aucun projet pour cette campagne ; mais le Roi voulut que son armée entrât dans la plaine de Piémont, et même qu'on fît courir le bruit qu'on songeoit à bombarder Turin, pour retenir autant qu'il seroit possible, par ces dispositions offensives, Victor-Amédée auquel il ne se fioit guère. Une partie de l'armée ennemie s'étoit réunie à Montcalier, tandis que l'autre se retrancha sous le canon de Turin. Le maréchal de Catinat s'étoit porté en plusieurs marches à Orbassan, où il arriva le 28 juin. Il adressa ensuite au duc de Savoie une lettre ostensible et dictée par lui-même, pour lui proposer la restitution de ses Etats conquis par le Roi, et de Pignerol démantelé, et d'agir conjointement avec l'armée française contre les autres puissances belligérantes en Italie. Le Duc répondit par une lettre concertée avec les généraux autrichiens et espagnols, qu'il acceptoit les conditions proposées, pourvu que ses alliés y consentissent ; mais qu'il trouvoit indigne de lui de joindre ses troupes à celles de France pour attaquer le Milanais. Les généraux de l'Empereur et du roi d'Espagne s'empressèrent d'envoyer des courriers à leurs souverains respectifs, et en attendant leur retour, on convint d'une trève de trente jours qui fut publiée à Turin le 12 juillet. On régla que les deux armées resteroient séparées par le Pô, et on se donna mutuellement des otages qui furent, de la part de la France, le comte de Tessé (qui étoit censé devoir conclure avec les ministres piémontais un projet de traité), et le marquis de Bouzols, colonel du régiment de Royal-Piémont cavalerie. Les otages du duc de Savoie étoient le comte de Tana, capitaine de ses Gardes du Corps, et le marquis d'Aix, lieutenant : ils furent conduits le 13 juillet à Pignerol. Dès le lendemain, Victor-Amédée fit sortir de ses places les troupes de ses alliés, qui se réunirent toutes à Montcalier. La trève avoit pour objet de tâcher, par la voie des négociations, d'amener les Autrichiens et les Espagnols à permettre que ce Prince jouît de la neutralité, et pour concerter des mesures s'ils vouloient continuer la guerre en Italie. L'Empereur fit au Duc les propositions les plus éblouissantes pour le rattacher à sa cause; mais ce fut en vain, le parti de ce Prince étoit pris, et la trève fut prolongée jusqu'au premier septembre.

On ne peut s'empêcher de faire ici une remarque sur la frappante bizarrerie du caractère du duc de Savoie. Ligué avec l'Empereur et l'Espagne contre Louis XIV, il ne cesse néanmoins de négocier avec lui. Au moment de conclure, il renouvelle son traité avec ses alliés, se plaint astucieusement du peu d'estime que lui marque la France, en lui proposant, comme une des conditions de la paix, de joindre ses troupes à celles du Roi pour faire la guerre à ses alliés, auxquels il doit la conservation de ses Etats. D'un autre côté, il avoue que les propositions avantageuses du Monarque ne lui permettent pas de persévérer dans cette alliance, mais que rien ne lui fera commettre l'action déshonorante de tourner ses armes contre ses anciens amis, et peu de jours après il accepte la patente de généralissime (1) de l'armée combinée de France et de Savoie, et marche contre eux.

Le 29 août, le comte de Tessé, en vertu d'un plein pouvoir du Roi du 17, signa à Turin, avec le marquis de Saint-Thomas, le traité définitif de paix entre Louis XIV et le duc de Savoie. Cet acte qu'on ne rapporte pas, parce qu'il est entièrement basé sur les préliminaires

---

(1) Datée du 23 août 1696.

du 30 mai, et qu'il se trouve dans plusieurs collections diplomatiques, contient, article 3ᵉ, relativement au mariage du duc de Bourgogne avec la princesse Marie-Adélaïde, cette stipulation : *Ce mariage se traitera incessamment pour s'effectuer de bonne-foi, lorsqu'ils seront en âge* (1), *et le contrat se fera lors de l'effet du présent traité, après la publication duquel la princesse sera remise entre les mains du Roi.* En vertu de cette clause, le contrat de mariage fut encore signé à Turin le 15 septembre par le comte de Tessé, muni des procurations du Roi, du Dauphin et du duc de Bourgogne. Il n'offre de remarquable que le sixième article, qui concerne des renonciations et dans lequel on observe que la princesse, *qui n'a pas encore achevé sa onzième année, est douée de connoissance et de jugement au-dessus de son âge*. Il avoit été convenu qu'elle seroit amenée en France pour la former aux usages du pays, et achever son éducation qui fut confiée à madame de Maintenon, en attendant que le mariage pût être consommé quand elle auroit atteint sa douzième année.

---

(1) La princesse, à son arrivée en France, fut traitée comme duchesse de Bourgogne ; son mariage se célébra le 7 décembre 1697; elle étoit née le 6 décembre 1685.

Le maréchal de Catinat s'étoit préparé à agir au moment de l'expiration de la trêve, si les cours de Vienne et de Madrid ne souscrivoient à la neutralité de l'Italie. Elles s'y refusèrent, et le général français, que divers mouvemens prescrits par des arrangemens de subsistances avoient rapproché de la rive droite de la Doire, la passa le premier septembre à Cologno. Il avoit proposé et fait adopter par le duc de Savoie, le projet de marcher par la rive gauche du Pô jusqu'à la hauteur de Valence, construit à la droite de ce fleuve, de se rabattre ensuite sur cette place, alors la meilleure du Milanais, et d'en faire le siége conjointement avec les troupes du Duc, qui arriva le 17 au camp du maréchal à Sartirana, où il fut reçu en qualité de généralissime. Le lendemain ses troupes, au nombre de quinze bataillons et de dix-sept escadrons, joignirent l'armée française, dont divers détachemens commencèrent à la gauche du Pô l'investissement de Valence qui fut achevé le 19 sur la rive droite. Les alliés avoient jeté une douzaine de bataillons dans la ville, devant laquelle on ouvrit la tranchée le 24 au soir, et on forma deux attaques. Le comte de Tessé commanda la première : le tour de son frère arriva la nuit du 29 au 30, et le siége dura jusqu'au 8 octobre, que des courriers apportèrent la nouvelle, que le traité de suspension d'armes en Italie avoit été signé la veille à Vigevano par les plénipotentiaires de l'Empereur, du roi d'Espagne et du duc de Savoie. En conséquence, les hostilités cessèrent aussi-tôt; on prit ensuite des mesures pour la retraite des armées respectives. Dès le 14 les troupes françaises commencèrent à reprendre le chemin de leur pays, en même temps que celles de l'Empereur et du roi d'Espagne se dirigeoient, les premières vers l'Allemagne, et les autres vers le royaume de Naples. Quant au duc de Savoie, il étoit retourné le 11 à Turin.

Il y avoit fait précédemment une autre course avec le comte de Tessé, pour assister aux fiançailles de la jeune duchesse de Bourgogne, et la faire partir pour la cour de France. Elle se mit en route le 7 d'octobre et arriva le 16 au pont de Beauvoisin, où elle fut reçue par le comte de Brionne. Le Roi vint l'attendre le 4 novembre à Montargis, d'où elle se rendit le 5 à Fontainebleau. Le comte de Tessé, qui l'avoit accompagnée jusques-là, retourna bientôt à Turin, où sa présence étoit indispensable pour divers arrangemens relatifs à l'exécution de la paix. Il paroît que ce fut à cette époque, qu'il se lia étroitement avec la comtesse de Verrue, maîtresse du duc de Savoie, et qu'il engagea cette femme aussi extraordinaire par son esprit que par la singularité de ses aventures, à entrer secrètement dans les intérêts du Roi, et à le prendre pour son intermédiaire avec le Monarque ; ce qui donna lieu à l'intéressante correspondance que M. de Tessé entretint avec lui, et qu'on rapportera après être entré dans quelques détails nécessaires sur madame de Verrue et même sur son amant.

Notice sur la comtesse de Verrue et sur Victor-Amédée, duc de Savoie, depuis roi de Sicile et de Sardaigne.

La comtesse de Verrue, née en 1669, étoit fille du duc de Luynes (1), mais d'un second mariage, dont il eut deux garçons et cinq filles. La médiocrité de la fortune de celles-ci obligea le père de s'en défaire comme il put. Elles étoient généralement belles, et l'avant-

---

(1) Louis-Charles d'Albert, duc de Luynes et de Chevreuse, pair de France, chevalier des ordres du Roi et grand-fauconnier de France, né en décembre 1620, mort le 20 octobre 1690, épousa : 1°. Marie Séguier; 2°. Anne de Rohan-Montbason, morte en 1684 ; 3°. Marguerite d'Aligre, dont il n'eut pas d'enfans.

dernière, nommée Jeanne-Baptiste, qui effaçoit les autres, fut mariée en août 1683, n'ayant pas encore atteint sa quatorzième année, à Auguste-Mainfroi-Jérôme-Ignace, comte de Verrue, piémontais, de l'ancienne maison de Scaglia (1), et dont la mère, veuve depuis plusieurs années, étoit dame d'honneur de la duchesse de Savoie douairière. M. de Verrue, qui étoit spirituel, jeune, beau et riche, vécut d'abord très-heureux avec sa femme qui avoit aussi beaucoup d'esprit, mais d'un genre très-solide et susceptible de s'appliquer aux grandes affaires. Le duc de Savoie, qui voyoit souvent madame de Verrue à la cour avec sa belle-mère, ne fut pas insensible à ses charmes; elle s'en apperçut, et en prévint son mari qui, ainsi que sa mère, se bornèrent à louer sa vertu, négligeant les autres précautions. Le duc redoubla de soins, et donna des fêtes galantes bien opposées à son caractère. Madame

---

(1) Cette famille avoit d'anciennes relations en France : l'aïeul du comte de Verrue servit dans les armées de Louis XIII, y parvint au grade de maréchal-de-camp, (qui suivoit alors celui de maréchal de France, les lieutenans-généraux n'ayant été créés qu'en 1638;) il fut ambassadeur de Savoie auprès du Monarque, et obtint l'ordre de l'Annonciade, la plus grande marque de distinction de son pays.

de Verrue jugea bien que c'étoit pour elle, et le dit à la famille de son mari, afin qu'on prît des mesures pour la dispenser de s'y trouver; mais sa belle-mère prétendit qu'elle se trompoit, que son amour-propre lui faisoit voir ce qui n'existoit pas, et qu'il n'étoit que trop ordinaire aux jeunes femmes comme elle, de vouloir se donner de l'importance. Le mari mit plus de douceur dans ses réponses, mais jugea qu'il falloit assister aux fêtes, parce qu'en supposant que le prince fût amoureux, il suffiroit de n'y pas prendre garde, et que son propre honneur, de même que la situation de sa famille à la cour, exigeoit des ménagemens. Le duc fit sa déclaration : madame de Verrue en avertit son mari et sa belle-mère, les suppliant de l'envoyer à la campagne; mais elle fut traitée de nouveau de visionnaire, et on commença même à la rudoyer, au point que ne trouvant plus son intérieur soutenable, elle feignit d'être malade, et se fit ordonner les eaux de Bourbon, où le vieil abbé de Verrue, oncle de son mari, la conduisit. Arrivée en France, elle manda au duc de Luynes, son père, qu'elle n'avoit pu informer de sa situation, que comme on ne lui permettroit pas d'aller jusqu'à Paris, elle le conjuroit de venir à Bourbon, où elle lui communiqueroit des

choses trop importantes pour être écrites. Le
duc de Luynes se rendit aux sollicitations de
sa fille : c'étoit un homme de bien et de jugement qui, ne pouvant approuver l'impré-
voyance de la conduite du mari, mais sur-
tout de sa mère, sentit que le parti le plus
sage et le plus convenable étoit de donner le
temps au duc de Savoie d'oublier la comtesse
de Verrue ou de s'attacher ailleurs, et que
pour obtenir ce résultat, il falloit la conduire
à Paris, où son mari viendroit la voir et s'établir avec elle à l'hôtel de Luynes, sans inconvéniens; d'autant qu'on étoit en paix avec la
Savoie, et qu'à son âge il étoit naturel qu'il
annonçât le desir de voyager pour se former.

L'abbé de Verrue avoit rempli plusieurs am-
bassades, il fut bientôt ministre d'Etat, et on
devoit lui supposer la maturité qui est le fruit
de l'âge et de l'expérience; d'ailleurs, comme
il combloit sa nièce de soins et de complai-
sances, M. de Luynes ne douta pas qu'il n'ap-
prouvât et ne fît réussir son dessein, qu'il lui
exposa sans réserve; car il ne pouvoit soup-
çonner qu'il se fioit à un vieux renard peu
disposé à laisser échapper sa proie. Ce prêtre
opposa des obstacles insurmontables aux arrangemens de M. de Luynes qui retourna à
Paris. Alors l'abbé, que sa présence avoit con-

tenu, et qui étoit devenu éperduement amoureux de sa nièce, laissa appercevoir sa passion : elle fut repoussée comme devoit l'être une semblable turpitude, et se changea en rage. Il accabla sa nièce de mauvais procédés, la reconduisit à Turin, et la brouilla avec son mari et sa belle-mère. Sa situation dans cette maison devint alors insupportable ; désormais dans l'impuissance d'être soutenue par sa propre famille, persécutée par celle dans laquelle elle étoit entrée, elle ne vit d'autre moyen d'échapper aux dégoûts continuels et aux tracasseries domestiques dont on l'accabloit, que de céder aux empressemens du duc de Savoie. L'éclat fait, les Verrue apperçurent leur imprudence, et furent au désespoir ; mais le mal étoit sans remède, sur-tout avec un prince aussi absolu que Victor-Amédée II, sur lequel il convient d'entrer dans quelques détails, qui épargneront des explications ou des notes ultérieures.

Ce prince étoit né le 14 mai 1666, du duc Charles-Emmanuel, et de Marie-Jeanne de Savoie, fille de Charles-Amédée, duc de Nemours et d'Aumale, tué en duel par le duc de Vendôme Beaufort, et sœur de la fameuse reine de Portugal, qui intrigua avec son beau-frère pour l'épouser, après avoir fait déposer et enfermer comme imbécille et impuissant son mari Alphonse vi. Victor-Amédée succéda à son père le 12 juin 1675, sous la tutelle de sa mère, qui le maria le 10 août 1684, à Anne-Marie d'Orléans, nièce de Louis xiv; il en eut deux garçons, dont l'un mourut jeune et l'autre lui succéda, et deux filles. L'aînée, Marie-Adélaïde, fut mariée le 7 décembre 1697, à Louis, duc de Bourgogne, petit-fils du roi de France; et la cadette, Louise-Gabrielle, épousa par procureur, le 11 septembre 1701, le duc d'Anjou, frère du précédent, devenu roi d'Espagne, sous le nom de Philippe v, en 1700, et que le duc de Savoie n'avoit pas balancé à reconnoître en cette qualité. Nommé en 1701 généralissime des armées de France et d'Espagne en Italie, il prend dès-lors des engagemens secrets avec la cour de Vienne, et trahit les intérêts des deux couronnes jusqu'en 1703, que ses perfidies étant découvertes, le roi de France fait désarmer une partie de ses troupes. Le duc conclut, le 25 octobre, son traité définitif avec l'empereur Léopold, qui lui assure le Monferrat-Mantouan. Lorsque l'empereur Joseph 1er mourut, le 17 avril 1711, on dit à Versailles, que le duc de Savoie s'étoit enfermé tout un jour, inaccessible à ses plus intimes confidens, pour pleurer son allié; mais madame de Maintenon, qui jugeoit parfaitement du caractère des autres par le sien propre, peignit celui de Victor-Amédée, en soutenant et mandant le 5 mai 1711, au duc de Noailles, *que c'étoit pour réfléchir sur le parti qu'il devoit prendre.* En 1713, à la paix d'Utrecht, il est reconnu roi de Sicile, et couronné le 24 décembre. En 1720, sa royauté est transférée sur l'île de Sardaigne, et il renonce à la Sicile. Le 2 septembre 1730, il abdique en faveur de son fils Charles-Emmanuel III, et prend le nom de comte de Tende, se réservant seulement cinquante mille écus de revenus, en disant que c'étoit assez pour un gentilhomme retiré. Toutes ses dispositions, en quittant la couronne, furent très-sages ; il forma à son fils un conseil des meilleures têtes qu'il connoissoit, et lui recommanda un attachement inviolable pour la France. Il partit de Turin le 4 octobre, dans un carrosse à six chevaux, avec un valet-de-chambre, deux cuisiniers, et quatre valets de pié ; se retira au château de Moncalier ; déclara peu après son mariage avec la comtesse douairière de Saint-Sébastien, depuis appelée comtesse de Spira, dame d'atours de la princesse de Piémont, femme de cinquante-deux ans : il lui avoit fait donner vingt mille francs pour le suivre, et lui acheta cent mille écus la terre de Sommerive, dont elle prit le nom; il l'aimoit depuis long-temps. En 1731, sollicité, dit-on, par cette femme qui vouloit gouverner, ou se repentant peut-être de son abdication, il tente de remonter sur le trône. Alors Charles-Emmanuel le fait arrêter la nuit du 28 au 29 septembre, à Moncalier, d'où on le conduit au château de Rivoli, puis au fort de la Brunette, d'où on le ramène à Moncalier; il y mourut le 31 octobre 1732.

Le comte de Verrue et sa mère, indignés des procédés du duc de Savoie, qu'ils traitoient de ravisseur, et dont il leur étoit impossible de se venger, jugèrent qu'ils ne pouvoient rester avec honneur ni à sa cour, ni même dans ses Etats : ils les quittèrent donc, et se retirèrent en France, avec un garçon et deux filles, fruits d'un mariage devenu malheureux par leur faute. Louis XIV, qui ne tarda pas à prendre les armes contre Victor-Amédée, accueillit ces fugitifs. Il reçut à son service le comte de Verrue, lui accorda, le 31 octobre 1690, une commission pour lever un régiment de dragons de son nom, à la tête duquel il se distingua en 1691, au siége de Mons et au combat de Leuse. En 1692, il se trouva au siége de Namur et au combat de Steinkerke; en 1693, au siége de Charleroi. Il fit encore en Flandre les campagnes de 1694, 1695, 1696 et 1697, où il servit au siége d'Ath sous le maréchal de Catinat : son régiment fut réformé en 1698, après la paix de Riswick, mais il continua d'être employé dans son grade de mestre de camp à la suite d'un autre corps.

Le duc de Savoie aimoit madame de Verrue à sa manière, c'est-à-dire autant qu'il pouvoit aimer; mais il ne lui rendoit pas toujours la vie agréable, parce que naturellement dissimulé, d'une humeur sombre et tyrannique, il recherchoit sans cesse la solitude que, contre son inclination, elle étoit forcée de partager. Quoiqu'il lui cachât beaucoup d'affaires, il lui en communiquoit quelques-unes, et elle acquit en peu de temps sur lui tout l'empire qu'une femme spirituelle et séduisante, peut acquérir sur un homme de ce caractère : il paroît qu'elle ne l'aima jamais, parce qu'on n'aime pas ceux qu'on craint; elle avoit pour la domination un goût qu'elle exerça d'abord avec trop peu de mesure sur la cour et les ministres. Adroite à se prévaloir des caprices de son amant, pour procurer des faveurs à ses amis, on l'accusa d'user de son crédit pour nuire aux autres, et ce reproche joint à sa hauteur, lui fit des ennemis dangereux, au point qu'un jour ils l'empoisonnèrent.

Victor-Amédée, que sa défiance portoit sans doute à craindre le même sort, avoit heureusement une ample collection des meilleurs contre-poisons, à l'aide desquels il réussit à sauver la vie à sa maîtresse (1). Elle eut ensuite la petite vérole, pendant laquelle le duc la servit lui-même avec l'exactitude d'une garde. Cette maladie n'ajouta pas aux charmes de madame de Verrue, mais le prince ne parut pas refroidi à son égard. Née française, elle conserva toujours un grand amour pour sa patrie, et par intérêt pour elle, elle trahit quelquefois les secrets de son amant, en les révélant à Louis XIV, par l'intermédiaire du comte de Tessé. A mesure que Victor-Amédée s'éloignoit de l'alliance de ce Monarque, il resserroit davantage madame de Verrue, qui n'avoit pu lui cacher entièrement ses inclinations françaises. Enfin, la contrainte dans laquelle elle se

---

(1) Elle en conserva précieusement la recette, qu'elle répandit ensuite en France, où cet antidote fut long-temps en vogue sous la dénomination de *remède de madame de Verrue*. La duchesse de Ventadour, gouvernante des enfans de France, en fit prendre à Louis XV, alors en bas âge, lorsqu'on vit mourir brusquement en 1712, sa mère, son père et son frère, empoisonnés, disoit-on. On croit que le remède de madame de Verrue ne fit ni bien ni mal à Louis XV, qui probablement n'en avoit pas besoin.

voyoit réduite à exister, lui devint si insupportable, qu'elle résolut de s'en affranchir. Elle fit passer secrètement en France la meilleure partie des richesses qu'elle avoit amassées ; car le duc, avare pour lui-même et pour les autres, ne fut prodigue que pour elle. Ces précautions prises, le chevalier de Luynes, son frère (1), qui servoit dans la marine française, arrive à Turin, sous prétexte de passer quelques jours avec elle; Victor-Amédée part pour la Savoie, et le frère et la sœur profitent de son absence, pour sortir clandestinement de ses États, et se mettre en sûreté avant même qu'il pût concevoir le moindre soupçon. Il s'est conservé dans la maison de Luynes une tradition qui apprend, que cette fuite éprouva beaucoup de difficultés, et que madame de Verrue n'auroit peut-être pu se soustraire aux gardes que le duc de Savoie entretenoit au Pont-de-Beauvoisin, si le comte d'Albert, son frère aîné (2), n'étoit venu au-devant d'elle, pour lui préparer les moyens de passer

---

(1) Charles-Hercule d'Albert, chevalier de Luynes.

(2) Louis-Joseph d'Albert, né le 1ᵉʳ avril 1672, marié le 17 mars 1715 à Honorine de Bergh, dont il eut la petite principauté de Grimberghen et en prit le nom. Il étoit grand-bailli de Liége.

furtivement, en sortant par une fenêtre, dans la partie du Pont-de-Beauvoisin appartenant à la France. Madame de Verrue ne jugea pas à propos de laisser de lettre au duc de Savoie, ni de colorer sa fuite; procédé dont il fut d'autant plus piqué, qu'il ne montra au dehors que de l'indifférence, et il ne paroît pas qu'il fît aucune tentative soit pour la ramener, soit pour se venger : il en avoit eu un fils et une fille. Le premier mourut jeune, et Victor-Amédée maria la dernière (1), qu'il aimoit passionnément, au prince de Carignan, son plus proche parent, et fils unique du muet, frère du comte de Soissons, père du célèbre prince Eugène de Savoie.

Il est également difficile de fixer précisément l'époque où commença la faveur de madame de Verrue, et celle où elle prit la fuite. Divers rapprochemens portent à croire, qu'elle s'abandonna à Victor-Amédée en 1688 ou 89, et qu'elle le quitta en 1702, avant qu'il se fût tourné entièrement contre la France (2).

---

(1) Victoire-Françoise de Savoie, née le 29 janvier 1690, légitimée en 1701, épousa le 7 novembre 1714, Victor-Amédée de Savoie, prince de Carignan, né le 29 février 1690.

(2) Le duc de Saint-Simon dit dans ses Mémoires,

Arrivée à Paris, madame de Verrue, assurée de la protection du Roi, se retira d'abord dans un couvent, où la plus grande partie de sa famille, notamment le duc et la duchesse de Luynes (1), ainsi que le duc de Chevreuse, leur fils (2), qui suivoient une morale très-austère, refusèrent de la voir, ne s'exprimant même sur son compte qu'avec mépris ; mais gagnés ensuite par ses démarches auprès d'eux, et par les représentations de quelques ecclésiastiques, qui les blâmèrent de n'être pas d'accord avec leurs propres principes, en repoussant une femme au moment même où elle se retiroit du désordre et du scandale, ils s'adoucirent. Peu à peu d'autres la virent, mais elle n'eut aucun rapport avec son mari, ses enfans et sa belle-mère, qu'elle ne pouvoit souffrir. Cette dernière s'étoit retirée auprès

---

tome XII, page 131, qu'elle s'enfuit vers le 15 octobre, mais sans spécifier l'année.

(1.) Charles-Honoré d'Albert, duc de Luynes et de Chevreuse, né le 7 octobre 1646, mort le 5 novembre 1712, âgé de 67 ans, avoit épousé le 3 février 1667, Jeanne-Marie Colbert, fille du ministre : il étoit fils de Marie Séguier.

(2) Honoré-Charles d'Albert, (fils de Charles-Honoré,) né le 6 décembre 1669, tué, près de Landau, le 9 septembre 1704.

ANNÉE 1697.

de l'aînée de ses petites-filles, que Louis XIV avoit nommée abbesse de Sainte-Claire de Vienne en Dauphiné, d'où elle passa, en juin 1729, à l'abbaye de la Trinité de Caen (1). Marie-Angélique-Gabrielle de Scaglia, sa sœur, d'abord coadjutrice de l'abbaye de Sainte-Anne d'Issi, fut en 1722, mise en possession de l'Abbaye-aux-Bois de Paris, où elle mourut le 22 avril 1745, âgée de cinquante-neuf ans. Quant au comte de Verrue, leur père, il fit les campagnes de 1701 et de 1702 en Flandre, et celle de 1703 en Allemagne. Il acheta la même année, du maréchal de Villars, la charge de commissaire-général de la cavalerie, dont il fut pourvu le 7 juillet, ainsi que du grade de brigadier des armées du Roi, et servit en cette qualité aux siéges de Brisach et de Landau, et à la bataille de Spire. Nommé maréchal-de-camp le 10 février 1704, il se fit suivre à la guerre par son fils, et commanda la cavalerie de l'armée du maréchal de Marcin, combinée avec celle de l'électeur de Bavière : il fut tué le 13 août 1704, à la bataille d'Hochstet, et il ne paroît pas que son fils lui ait survécu longtemps. Le prince de Condé s'intéressoit à cette famille, et on a retrouvé la lettre suivante, en

(1) Elle y succéda à une fille du maréchal de Tessé.

original, qui lui fut adressée par la comtesse de Verrue, douairière :

A Vienne, le 7 septembre 1704.

« Monseigneur, dans le funeste accident qui vient de m'arriver, je prends la liberté de donner part à V. A. S. de ma douleur, par l'intérêt qu'elle me fit l'honneur, l'année passée, de me témoigner de prendre si fort en ce qui me regardoit. C'étoit alors, Monseigneur, un moment heureux, et c'est maintenant une affliction éternelle pour ce monde, d'avoir perdu mon cher fils; ce qui me fait espérer que V. A. S. me plaindra, et me fera la grace de considérer, combien peu de temps il a joui de l'honneur qu'il avoit plu au Roi de lui faire. Mon fils n'est plus, la charge est perdue (1), et mon engagement reste. Personne n'est plus propre que V. A. S. à faire ressouvenir S. M. des sacrifices que le comte de Verrue a faits de ses biens et de sa vie pour son service. S'il lui plaisoit, en disposant de cette charge, accorder un brevet de retenue, pour en faire toucher ce qui reste à payer à M. le maréchal de Villars, et que je dusse cette grace aux soins et sollici-

---

(1) Celle de commissaire-général de la cavalerie.

tations de V. A. S., je lui en aurois toutes les obligations possibles. Je la supplie aussi très-humblement de vouloir donner sa protection au comte de Disimieu, mon petit-fils, qui a toujours été près de son père à la bataille d'Hochstet, et où il aura appris, par l'exemple de son père, à exposer sa vie pour le service de S. M. J'espère qu'elle aura des obligeans égards pour la mémoire de l'un, et pour les services que lui peut rendre l'autre, si V. A. S. a la bonté de les lui représenter. Je la supplie encore de me faire l'honneur de me croire avec un respect infini, Monseigneur, de V. A. S., la très-humble et très-obéissante servante,

La comtesse de Verrue.

Louis XIV adoucit sans doute, autant qu'il le pouvoit, le sort des Verrue. Il paroît que le duc de Savoie avoit confisqué les biens de cette famille, soit en 1689, après sa fuite du Piémont, soit après l'évasion de la comtesse de Verrue, et que le Roi chercha à les faire restituer; car il existe une lettre du duc de Vendôme, général des armées françaises en Italie, qui mande, le 29 décembre 1704, à M. de Chamillart, qu'il rendra compte incessamment de ce qu'on lui a écrit au sujet de la confiscation des biens du comte de Verrue. La mort de celui-ci rendant sa veuve entièrement libre, elle sortit de son couvent, prit une maison, vécut dans l'opulence, eut bientôt une espèce de cour assez nombreuse, formée de ses parens, de leurs amis, et de ce qu'il y avoit de plus distingué. L'habitude qu'elle avoit contractée pendant quatorze ou quinze ans de dominer à Turin, lui fit bientôt reprendre ses airs de supériorité; et à force d'esprit, d'usage du monde, d'adresse à bien saisir les conjonctures, de ménagemens et de politesse, elle finit non-seulement par se les faire pardonner, mais on s'y accoutuma, et elle acquit et conserva une grande influence dans la société. Néanmoins elle ne put échapper aux traits de la malignité, car on trouve dans les manuscrits du temps ce couplet satirique, dont on ne peut ni garantir, ni infirmer le contenu et qui paroît même invraisemblable:

>Plaignons le sort de Verrue,
>Qui se livre au roturier.
>Se peut-il qu'un teinturier,
>Fils d'un balayeur de rue,
>Entre ses indignes bras,
>La possède toute nue?
>Entre ses indignes bras,
>Jouisse de tant d'appas?

Madame Charlotte-Elizabeth de Bavière,

veuve de Monsieur, frère unique de Louis XIV, parle de la comtesse de Verrue dans trois de ses lettres, dont on va rapporter les fragmens (1).

« Le duc de Savoie, roi de Sicile, commence
» toujours ses amours avec ses maîtresses par
» des disputes et par des querelles..... J'ai ouï
» dire que ce Prince et madame de Verrue se
» querelloient des journées entières..... J'ai
» profité du vol de cette dernière : elle m'a
» vendu cent soixante médailles d'or, qu'elle a
» finement attrapées à ce Prince ; mais je n'ai
» eu que la moitié des médailles d'or. Elle
» avoit aussi des caisses pleines de médailles
» d'argent, qui ont été toutes vendues en
» Angleterre ».

La comtesse de Verrue occupoit, dans la rue du Cherche-Midi, un fort bel hôtel dont elle étoit propriétaire, ainsi que des deux maisons voisines. Elle avoit encore une charmante maison de campagne à Meudon. Elle possédoit en outre une grande quantité de tableaux, de meubles précieux, de raretés et de bijoux, et

---

(1) Des 21 mai, 16 juin et 2 août 1716. *Voyez* les fragmens de lettres originales de cette princesse, t. II, p. 248 et 249.

sur-tout d'actions des fermes et de la compagnie des Indes, qui lui permettoient de vivre dans l'opulence, et d'entretenir au moins vingt-cinq domestiques des deux sexes. Ses amis les plus intimes étoient la duchesse douairière de Bourbon (1), célèbre par son esprit, par sa malice et ses chansons ; le comte de Lassai, qui passoit pour l'amant de cette princesse ; la comtesse de Lassai, femme de celui-ci ; M. de Chauvelin, depuis garde-des-sceaux, et ministre des affaires étrangères ; sa femme ; M. de Mairan, de l'académie des sciences ; l'abbé Terrasson, de l'académie française ; M. Melon, qui donna sur le commerce un ouvrage excellent pour le temps où il parut.

La santé de madame de Verrue se dérangea en 1736 ; elle avoit alors environ soixante-sept ans. Devenue plus dangereusement malade, elle fit son testament le 20 septembre, y ajouta un codicile le 10 novembre, et mourut le 18. Ces deux pièces (2) donnent une juste idée de

---

(1) Louise-Françoise de Bourbon, née le 1er juin 1673, fille de Louis xiv et de madame de Montespan, mariée le 24 juillet 1685 à Louis, duc de Bourbon-Condé, veuve le 4 mars 1710, morte le 16 juin 1743.

(2) Nous en devons la connoissance à l'obligeante politesse de M. de Launai, chargé des affaires de la maison de Luynes.

son cœur et de ses richesses. Elle demande d'être enterrée sans pompe dans le cimetière de Saint-Sulpice, à côté du chevalier de Luynes, son frère. Elle institue ses légataires universels, chacun pour moitié, le prince de Grimberghen et la duchesse de Duras, sa nièce, substituant celle-ci au premier lorsqu'il décédera : elle lui donne de plus sa maison de Meudon toute meublée, *parce qu'il n'en possède aucune à la campagne*. Elle fait de simples legs à ses deux filles, abbesses de Saint-Etienne de Caen et de l'abbaye-aux-Bois, et s'exprime à l'égard de la dernière avec beaucoup plus de tendresse que sur le compte de l'autre, qu'elle n'aimoit peut-être pas, à cause de la préférence que lui marqua toujours la vieille comtesse de Verrue, sa belle-mère, dont elle avoit eu si essentiellement à se plaindre. Elle lègue à la princesse de Carignan, sa fille naturelle, le revenu de cent actions de la compagnie des Indes, et le fonds à ses enfans après son décès. Elle donne au prince de Carignan, son gendre, le tableau appelé la *Conversation de Rubens* ; à MM. de Mairan, Terrasson, Melon et plusieurs autres, des legs de mille écus au moins, en les priant *de se souvenir d'elle, parce qu'elle les aimoit*. Elle assure à chacun de ses domestiques une pension, outre une somme d'argent comptant.

Son attachement pour ses pigeons est manifesté par une somme de 500 livres qu'elle donne à un nommé le Prêtre qui en avoit soin. Elle lègue à la duchesse de Bourbon, *qui*, dit-elle, *l'a toujours honorée de ses bontés, et pour laquelle elle a un respect et un attachement singulier et infini,* un magnifique lustre de cristal de roche. Elle donne un grand nombre de tableaux de prix au comte de Lassai, qu'elle appelle *son ancien, bon et cher ami,* en le priant de se souvenir d'elle *comme de la meilleure et de la plus tendre amie qu'il aura jamais, et qui a le mieux senti tout le prix d'un cœur comme le sien.* Elle ajoute à titre de marque d'amitié pour madame de Lassai, un tableau représentant un sujet pieux. Enfin elle nomme M. de Chauvelin son exécuteur testamentaire, *le remercie de l'amitié bien tendre qu'il lui a toujours témoignée, assure qu'elle l'a payé de retour,* lui lègue un lustre de cristal de roche, et le pareil à sa femme.

Voici maintenant les lettres du comte de Tessé à Louis XIV, relativement à madame de Verrue.

A Turin, le 9 février 1697.

Il faut, Sire, vous faire le sacrifice entier, et vous envoyer mot pour mot la copie d'une

ANNÉE 1697.

lettre que je vais brûler. Je supplie V. M. d'en faire autant de celle-ci, et de ne m'en faire accuser la réception, que par ordonner que l'on me mande qu'elle l'est. Vous y verrez naïvement à quel homme j'ai affaire, et la vie que je mène ici et qu'y devra mener celui que vous y enverrez (1), lequel ne doit jamais savoir par où ni comment j'ai été instruit.

LA COMTESSE DE VERRUE AU COMTE DE TESSÉ.

6 février.

Après avoir porté mon petit paquet trois jours de suite dans ma poche, pour trouver une occasion de vous le donner moi-même, je vois bien que je n'en puis trouver d'autres que d'envoyer tout droit chez vous, quoique cela soit fort dangereux, par les raisons que vous allez voir ; mais j'aime mieux hasarder quelque chose, et que vous ne me soupçonniez pas d'avoir oublié ma promesse. Sachez donc premièrement, que cette brouillonne et imprudente la mère royale (2), a dit au mar-

---

(1) Ce fut le comte de Briord.
(2) Marie-Jeanne de Savoie-Nemours, mère de Victor-Amédée, morte le 15 mars 1724.

quis (1), que j'étois la meilleure de vos amies, et qu'il ne me dît rien qui pût vous être redit. Pour ce mal, il est aisé à réparer ; mais ce n'est pas tout. Monsieur son fils (2) a trouvé très-mauvais les dîners et soupers que les dames ont faits chez vous pendant son absence : il a grondé et fait dire à la marquise de Linat, de ne plus souffrir que l'on y remenât sa petite-fille, et de défendre doucement à ses filles d'y aller ; en sorte que vous n'avez qu'à rengaîner vos soupers. Quant aux dîners, les hommes iront priés et non autrement. L'on a tenu liste de ceux qui y ont été ; ensuite de quoi il m'a fort recommandé de donner exemple aux autres dames, en n'ayant aucun commerce avec vous : avis d'autant plus fâcheux qu'il est irrévocable. Ce que je fais à présent vous doit pourtant assurer, qu'en changeant de manières je ne changerai jamais de sentimens, tant je suis folle d'aimer le Roi, sans l'avoir jamais vu ; mais je suis française.

Présentement venons aux sujets du voyage du marquis (3). Le principal a été une promesse de l'Empereur, qui met M. le Duc dans

---

(1) De Saint-Thomas.
(2) Le duc de Savoie.
(3) De Saint-Thomas.

toute la garantie de la paix générale, comme s'ils étoient encore bons amis ; ensuite une lettre de l'Empereur qui l'assure de son amitié, l'exhortant et le priant de conserver toujours son cœur pour la maison d'Autriche, l'assurant que dans toutes les occasions il lui fera connoître le parfait intérêt qu'il prend en tout ce qui le regarde. L'on répond à cela par mille remercîmens et maintes assurances. L'abbé (1) sera chargé de les faire et de cultiver cette belle amitié : il ira à Vienne.

Le marquis a été chagrin contre vous, de ce que vous lui avez mandé sur la Mirandole ; cependant cela a eu l'effet que vous en vouliez. Je ne l'ai jamais trouvé si fort impérialiste. Le Duc croit avoir fait des choses merveilleuses sur la révocation de l'évêque de Genève. Il n'a pas trouvé que vous lui ayez assez exagéré sa complaisance ; ainsi réparez cela, s'il est possible, mais d'une manière, je vous prie, qu'il n'y paroisse nulle affectation. C'est peut-être vous faire tort que de vous recommander pareille chose; mais il est si soupçonneux et en tout, et la chose m'est si importante, que je ne puis trop y prendre de précautions. Au

---

(1) On ne sait quel abbé. Peut-être étoit-ce l'oncle de madame de Verrue.

reste, nous sommes à merveille ensemble, et si cela dure, il y auroit, si je le voulois, plus de quatre personnes de noyées (1). Elles l'ont bien mérité ; mais je me souviens que vous m'avez recommandé de faire le bien pour le mal, et je me trouve bien jusqu'à présent de n'avoir fait mal à personne. Adieu, monsieur; il y a demain bal à la Cour : ne m'approchez point le premier; si je puis vous parler, je le ferai. Cela est assez plaisant, que sans nous en vouloir, il faille garder pareilles mesures. Qu'y faire ? je n'en serai pas moins de vos amies, ni dans les intérêts de votre maître.

J'oubliois de vous dire, qu'il y a eu un grand désordre à Naples. Le cocher du vice-roi ou gouverneur, ayant été tué, lui dedans sa voiture, à qui l'on a crié, que s'il ne les laissoit en repos, l'on lui en feroit une autre fois de même. Comme il n'y a point de troupes à Naples, le marquis (2) appréhende qu'il ne soit obligé d'y en envoyer, de quoi il lui fâcheroit beaucoup : cela fera du bruit dans peu ; mais jusqu'alors n'en faites point semblant. Le marquis m'a fait un galimatias d'un parti qu'il voudroit former pour l'Empereur, en cas de

---

(1) Ses ennemis.
(2) De Saint-Thomas.

malheur au roi d'Espagne (1) ; mais je n'y ai encore rien compris : ainsi je tâcherai de m'en éclaircir avant son départ, et si cela en vaut la peine, je vous le manderai. Adieu ; en voilà bien long. Devinez d'où je vous écris? de ma chaise percée, car je ne sais à qui me fier, tant je suis observée.

(*Le comte de Tessé continue.*)

J'ai cru, Sire, que cette lettre vous étoit nécessaire, pour vous faire mieux comprendre que ce que je pourrois vous en mander, ce que c'est que l'homme auquel vous aurez affaire toute votre vie. Il est intolérable à ceux qui l'aiment le mieux et qui le voyent le plus souvent ; cependant il ne faut pas que les petits manquemens extérieurs de sa part, ni les petites inquiétudes vous alarment : il ne peut pas être autrement ; il faut passer sur les minuties pour aller au fait ; et si la paix générale ne se faisoit pas, il seroit de votre service de l'attacher par quelqu'intérêt pécuniaire auquel il est très-sensible ; car les autres se l'attacheroient, et je sais qu'on lui a fait des offres qu'il a généreusement rejetées, et auxquelles il a répondu qu'il n'étoit pas temps d'y songer.

――――――――――――

(1) Charles 11, dont on prévoyoit la mort prochaine.

Indépendamment de tout ce que dessus, Saint-Thomas m'a dit par forme de conversation, que le voyage du marquis de Leganez (1) n'étoit qu'une bagatelle, qui confirmoit à S. A. R. la possession des fiefs impériaux, et que si ç'eût été quelque chose qui eût regardé votre service, il m'en auroit informé. Encore une fois, je supplie V. M., et je me mets à ses piés pour la supplier de faire en sorte qu'il ne transpire jamais rien à personne, qui puisse avoir le moindre rapport ici, de ce que je puis savoir par ceux qui vous sont autant attachés qu'ils le peuvent. J'envoie cette lettre par un exprès à Fenestrelles, sans quoi je l'aurois fait chiffrer.

LE COMTE DE TESSÉ AU ROI.

A Turin, le 23 février 1697.

Il faut donc encore, Sire, vous faire un nouveau sacrifice, et je le fais d'autant plus volontiers, que certain de la fidélité de votre secret, je vous y fais voir par des traits naïfs, le caractère d'un prince dont la fille doit faire la première figure de son sexe dans votre

---

(1) Gouverneur du Milanais pour le roi d'Espagne.

royaume, et dont le père par conséquent, et par lui et par la situation de ses Etats, aura toujours beaucoup de relation, non-seulement avec vous, mais encore par sa sorte d'esprit entrera dans les principales affaires de l'Europe; car il n'est plus question de regarder M. le duc de Savoie comme un simple duc de Savoie, il faut le prendre sur le pié d'un homme que votre sagesse a retiré de la ligue, et que la ligue au désespoir de l'avoir perdu, entretient par des offres continuelles dans des fantaisies, dont la plupart se détruisent d'elles-mêmes, mais qui ne laissent pas de lui faire une impression continuelle, qu'il peut toujours se faire valoir suivant les conjonctures, entre vous et la maison d'Autriche. Je ne fais ce détail à V. M. que pour lui faire entendre, qu'il vous est de la dernière conséquence d'être toujours informé de ce qui se passe ici, et que n'ayant rien négligé pour l'être, V. M. ne peut pas trouver mauvais que, sans son ordre et sans la compromettre en rien, j'aie pris la liberté d'assurer une dame (1) de votre protection, dans l'esprit de laquelle j'ai trouvé toutes les dispositions souhaitables au bien et à l'attachement de votre service; elle sait quasi tout, et a part à

---

(1) La comtesse de Verrue.

une infinité de choses; et du reste elle connoît son malheur, s'en repent, ne peut encore s'en retirer tout-à-fait, et conduit présentement sa barque infortunée sans crime, et comme une amie pour qui l'on conserve toute la confiance dont on peut être capable, et à qui l'on laisse son cœur et assez d'estime, quand même, par le libertinage, l'on porte son corps ailleurs. Voici donc, Sire, mot pour mot ce qu'elle me mande, en réponse de ce qu'en lui faisant part de la nomination d'un ambassadeur (1), je l'assurai qu'il auroit ordre de V. M. de l'assurer de votre protection, et que j'avois celui de l'assurer de votre amitié et de votre considération.

LA COMTESSE DE VERRUE AU COMTE DE TESSÉ.

Je croyois aller à la Cour aujourd'hui, mais l'on ne l'a pas jugé à propos; et comme je ne sais si je pourrai y aller demain, à tout hasard j'écris ces deux mots pour vous dire : premièrement, que je suis pénétrée de plaisir et de reconnoissance, de ce que vous m'assurez que le Roi ne me regarde pas comme une malheu-

---

(1) Le comte de Briord.

reuse qui devroit entrer aux Repenties (1); je mérite d'être plainte, et mon frère de Chevreuse (2) avec Saint-Sulpice (3) tout entier, n'eût pu m'éviter ce que l'abandon de mon mari, qui ne songeoit qu'à me perdre, ma belle-mère pis, et les conjonctures m'ont attiré. Bref, il n'est pas question de justification, mais je suis sensible à ce qu'étant née française, le Roi ne croie pas que je suis une misérable, indigne, comme mon frère l'a dit, de toute considération. Je vous supplie de faire entendre, non-seulement mon respect, mais mon attachement, et qu'en tout ce que je pourrai être bonne, l'on peut compter sur moi. Nous prendrons ensemble, avant votre départ, des mesures pour le secret et la sûreté de notre commerce, et croyez que je vous avertirai exactement des choses qui pourront regarder les intérêts du Roi; car j'honorerai fort votre ambassadeur, mais je ne veux ni ne puis avoir aucune liaison avec lui. Je vous avertirai par la voie dont nous conviendrons,

---

(1) Couvent de Paris où l'on enfermoit les femmes libertines..

(2) Il en est parlé plus haut.

(3) Les prêtres du séminaire de Saint-Sulpice avec lesquels M. de Chevreuse avoit d'étroites liaisons.

et le commerce deviendra tous les jours plus délicat, par les soins que l'on a de s'informer de tous ceux qui viennent chez vous. Cela a même été si loin, que l'homme que vous vîtes hier dans mon carrosse avec moi, a eu une réprimande à cause d'avoir dîné trois fois chez vous. Tous mes amis et amies ont été avertis de rompre toute connoissance, adroitement pourtant, et de façon que vous ne vous apperceviez pas que c'est par ordre; ainsi ne vous étonnez pas de l'affectation avec laquelle, malgré soi, chacun vous fuit, puisqu'il n'est pas permis de faire autrement; et cela n'est pas tant pour vous, que pour ne pas mettre l'ambassadeur nouveau sur le pié où vous avez été : il doit compter sur peu de commerce. Vous avez surmonté, je ne sais comment, la répugnance que l'on avoit à vous voir familier. Le Duc me disoit il y a trois jours, qu'il vous aimoit autant qu'il lui étoit possible d'aimer un Français, mais qu'il ne souffriroit jamais qu'aucun autre le connût tant que vous aviez fait; ainsi tirez-vous d'ici tout le plutôt, car à force de se voir c'est la coutume de s'estimer moins, et les agrémens que vous avez eus ne peuvent que décliner. La bizarrerie a été au point de trouver mauvais, que l'on fasse tous les jours après votre dîner l'aumône aux pauvres, et la quantité de pauvres à votre porte a fait de la peine ; cependant, allez sur cela à votre ordinaire, sans vous en inquiéter. Mettez bien dans la tête de votre ambassadeur qu'il ne doit pas se fâcher, si l'on ne le voit guère.

Comme j'ai une permission d'avoir une conversation avec vous pour les affaires de mon mari, envoyez samedi au matin savoir si vous ne m'incommoderez point, et je vous enverrai dire l'heure que vous pourrez venir, étant nécessaire que je vous apprenne mille petites choses trop longues à écrire. Nous avons pensé nous brouiller le Duc et moi, et vous pûtes voir au bal de mardi comme nous boudions ; il vouloit de moi certaines bassesses qui ne m'accommodent plus, et qui sont retranchées. Je l'envoyai par accommodement passer ailleurs ses furies, et nous avons accommodé tout cela de la manière du monde la plus plaisante : c'est un conte que je vous ferai à la première entrevue. Mandez-moi si vous me conseillez de presser pour faire reconnoître mes enfans. Cela dépend de moi, mais je crains que cela ne fasse de la peine à madame la duchesse (1).

---

(1) Anne-Marie d'Orléans, nièce de Louis xiv, et femme de Victor-Amédée.

Je n'oublie rien pour qu'elle soit contente et grosse. J'irai demain au sermon à Saint-Jean ; j'essayerai de vous remettre moi-même cette lettre : brûlez-la de crainte que vous ne le soyez et moi aussi. Je ne la puis finir sans vous dire encore, que je suis sensible aux assurances que vous m'avez données, que le Roi ne me regarde pas comme une misérable. Je dois être plainte plutôt qu'accusée. J'ai sur le cœur que M. de Chevreuse et M. de Soubise aient parlé de moi, comme je sais qu'ils ont fait ; mais je suis satisfaite de la manière dont M. de Barbezieux a parlé de moi à Saint-Second : je vous conterai cela. Adieu, vous connoissez ma franchise, ainsi vous devez être persuadé qu'il n'y a point de compliment dans l'assurance que je vous fais, que vous êtes l'homme du monde de l'amitié duquel je fais le plus de cas : conservez-moi la vôtre, et fiez-vous à moi que le Roi sera averti par vous de tout ce qui regardera son service. En voilà bien long, mais c'est pour long-temps, et j'ai du loisir, car maître Victor a un clou au bras, dont il souffre, et est chez lui ; il m'a parlé de je ne sais quelle affaire qui s'est passée vers Nice ; il a ordonné que l'on arrêtât le maître de sa barque, et cela l'a fâché, mais ce n'est rien. Il a fortement fait écrire au comte

ANNÉE 1697.   111

de Gouvon, sur les bâtimens de Pignerol, et a dit que c'est donner atteinte à son traité. Je n'entends rien à tout ce verbiage : mettez y ordre si vous pouvez.

(*Le comte de Tessé continue.*)

Au nom de Dieu, Sire, ordonnez que l'on brûle cette lettre, et je supplie V. M. de ne m'accuser ni d'indiscrétion ni d'imprudence. Tout ce que j'ai dit de votre part et sans votre aveu, n'est que bon pour votre service, et n'est ni contre Dieu ni contre le monde.

LE COMTE DE TESSÉ AU MARQUIS DE BARBEZIEUX (1).

A Turin, le 16 mars 1697.

Me voici présentement en commerce avec les chercheurs de pierre philosophale, et le mémoire ci-joint vous mettra au fait de l'histoire qui y est contée. Ce qu'il y a de réel, et que je savois même par ailleurs, c'est que l'homme dont il est question travaille actuellement, qu'il est enfermé chez le général Grondane qui est ici, toute proportion gardée, ce que

---

(1) Ministre de la guerre.

M. des Ormes est chez le Roi; qu'il a fait devant M. le duc de Savoie, quelques petits lingots que l'on a envoyés à la monnoie pour en faire l'épreuve, et dont le morceau ci-joint a été escamoté; que c'est ici un mystère quasi impénétrable, de savoir pourquoi S. A. va quasi toutes les après-dînées chez le général Grondane, et que la femme de ce misérable, que l'on veille comme un oiseau de poing, et qui n'est guère moins observée, est venue me trouver la nuit, ayant écrit son histoire que j'ai fait copier, à cause de sa très-peu lisible écriture, et m'a déposé un mémoire où je n'entends rien, dans lequel partie de son secret est écrit, l'ayant, dit-elle, caché dans un endroit que l'on ne nomme et que l'on ne voit point, lorsque l'on les fouilla en Savoie; et m'ayant remis le précieux original, dans la crainte que ledit mémoire ne tombât entre les mains de ceux qui le font présentement travailler. Or, ces gens-là craignent, que s'ils réussissent l'on ne les renferme dans quelque château, pour les faire travailler le reste de leurs jours; et pour s'en exempter, l'homme dit, que ceux qui l'ont fouillé les derniers ont pris son mémoire, du détail duquel il ne peut se souvenir exactement, et qui pourtant, suivant ce que sa femme m'expose, est celui qu'elle m'a déposé, et qu'ainsi il ne peut travailler qu'autant qu'il aura le reste de cette poudre, sur laquelle il travaille actuellement. Outre cela, le nommé Augé est le grand ouvrier de cette poudre, lequel est caché quelque part en Italie, et n'oseroit retourner en France à cause d'un homme qu'il y a tué, à moins qu'on ne lui promette de lui sauver la vie. Le vraisemblable de tout cela, c'est que ce sont de faux monnoyeurs. Cependant, comme ils sont français, et qu'il y a quelquefois de ces marauds-là qui ont quelques secrets, et que même cette femme avance que le Roi a ouï parler d'eux, je n'ai pas cru devoir m'empêcher de vous envoyer leur histoire, dont vous ferez l'usage que vous croirez à propos. Ce qu'il y a de réel, c'est qu'il est aisé de voir si le petit morceau de lingot d'argent que je vous envoie est bon; car il est réel qu'il l'a fait avec plusieurs autres depuis quatre jours, et que dans la suite l'on trouveroit peut-être moyen de faire sauver ces gens-là en France, s'ils en valoient la peine. Il ne me reste après cela que de savoir ce que j'aurai pour le droit d'avis. J'ai l'honneur d'être avec respect tout à vous.

Mémoire joint à la lettre précédente.

Messire Henri d'Andelis, chevalier, seigneur de Longchamps, dit Camus, est parti de Paris le 15 de décembre 1695 avec madame son épouse, par congé du Roi, pour faire le voyage d'Italie pour cause. Ils prirent leur route par la Bourgogne; étant à Lyon, au logis de la Cornemuse, rue des Quatre-chapeaux, où ils ont séjourné, ils s'embarquèrent sur le Rhône et se rendirent à Avignon, d'où après y avoir passé le carnaval, ils se rembarquèrent pour aller à Arles, munis d'un passe-port de M. Delfini, pour lors vice-légat d'Avignon, et présentement nonce en France. Ils s'arrêtèrent à Aix en Provence, et y passèrent le carême, ensuite ils se rendirent à Marseille, où ils ont resté, à la croix de Malte, jusqu'au premier jour de mai, qu'ils s'embarquèrent sur la Méditerranée, et se sont rendus à Gênes avec beaucoup de risques des corsaires, et ont resté dans cette ville là environ trois semaines au logis de la Croix-blanche. Au bout de ce temps-là, l'ambassadeur d'Espagne leur ayant donné un passe-port, ils prirent une chaloupe pour les conduire à Rome; mais malheureusement, nonobstant leur passe-port, ils furent pillés auprès de Piombino par des corsaires espagnols, qui les ont dépouillés tout nus et mis à terre. Dans cet équipage, ils marchèrent jusqu'à Civita-Vecchia, d'où enfin, avec les secours qu'ils y trouvèrent, ils se rendirent à Rome. Ils y ont demeuré environ deux mois, logés au Mont-d'or, et se sont rendus à Notre-Dame de Lorette, où ils ont resté environ deux mois, logés à la poste; de là ils furent à Bologne à la poste, et ensuite à Modène logés à la poste, à Parme logés à la poste. De Parme, après quelques jours de séjour, ils prirent la route de Gênes, passant par la montagne de Sainte-Croix, où ils ont encore une fois été dépouillés et volés : ils se sont rendus à Gênes, logés à la Croix-blanche ; de là à Turin au logis du Canon d'or, où ils ont resté deux mois, y étant tombés malades; après ce temps ils prirent la route de France. Quand ils furent à un quart de lieue du fort de Barraux, le mal d'enfant prit à son épouse, et ne trouvant où se loger, revinrent sur leurs pas. Connoissant les religieuses de l'Annonciade de Chambéri, ils firent entrer dans leur couvent pour une centaine de pistoles de marchandises, pour un mois de temps. Huit jours après, comme la dame étoit dans son lit, en couches, M. le gouverneur et M. l'intendant de la province, prirent le prétexte qu'ils ne payoient point leurs hôtes, se servirent de la déposition du marchand, et vinrent avec douze gardes, disant que le marchand vouloit son argent tout présentement, prirent généralement toutes les marchandises, tout ce qu'ils avoient, et pillèrent entre autre chose la poudre de production, les prirent eux-mêmes comme des criminels, et les emmenèrent prisonniers au château de....... où l'on les a retenus huit jours durant; et comme l'on prit auxdits sieur et dame plusieurs mémoires d'importance et de grande valeur, particulièrement un qui traite de la manière qu'il faut faire l'or et l'argent, ils persécutèrent lesdits sieur et dame, pour leur faire déclarer s'ils savoient le mettre en usage, les firent conduire à six lieues de Chambéri, dans le château de Chaumont qui appartient à M. de Rochefort, lequel connoissant leur persécution injuste, demanda au gouverneur et à l'intendant d'être leur caution, et les prit, nonobstant six gardes qui les gardoient jour et nuit, et ne leur laissoient aucune liberté d'écrire ni de parler à personne. Enfin, persécutés par l'intendant Grupel qui les a fait beaucoup souffrir, les voyageurs contraints de travailler, prirent une livre de mercure, le fixèrent en argent, et en firent un lingot qu'on envoya à Chambéri, où l'épreuve fut faite et le lingot trouvé bon. Après toutes ces épreuves ils en tirèrent de l'or, et le tout fut envoyé à S. A. R., où son arme (1) fut mise, et dont le déposant envoye un morceau en cachette; ensuite de quoi l'homme et la femme furent ramenés à Turin, où ils sont observés, et l'on les y fait travailler.

Or, il y a à quelques lieues de Turin un nommé Augé, lequel est sorti de France pour une affaire soupçonnée d'être un duel, et c'est cet homme qui a le secret de la poudre de production, dont le susdit arrêté que l'on fait travailler, avoit la quantité qui lui fut prise, et c'étoit lui que les susdits voyageurs alloient chercher en Italie. Quelques tourmens que l'on leur fasse, ils ne déclareront point où il est, et si l'on assuroit qu'il pût revenir en France en sûreté, l'on le lui feroit savoir, et les susdits voyageurs qui travaillent à Turin, essayeroient de se sauver, aimant mieux travailler pour leur souverain (2).

La paix d'Italie permit à Louis XIV d'en-

---

(1) Son cachet.
(2) Il est vraisemblable que Louis XIV les dispensa de cette peine inutile.

voyer de grandes forces dans les Pays-Bas, où il lui importoit de frapper des coups assez décisifs pour obliger les Espagnols et les Hollandais à cesser la guerre. Le Roi avoit résolu de commencer la campagne de 1697, en faisant attaquer Ath par une armée aux ordres du maréchal de Catinat; tandis que le maréchal de Villeroi, à la tête d'une autre, couvriroit le siége d'un côté, et que le maréchal de Bouflers rassembloit à Beaumont, entre Sambre et Meuse, une troisième armée pour le couvrir dans une autre direction. Dès que le comte de Tessé eut terminé les affaires qui le retenoient à Turin, il se hâta d'en partir pour se rendre en Flandre, où il devoit servir, de même que son frère, dans l'armée du maréchal de Catinat. Ce général, arrivé le 10 mai à Tournai, ordonna de jeter aussi-tôt des ponts sur l'Escaut, et fit camper à Helchin les troupes à mesure qu'elles arrivèrent. La nuit du 15 au 16, divers corps partis de différens points se réunirent le matin devant Ath qui fut investi. La plus grande partie de l'armée du maréchal de Villeroi campoit depuis le 13 à Leuse, d'où il se porta successivement à Ligne le 18, et le 20 à Lessines. Le maréchal de Bouflers passa la Sambre le 14 mai, occupa ensuite diverses positions, et campa le 18 à

ANNÉE 1697.

Roeux, et le 21 à Neuville au-delà de Soignies. Quant à l'armée destinée au siége, elle partit de Helchin le 16 et arriva le 17 devant Ath, occupé par une garnison de trois mille huit cent quarante hommes aux ordres du comte de Roeux, de la maison de Croui. Dès le 17, on commença à travailler à une ligne de circonvallation qui fut achevée le 22. Le soir on ouvrit la tranchée, on forma deux attaques, et le comte de Tessé, comme le plus ancien lieutenant-général, commanda celle de la droite.

Le prince d'Orange, roi d'Angleterre, arrivé le 24 dans les Pays-Bas, faisant faire aux troupes des alliés des mouvemens qui indiquoient l'intention de secourir Ath, les maréchaux de Villeroi et de Boufiers se mirent, de leur côté, en mesure de joindre promptement l'armée du siége. Le 25, le chevalier de Tessé monta la tranchée, et comme il s'avançoit à la tête du travail pour repousser une sortie des assiégés, il reçut une blessure au côté et une contusion. Le 29, le comte de Tessé commanda encore la tranchée de la droite, et s'en tira plus heureusement que son frère. Il en fut de même le 4 juin; et le 5, les assiégés qui voyant les brèches assez larges pour appréhender un assaut, demandèrent à capituler à cette attaque où se trouvoit M. de Tessé. Le 6, les Français prirent possession d'une porte de la place que la garnison évacua le lendemain. Le Roi voulant donner le gouvernement d'Ath à un officier qui en fût digne par ses services, avoit consulté le maréchal de Catinat. Celui-ci fixa le choix du Monarque sur le chevalier de Tessé, qui fut mis en possession de cet emploi dès le 6 juin. Ainsi le maréchal contribua essentiellement, pendant cette guerre, aux avantages des deux frères.

Toutes les puissances belligérantes desiroient la paix; on la regardoit même comme peu éloignée, et on se borna de part et d'autre à s'observer, sans former aucune entreprise qui mérite qu'on s'y arrête. Le comte de Tessé profita de cette inaction pour aller visiter son gouvernement d'Ipres, qu'il n'avoit connu jusques là que par les émolumens qu'il en retiroit. Le peu de temps qu'il y resta se passa presqu'entièrement à table, ainsi qu'on le voit par la lettre suivante qu'il eut occasion d'écrire au duc du Maine.

Au camp de Comines, le 17 août 1697.

J'ai fait un tour à Ipres (1), Monseigneur, où je n'avois jamais été, et j'espère que les

---

(1) Il en étoit gouverneur depuis 1691.

ANNÉE 1697.

bonnes raisons d'avoir été trente heures à table, dans les deux fois vingt-quatre heures que j'ai passées dans mon gouvernement, m'excuseront auprès de V. A. S. de ce que je n'ai pas plutôt répondu à la lettre du 10 qu'elle m'a fait l'honneur de m'écrire.

Voici fidèlement ce que je connois du sieur Bambini. Il a été employé aux mines pendant le siége de Candie, et je sais que feu M. de Castelan, et ceux qui ont vu ce siége, fameux par les travaux sous terre, faisoient un grand cas de cet officier. Je l'ai employé à la démolition de Heidelberg et aux piles du pont qu'il alla prendre sous la rivière, et réussit parfaitement à cet ouvrage. Je sais qu'à Nice et à Montmélian on fut très-content de lui, et je ne puis douter que ce ne soit un des hommes, non-seulement de France, mais peut-être de l'Europe entière, qui connoisse le mieux l'effet de la poudre et le travail des mines. Au surplus, c'est un petit pantalon vénitien qui n'est jamais pressé, un franc original qui va à son fait tranquillement, avec précaution, sans ostentation et comme une taupe. Il lui arriva qu'à Nice, Lapara (1) lui montrant du doigt le lieu où il devoit se loger, et auquel il

---

(1) Célèbre ingénieur tué au siége de Barcelone, en 1706.

falloit passer pour arriver d'assez loin et à découvert, Bambini lui dit dans le petit jargon qu'il s'est fait assez singulier, qu'il avoit vu d'autres fois, que l'ingénieur marquoit lui-même avec la craie le lieu auquel le mineur devoit s'attacher. Lapara lui répondit chaudement, *qu'à cela ne tienne;* et passant à découvert, au lieu auquel il lui avoit marqué du doigt qu'il falloit se loger, le marqua avec la craie. Bambini le suivit froidement, et lui dit, quand le lieu fut marqué avec la craie : *Monsieur, voilà toute la cérémonie; cependant vous êtes un téméraire,* et il se logea. Cette réponse fut trouvée plaisante. Lapara le taxa d'avoir fait cette première difficulté faute de courage; pour moi je crois qu'il a tout celui qui est nécessaire à son métier, et que s'il en avoit davantage, il en seroit moins capable de bien servir.

Voilà, Monseigneur, le compte que j'en puis rendre à V. A. S.; trop heureux que votre attention pour le service du Roi, vous ait fait souvenir que je connoissois cet officier, et me donne lieu de vous assurer du profond respect avec lequel j'ai l'honneur d'être, Monseigneur, de V. A. S., &c.

Nous joignons encore ici les lettres de félicitation que le comte de Tessé adressa au duc de Vendôme et au Grand-Prieur de France son frère, sur la conquête de Barcelone, que le premier avoit forcé de capituler le 10 août après cinquante-deux jours de tranchée ouverte.

AU DUC DE VENDÔME.

Du camp de Comines, le 19 août 1697.

Nous faisons aujourd'hui, Monseigneur, la réjouissance du succès de la plus difficile et de la plus glorieuse entreprise du siècle. L'honneur et la gloire en sont dus à V. A. Sa patience, sa vertu et son courage héroïque ont surmonté les difficultés qui alarmoient également vos serviteurs, vos créatures, ceux qui aiment votre personne et ceux qui aiment l'Etat. Mon cœur ressent de toutes ces manières la joie que V. A. doit avoir ; mais confondu dans le grand nombre de ceux qui sont attachés à votre gloire, permettez-moi, Monseigneur, de prendre une part indispensable et singulière à votre conservation. Je n'étois que peu ou point en peine de l'éternité de votre nom et de votre réputation ; mais je l'étois de votre vie. J'ai l'honneur d'être, avec un respect proportionné à l'attachement que j'ai toujours professé pour vous, Monseigneur, de V. A. le très-humble, &c.

A M. LE GRAND-PRIEUR.

Du camp de Comines, le 19 août 1697.

Dieu soit béni, Monseigneur! V. A. a ses bras et ses jambes : je ne souhaitois que cela pour vous et pour Monseigneur votre frère. Il n'a pas tenu à l'un ou à l'autre que vous ne soyez au moins impotens. Notre armée qui tient depuis l'Escaut jusqu'à la mer, va faire retentir ses marques de joie pour votre gloire, que les cœurs ressentent mieux, que ce que signifient les acclamations, quelque éclatantes et sincères qu'elles soient. J'aurai part aux publiques, mais ce que je ressens intérieurement et pour la gloire et pour la conservation de V. A., ne peut être mieux ressenti que par moi, qui suis avec l'attachement du monde le plus vif et le plus respectueux, &c.

Enfin la paix fut conclue à Riswick entre la France, la Hollande, l'Espagne et l'Empereur les 20, 21 septembre et 30 octobre 1697. Le comte de Tessé avoit servi pendant cette guerre qu'on appelle celle de la ligue d'Augsbourg, de manière à se montrer également propre à être employé dans les armées et dans les affaires. Louis xiv le nomma premier écuyer de la duchesse de Bourgogne le 28 octobre, et il prêta serment en cette qualité le premier janvier 1698. Il se démit de son régiment de fusiliers au mois de février, et de son régiment d'infanterie en 1699.

CHAPITRE IV.

Louis XIV consulte sur les affaires d'Italie le comte de Tessé, qui lui remet à ce sujet deux mémoires. Mystifications aussi plaisantes que désagréables que le duc de Lausun lui fait essuyer au camp de Compiègne et à Marli. Le Roi le renvoie à Turin en 1699, pour pénétrer les intentions du duc de Savoie. Lettres intéressantes qu'il écrit au Monarque et au marquis de Torci; sur l'objet de sa mission.

Soit que le comte de Tessé eût réellement étudié les intérêts des puissances d'Italie, soit que Louis XIV lui crût à cet égard des connoissances certaines, les deux mémoires suivans prouvent que le Roi le consultoit à ce sujet.

Mémoire sur les affaires d'Italie, fait par ordre du Roi, et donné à S. M. au mois de mai 1698.

Il y a à parier cent contre un que l'Empereur travaille aujourd'hui, non-seulement sourdement, mais ouvertement, à s'acquérir la succession d'Espagne, et que si, par les intrigues et par les propres intérêts des grands qui composent le conseil d'Espagne, S. M. I. ne peut pas tout-à-fait se promettre le royaume d'Espagne, ce Prince a au moins des vues très-raisonnablement fondées, de s'emparer des Etats de cette monarchie en Italie : témoin M. (le prince) de Vaudemont, créature du roi d'Angleterre et de l'Empereur, auquel l'on confie les places du Milanais; témoin celles de Naples, prêtes à tomber entre les mains du (comte de) Mansfeld, dont le cœur est dans les mêmes intérêts ; témoin les propositions que l'on fait de donner la Sicile à un autre impérialiste ; témoin le voyage que l'on ne doute pas que l'électeur Palatin et l'électrice son épouse, fille du Grand-Duc, ne fassent cet été à Florence ; et ce voyage prétexté de la bienséance d'une visite que le gendre va rendre à son beau-père, est vraisemblablement moins l'effet d'une civilité que de la politique de la cour de Vienne, laquelle veut multiplier ses créatures en Italie.

Que faire donc? car il ne peut convenir au Roi que l'Empereur s'établisse en Italie. Le duc de Savoie ne peut jamais être un allié commode. Ses intérêts et ses incertitudes, ses inégalités et ses variations, font en lui une nature qui ne lui permet pas d'être autrement. Au moindre mouvement il écoutera tout, ne se décidera qu'à l'extrémité ; et bien qu'il soit le seul qui puisse quasi maintenir la liberté de cette belle partie du monde, il est homme, faute de pouvoir prendre un parti, à contribuer plutôt au désordre qu'à la paix. L'Empereur le flattera du Montferrat. J'ai vu partie des instructions que Mansfeld apporta à Turin, et je ne croirois pas, si je ne l'avois vu, qu'il ait pu passer dans la tête d'un Prince qui passe pour être si religieux (1), de proposer d'investir M. de Savoie d'un Etat possédé par un prince vivant, et dont la succession non arrivée, regarde ses propres neveux. Le Roi n'a rien de commode à lui offrir. J'avance même qu'en lui faisant espérer la conquête du Milanais, cet objet, de la part du Roi, n'a rien d'assez solide pour que ce Prince ne préférât peut-être, et plutôt, la perte certaine de la Savoie, à revoir passer une armée du Roi dans ses Etats, avec le prétexte de lui conquérir un Etat qui ne peut vraisemblablement pas lui demeurer; et l'Empereur, en lui promettant le simple titre de gouverneur du Milanais pour savie, peut plus lui tenir que tout ce que le Roi peut lui promettre de plus spécieux.

Le Pape n'a de forces que celles de l'église, dont les armes ne prévalent pas d'ordinaire contre l'injustice et l'ambition des hommes.

---

(1) L'empereur Léopold 1er.

ANNÉE 1698.

Venise est dans une indolence honteuse, et difficilement la tirera-t-on de sa léthargie.

Le (duc) Mantoue ne songe qu'à son sérail (1), et le Modène qu'à ses opéra. Le Grand-Duc, allié à la maison d'Autriche, ne pense qu'à son commerce. Le duc de Parme seul voudra tout ce que la France voudra; et Gênes, suivant l'usage des républiques, délibérera, écrira, fera des manifestes, donnera malgré elle quelque argent à ceux qui la presseront le plus, et ne prendra aucun parti. Cette triste, mais effective situation de l'Italie, est non-seulement favorable, mais souhaitable pour les vues de l'Empereur.

La santé du roi d'Espagne est un jour d'automne qui fait encore plaisir, et que l'hiver talonne. Examinons donc ce qu'il convient de penser et d'exécuter d'avance pour la sûreté de l'Italie, si cette succession d'Espagne venoit à s'ouvrir.

J'ai dit que le duc de Parme seul feroit ce que la France voudroit, et je le dis parce qu'il me l'a mandé, qu'il est le seul qui a offert d'entrer en traité avec le Roi, pour empêcher le retour des Allemands, et que son petit Etat,

---

(1) Il sera question plus loin de ce prince extraordinaire.

quoique foible, est à l'égard de Gênes et de la mer en deçà du Pô, que par conséquent on y peut donner la main ; et que si le Pape, blessé des entreprises de l'Empereur, vouloit penser à sa conservation et entrer dans une ligue proposée par le Roi, pour la conservation de l'Italie, l'Etat Ecclésiastique pourroit communiquer avec celui de Parme, obliger le Grand-Duc d'y entrer, et Gênes à être au moins neutre, et partager ainsi l'Italie traversée par le Pô, sur lequel, en cas de guerre, il n'est pas possible de faire des ponts au-dessous du Plaisantin. Que si le Parme, qui l'a proposée, et le Pape, qui la propose et souhaite pareillement, et qui la doit souhaiter, avoient commencé un traité d'association pour la liberté de l'Italie, il seroit quasi impossible que le Grand-Duc n'y entrât, et que les Génois, pour leurs propres intérêts, n'y consentissent. Or, dès que ce premier pas d'association pour la sûreté italique est fait, il est du reste des puissances de ce pays-là, comme de ceux qui ont long-temps fait difficulté d'entrer dans un lieu souhaité ; chacun s'y jette avec empressement dès que l'embarras de la première démarche est levé.

Le Roi doit juger des vues de l'Empereur sur l'Italie, comme l'on a jugé des siennes dans le temps que S. M. a projeté et exécuté tant de grandes choses; ses secrets étoient impénétrables, et pourtant son extrême puissance et ses moindres mouvemens mettoient toute l'Europe en mouvement et en alarmes. L'Empereur, toute proportion gardée, fait le même effet sur les foibles puissances d'Italie; il leur cache autant qu'il peut l'abîme auquel il les conduit, mais il n'est pas possible que ces Princes ne le connoissent; et si chaque puissance particulière ne fait rien pour s'en garantir, c'est parce que personne n'a pu lever encore l'étendard d'association, qui seul peut conserver la liberté de l'Italie.

Encore une fois, examinons donc ce qu'il convient présentement de faire, avant que la succession d'Espagne soit ouverte, quand l'Empereur, de son côté, agit ouvertement et rapproche habilement tous les moyens possibles pour réussir.

J'ai dit que le duc de Parme avoit proposé une ligue défensive avec le Roi; c'est lui qui la propose, pourquoi n'y pas entendre? J'ai dit la même chose à l'égard du Pape. Le cardinal de Janson en est témoin; pourquoi ne pas échauffer, si l'on peut, cette disposition? M. de Mantoue m'a fait dire, pendant que j'étois à Turin, qu'il ne demandoit pas mieux que de s'unir pour empêcher le retour des Allemands ; pourquoi ne lui pas proposer de prendre des mesures pour sa propre sûreté ? Pourquoi Gênes seroit-elle effrayée d'une union dans laquelle elle n'a rien à craindre ? Il ne s'agit point de faire la guerre à l'Espagne : il s'agit de lui conserver ce que cette monarchie a en Italie ; et Gênes peut craindre l'Espagne, mais sa situation ne lui permet pas d'appréhender l'Empereur.

Enfin, il convient, ce me semble, de commencer par un bout pour finir par l'autre ; ne pas épargner d'envoyer des résidens dans toutes les petites cours d'Italie ; envoyer, sous quelque prétexte effectif ou imaginaire, un homme de caractère à Rome ou à Venise ; ordonner une relation avec lui aux résidens qui seront chez chaque Prince ; mettre en avant que le Roi se déclare, qu'il n'a aucune vue de quelque nature que ce soit, pour s'agrandir en Italie ; s'assurer du duc de Parme et du Pape ; faire un traité de défensive et une espèce de cotisation pour recevoir et entretenir des troupes, si l'Empereur en envoyoit en Italie ; promettre et même donner, s'il est nécessaire, quelque argent pour former une ligue, toujours défensive et jamais offensive ; en un mot, agir suivant les conjonctures et les facilités ; essayer de tirer Venise de sa léthargie honteuse et craintive, dans laquelle le seul nom de l'Empereur retient cette République ; que si M. le duc de Savoie, par lequel il faut finir, propose d'entrer dans cette défensive, il faut l'y recevoir à mains jointes; mais le moyen de la lui faire desirer, c'est de ne la lui pas proposer : c'est un Prince dont il faut ménager l'humeur, comme on ménage un malade des gouttes; l'on essaie de le conduire à la convalescence par différens remèdes, dont quelques-uns peuvent ne pas paroître lui convenir. Je ne voudrois pas que celui que le Roi enverroit en Italie prît son chemin par ses Etats ; je voudrois qu'il s'en éloignât, et que si les conjonctures et le service de S. M. l'obligeoient à passer dans les cours d'Italie, il finît plutôt son voyage par le Piémont, que de le commencer par voir un Prince, capable de s'effaroucher de la seule présence d'un homme qui n'auroit même que des choses agréables à lui dire.

Le Roi, grand en tout, qui voit tout par lui-même, qui seul gouverne et est seul capable de gouverner, maître despotique de ses ministres, ne peut pourtant repasser dans son idée, à tous les momens, ou du moins chaque jour, la situation générale de l'Europe entière, et des intérêts particuliers de chaque puissance qui la compose ; de sorte qu'il faut savoir, pour en profiter quelquefois, ce que disoient les amateurs d'un premier ministre, quand le Roi, par ses lumières infinies, voulut bien l'être lui-même, voyant tout et réglant tout par lui-même, assujettit chacun à demeurer dans la sphère des choses qui concernent sa volonté et son service ; *qu'il crée donc*, disoient-ils, *un penseur général, qui n'ait rien à faire qu'à penser ;* bien est-il vrai qu'il est du service de S. M. de permettre que l'on pense. C'est à la profondeur et à l'infaillibilité de ses décisions, que doivent être soumises toutes les respectueuses réflexions que l'on fait pour sa gloire et pour sa conservation.

Mémoire des raisons de M. le duc de Savoie, pour établir le droit de Villefranche de deux pour cent, lequel m'a été adressé par ce prince pour le présenter au Roi, et les apostilles de mes sentimens que j'y ai mises par ordre de S. M. au mois de juin 1698.

L'exaction du droit de Villefranche qui se fait dans les mers de S. A. R., de deux pour cent pour toutes les marchandises, que quelque nation que ce soit fait transporter par lesdites mers sur des vaisseaux ou autres bâtimens, du Levant au Ponant et du Ponant au Levant, n'est pas nouvellement introduite après la paix, comme on suppose (1); de sorte qu'elle doive donner occasion aux sujets de S. M. très-Chrétienne d'en porter des plaintes, pour s'exempter de payer ledit droit; mais elle est appuyée sur un titre non moins ancien que juste, appartenant à la couronne de Savoie, fondé sur une possession immémoriale, tant à l'égard de toutes les nations, que des habitans de Marseille et autres sujets de S. M.; et ce droit a été de nouveau reconnu par la couronne de France, dans l'article sixième du traité de paix fait en dernier lieu, entre ladite couronne et celle de Savoie.

(2) Mais afin que S. M. soit persuadée de

---

(1) Le droit de *Dace* ou de *Villefranche*, prétendu par le duc de Savoie, existoit du temps de François 1er, et avoit pour fondement les dépenses auxquelles le duc se trouvoit obligé dans la guerre contre le Turc. Ce droit, d'abord payé, fut ensuite refusé pendant le règne presque entier de Louis XIV, et rétabli par un article du traité de 1713. Il occasionna postérieurement quelques différens, et en 1725 le duc de Bourbon, premier ministre, chargea l'ambassadeur à Turin de faire, avec cette cour, un abonnement pour les vaisseaux français. (*Note de l'éditeur.*)

(2) Pour juger sainement de toute cette affaire, il faut

la justice de l'exaction dudit droit, comme S. A. R. l'espère, on représente les raisons suivantes :

Le titre de l'exaction dudit droit n'est point fondé sur aucun privilége, que la maison de Savoie ait obtenu des prédécesseurs de S. M., ainsi qu'on allègue; mais il tire son origine du même droit que S. A. R. a d'imposer dans ses Etats toutes sortes de tributs, lequel droit n'est pas moins incontestable que la souveraineté qu'elle a dans sesdits Etats, dont il est un effet et une prérogative de ladite souveraineté.

Et l'on ne croit pas que la couronne de France prétende, de mettre en doute ce qui ne souffre aucune difficulté aux sentimens de tous les jurisconsultes; savoir, que la maison de Savoie peut exercer sa souveraineté dans ses

---

supposer qu'elle a un principe de justice. Le Roi ne prétend point que le droit de *Villefranche* ait été obtenu de ses prédécesseurs. Voici le seul titre dont il est à propos que S. M. soit informée : Quand la puissance ottomane inondoit les mers et les ports du Levant, l'Empereur, qui croit toujours avoir droit de se mêler de ce qui se passe en Italie, en exhorta les puissances d'armer, et céda aux prédécesseurs de S. A. R. le droit de deux pour cent dont il est question, à la charge d'entretenir un nombre de galères, et cela s'exécuta. (*Apostille de M. de Tessé.*)

mers (1), non-seulement parce que généralement il est certain que, qui peut imposer des tributs et des gabelles sur terre, peut aussi en mettre et en faire exiger sur la mer qui est adjacente au territoire de son domaine, pour la raison claire qu'en donnent tous les docteurs, que la mer est dudit territoire, et qu'en conséquence elle est sous la même juridiction que la ville et le lieu dont elle est plus proche; mais encore parce que l'exercice de cette jurisdiction appartenant à la maison de Savoie, dans les mers dont il s'agit, est entièrement bien fondé et reconnu, et admis de toutes les nations, ainsi que l'établissent fort au long, Losax dans sa décision 155, le Bellon en son conseil 14, et le sénat de Naples dans la décision 22 *du Tappia*, lesquels sont reçus et approuvés de tous les docteurs qui traitent de cette matière : étant donc certain que ceux qui

(1) La mer est un bien commun pour tous les négocians, et hormis à une certaine portée, les souverains qui ont des ports n'exigent rien. Que si les rois de France, d'Espagne et d'Angleterre exigeoient chacun le long de chaque port ce que S. A. R. prétend le long des mers qui lui appartiennent, le commerce cesseroit; or, S. A. R. ne peut disconvenir que leursdites majestés n'aient au moins chez eux, le même titre du même droit que S. A. R. prétend sur les Français. (*Apostille de M. de Tessé.*)

passent par lesdites mers, sont indifféremment obligés à payer les droits qui s'exigent en vertu d'un pareil titre; quoiqu'ils ne soient pas sujets à la jurisdiction de celui qui les impose, on ne peut pas s'imaginer pour quelles raisons, les seuls sujets de S. M. se mettent en prétention de refuser le paiement dudit droit.

Que si les sujets de S. M., quoique S. A. R. eût seulement établi présentement ledit droit en vertu de sa souveraineté, n'auroient pas pour cela un juste motif d'en refuser le paiement, ils pourroient encore moins se servir d'aucune prétendue possession de liberté en leur faveur, laquelle quand elle seroit immémoriale, ne seroit pas suffisante pour fonder une prescription (1) contre un titre dont l'exercice dépend uniquement de la volonté du prince à qui il appartient; de sorte que les plaintes qu'ils font présentement sont d'autant moins raisonnables, après une possession continuée d'un temps immémorial, qui rend la force du titre, en vertu duquel on exige ledit droit, plus efficace et plus incontestable.

---

(1) Le Roi veut et prétend que ses sujets paient suivant la teneur de l'article 6 du traité. Il n'est point question de prescription ; il s'agit d'examiner si l'on a payé, à quel titre on a payé, et à quelle portée l'on a payé. (*Apostille de M. de Tessé.*)

Plusieurs témoins irréprochables font foi de cette possession immémoriale, lesquels entre les revenus de cette couronne ne manquent pas de mettre la Dace dont il s'agit (1).

Le Clock, dans son traité *de Aerario*, tom. 1, chap. 6 *de Aerario ducis Sabaudiæ*, n° 12, en fait mention.

Un autre auteur français en fait foi dans son traité intitulé, *Les Etats du monde*, au titre des Etats du duc de Savoie : *Les richesses vers les autres gabelles, comprenant le dace de Villefranche*; et outre celui-ci, Lambert-Wander Burkier, au titre de la description de la république de Savoie, depuis la page 301 jusqu'à la page 312.

La preuve s'en tire encore des contrats de mariage du duc Emmanuel-Philibert avec Marguerite de Valois, de l'an 1569, et de Victor-Amée 1er, avec Christine de France, de l'an 1619, par lesquels ces princes obligent expressément, pour l'assurance de leur dot, outre les autres droits de la couronne, celui de Villefranche, par ces paroles, *le dace et gabelle de*

---

(1) La dace de Villefranche n'est pas disputée, mais le droit de deux pour cent l'est. Le droit de mouillage et d'ancrage n'est pas disputé, mais le droit tiré au loin est insoutenable. (*Apostille de M. de Tessé.*)

Nice (1). La signification de ces deux mots ne peut se rapporter qu'audit droit de deux pour cent dont il s'agit. Outre cela, les susdites décisions, savoir celle de Losax, 155, du dernier siècle, et celle du sénat de Naples de l'an 1626, au sujet de deux barques chargées de marchandises, qui furent prises et tombées en commises pour avoir passé par lesdites mers, venant d'Espagne, sans avoir payé ledit droit, en font foi (2).

Le conseil du Bellon de l'an 1623, et celui du feu premier président Casalette, fait après, à l'occasion de la prise d'une barque française qui avoit tenté de frauder ledit droit (3), établissent non-seulement ladite possession, mais prouvent encore fortement qu'elle a été continuée sans interruption.

On ajoute à ces preuves, celles qu'on peut avoir depuis l'an 1614, jusqu'au temps de l'occupation de Nice dans la guerre passée ; ces preuves résultent : des livres de l'exaction

---

(1) La dace et gabelle de Nice ne sont point le droit prétendu. (*Apostille de M. de Tessé.*)

(2) Cette circonstance ne prouve quoi que ce soit. (*Apostille de M. de Tessé.*)

(3) Il ne s'agit pas du fait que l'on ne conteste pas ; il est question du droit et du lieu. (*Apostille du comte de Tessé.*)

ANNÉE 1698.

dudit droit, tenus par les receveurs qui y ont été établis de temps en temps (1).

Des conventions passées entre divers marchands de Languedoc et de Marseille, et autres sujets de France en divers temps, par lesquelles on a modéré de temps à autre le susdit droit, établissent même un exacteur d'icelui dans la ville de Marseille (2).

Des articles qui ont été publiés touchant ledit droit, et observés jusqu'à présent sans contradiction (3).

De plusieurs témoins dignes de foi (4), non-seulement officiers et juges du consulat de mer établi à Nice, à qui la connoissance et la conservation dudit droit appartient, mais

---

(1) Les livres de l'exacteur ne peuvent faire foi que du droit d'ancrage ou mouillage, et encore une fois ne font pas foi du lieu. (*Apostille de M. de Tessé.*)

(2) Convention n'est pas droit. Chaque marchand se tire d'intrigue comme il peut, et, à parler généralement, aime mieux donner quelque chose que de disputer, quand même il croiroit être vexé. Si S. A. R. a eu un exacteur à Marseille, le Roi consent qu'il y soit remis aux conditions qu'il y étoit. (*Apostille de M. de Tessé.*)

(3) Chacun fait publier chez lui ce qu'il veut, mais c'est toujours sauf le droit d'autrui. (*Apostille de M. de Tessé.*)

(4) L'on a répondu ci-dessus à cet article. (*Apostille de M. de Tessé.*)

encore de français, lesquels ayant été examinés, après avoir été arrêtés pour avoir fraudé ledit droit, ont déposé qu'ils avoient toujours accoutumé dans d'autres voyages, de consigner et payer pour leurs marchandises ledit droit de deux pour cent.

De plusieurs actes et sentences rendues de temps en temps, qui ont déclaré être tombées en commises; les barques et les marchandises non consignées, et pour lesquelles ledit droit n'avoit pas été payé; et cela au préjudice des patrons français et de ceux de Marseille, tant en contumace qu'en contradictoire jugement.

On ne peut dire en aucune manière que cette possession a été interrompue comme l'on prétend, par l'acte qu'on allègue fait par l'ordre de Henri le Grand, au préjudice de Charles-Emmanuel Ier, moins encore par l'ordre qu'on prétend avoir été donné par Louis XIII au duc de Guise, l'an 1613, alors gouverneur de Provence, puisqu'il n'en compte pas; et quand cela seroit, ils ne peuvent opérer aucune interruption de possession; d'autant que bien loin que Charles-Emmanuel Ier ait acquiescé auxdits actes, il conste au contraire que, nonobstant iceux, on a toujours continué l'exaction dudit droit, particulièrement dans les années 1614, 1615 et 1616, comme on voit par les registres de ladite exaction, généralement faite dudit droit de deux pour cent, et par les conventions passées dans ledit temps entre divers marchands de Marseille et de Languedoc, et le fermier dudit droit; et quoique lesdites conventions le modérèrent de temps à autre, elles ne laissent pas de prouver évidemment la possession de l'exiger.

Outre ce que l'on peut dire vraisemblablement, que ce n'a pas été l'intention de Louis XIII d'interrompre ladite possession, puisque, comme on a observé ci-dessus, ledit droit fut spécialement hypothéqué l'an 1619, pour la dot de madame royale Christine, et depuis ce temps-là, Charles-Emmanuel Ier fit rendre publique la consultation du Bellon, pour faire voir la justice qui accompagnoit la continuation de l'exaction dudit droit, et peut-être dans la vue qu'on se désistât de tous actes qui auroient pu être suivis au contraire, et ladite exaction s'est continuée jusqu'en l'an 1644. Après la mort dudit prince et celle de Victor-Amée Ier, madame royale Christine (1)

---

(1) Madame royale Christine a pu, par générosité, accorder quelque modération au droit du dace et gabelle de Nice; mais cela ne tire pas à conséquence pour le droit tiré au loin, droit que nul potentat en Europe ne tire. (*Apostille de M. de Tessé.*)

accorda quelque modération dudit droit, aux instances de ceux de Marseille, en établissant un exacteur dans ladite ville, et après ladite modération, il s'est passé plusieurs autres conventions ès années 1659, 1660 et 1661, avec les fermiers dudit droit.

Depuis ce temps-là, ceux de Marseille et les autres sujets de S. M. ne peuvent pas faire voir qu'on ait cessé, principalement depuis l'an 1665, d'exiger ledit droit à l'égard de leurs barques, ensuite du prétendu ordre de S. M. donné en tel temps aux consuls de Marseille d'en empêcher le paiement; et d'un autre, qu'on allègue de l'année 1669, rendant le port de Marseille franc, par lequel on prétend qu'il a été défendu à tous les sujets de S. M. de payer ledit droit, comme si Charles-Emmanuel II, alors régnant, avoit acquiescé auxdits ordres, et se fût désisté de faire exiger ledit droit de deux pour cent lequel, auparavant lesdites défenses, s'exigeoit comme ils l'admettent eux-mêmes, et cela depuis ladite année 1665 jusques à l'année 1675 qu'il mourut, faisant exiger audit temps seulement le droit d'ancrage (1),

---

(1) Le droit d'ancrage est incontestable et n'est pas disputé. Le droit de dace et de gabelle est de même; mais encore une fois, ce n'est pas le droit de deux pour cent tiré

puisque nonobstant cela, il est certain qu'on prouve de la part de S. A. R. la continuation; de là on ne peut opérer autrement, qu'en ce qui regarde de faire cesser les oppositions qui peuvent avoir été faites en ce temps-là, ne peut pas s'entendre du droit d'ancrage, puisque jamais en aucun temps, ni de celui de Charles-Emmanuel II, ni en aucun autre, les Français n'y ont fait aucune opposition, attendu l'évidence de ce droit; et cependant à l'égard des deux pour cent, on prétend qu'on y ait formé opposition du temps de Charles-Emmanuel II, d'où l'on doit conclure nécessairement que S. A. R. ne prétend pas que l'exaction de ce droit de deux pour cent lui ait été accordée nouvellement par ledit article de paix, mais seulement qu'elle y ait été justement reconnue, avec promesse de faire cesser toute opposition de fait, qu'on pourroit avoir faite audit duc Charles-Emmanuel II, ladite exaction étant déjà fondée avant ladite paix sur une possession immémoriale et non interrompue, accompagnée d'un titre juste et incontestable qui lui appartient, admis non-seulement de toutes les autres nations, mais approuvé encore par les

---

au loin et hors de portée des ports d'aucun prince. (*Apostille de M. de Tessé.*)

Français mêmes, tant par lesdits contrats de mariage, que par les paiemens qu'ils ont faits dudit droit jusqu'à présent, sans aucune contradiction.

En 1698, Louis XIV fit rassembler à Compiègne, vers la fin d'août, sous les ordres du maréchal de Boufflers, un camp pour l'instruction du duc de Bourgogne. Plusieurs régimens de dragons s'y trouvèrent, et le Roi annonça qu'il les passeroit en revue. Le comte de Tessé qui étoit colonel-général de ce corps, fut dès-lors tout occupé des moyens de paroître avec éclat devant le monarque : il se procura un cheval superbe, avec un enharnachement magnifique. Ces préparatifs suggèrent l'idée au fameux duc de Lausun, qui ne perdoit jamais l'occasion de répandre le ridicule sur les autres, de faire essuyer au comte de Tessé une mystification assez plaisante, mais bien cruelle pour un courtisan, et aux yeux de quiconque sait combien le ridicule étoit fâcheux à l'ancienne cour de France. Deux jours avant la revue, M. de Lausun aborde M. de Tessé avec un air de bonhomie qu'il savoit feindre mieux que personne, et lui demande s'il n'a rien oublié de ce qu'il lui faut pour recevoir le Roi à la tête des dragons. Aussi-tôt celui-ci détaille tout ce qu'il a fait pour ses habits, son cheval, son équipement. Lausun prodigue les applaudissemens, puis ajoute, et le chapeau. — *Le chapeau!* répond M. de Tessé, *j'aurai un bonnet* (1). — *Un bonnet*, reprend Lausun, *vous n'y pensez pas. Un bonnet! cela est bon pour les officiers quelconques des dragons, mais le colonel-général un bonnet! Ah! monsieur le Comte, vous n'y pensez pas. Vous commettrez-là une grande inconvenance, prenez-y garde.* M. de Tessé presse alors le duc de s'expliquer et de l'instruire. Celui-ci après s'être fait prier, assure que comme la charge de colonel général des dragons a été créée pour lui en 1668, il connoît mieux que personne les usages, et que quand le Roi voit les dragons, leur colonel-général doit porter un chapeau gris avec une large cocarde, surmontée d'un panache noir. M. de Tessé surpris, avoue son ignorance, se confond en remercîmens, et dans l'effroi de la gaucherie où il seroit tombé sans cet éclaircissement amiable, il dépêche un de ses gens à Paris pour lui rapporter un chapeau gris, et tremble qu'il n'arrive acci-

---

(1) La coiffure des dragons étoit alors un bonnet de drap de la couleur de l'uniforme, et plus ou moins galonné.

dent à son courrier, qui arrive heureusement le matin du jour fixé pour la revue. Le comte de Tessé, tout vêtu pour s'y trouver, va au lever du Roi, se pavanant de son énorme cocarde et de sa longue plume. Louis XIV apperçoit le chapeau gris, coiffure qu'il avoit prise dans une telle déplaisance que, depuis un grand nombre d'années, elle étoit passée de mode à la cour et même ailleurs. Où avez-vous pris ce chapeau? demande le Roi étonné. — Sire, je l'ai envoyé chercher exprès à Paris. — Et pourquoi? — Parce que V. M. fait l'honneur aux dragons de les voir aujourd'hui. — Que fait à cela un chapeau gris? — Sire, V. M. daignera se souvenir que c'est un privilége du colonel-général de porter alors un chapeau de cette couleur. — Où diable avez-vous pris cela? — (A ces mots le duc de Lausun qui étoit présent s'esquive en souriant.) — C'est M. de Lausun, Sire, qui me l'a dit. — Lausun s'est moqué de vous, et je vous conseille d'envoyer sur le champ votre vilain chapeau à quelque Prémontré (1). Le rire devint général, et plus la gaîté des courtisans étoit grande, plus l'embarras du comte de Tessé augmentoit. Il de-

---

(1) Moines vêtus de blanc, et détruits en France, avec les autres, par la révolution.

meuroit les yeux baissés, regardant tristement son chapeau, et son air déconcerté ne servoit qu'à rendre la scène plus comique, et à faire redoubler les éclats de rire. Enfin il reprit assez ses sens pour sortir, maudissant intérieurement le duc de Lausun, mais n'osant le témoigner, dans la crainte d'augmenter le ridicule dont il venoit d'être couvert. Il feignit enfin d'en rire lui-même, mais il en fut long-temps tourmenté et honteux, et on s'appercevoit même long-temps après, quand on lui rappeloit la scène du chapeau gris, qu'il auroit mieux aimé qu'on parlât d'autre chose.

Quelques années après, le duc de Lausun, toujours adroit pour trouver des moyens singuliers de s'égayer aux dépens des autres, joua un nouveau tour à M. de Tessé, devenu maréchal de France. Voulant faire entendre que celui-ci recherchoit la faveur des plus basses classes, même des valets, il l'aborde dans le salon de Marli devant beaucoup de monde. *Monsieur le Maréchal,* lui dit-il, *donnez-moi, je vous prie, une prise de tabac, mais du bon, de celui que vous prenez le matin avec votre ami Egremont.* C'étoit le domestique chargé de soigner et tenir propre la garde-robe du Roi ; emploi connu à la cour sous le nom de *porte-chaise d'affaires.*

Vers le milieu de l'année 1699, la mauvaise santé de Charles II faisant prévoir qu'il ne pourroit vivre long-temps, et sa succession, puisqu'il n'avoit pas d'enfant, étant un objet de trop grande importance, pour ne pas agiter les principales cours de l'Europe, soit qu'elles prétendissent directement à l'héritage, soit qu'elles voulussent empêcher qu'il tombât en totalité ou en partie entre les mains de leurs ennemis. Il paroît que Louis XIV, l'un des principaux prétendans à la succession, voulut connoître à ce sujet les intentions du duc de Savoie, afin, sans doute, de calculer ensuite d'autant plus sûrement, les offres qu'on pourroit lui faire pour l'attacher aux intérêts de la France, dans la guerre que la mort de Charles II devoit probablement occasionner. Le Roi jugeant le comte de Tessé plus propre qu'un autre à pénétrer Victor-Amédée, le fit partir pour Turin, et les lettres suivantes qu'il écrivit au monarque et au marquis de Torci, ministre des affaires étrangères, apprendront les détails et le résultat de son voyage.

AU ROI.

A Turin, le 20 juin 1699.

Votre Majesté, Sire, m'avoit fait la prophétie de mon voyage, et vous aviez précisément deviné la meilleure partie de tout ce que l'on me devoit dire ; cependant comme V. M. veut être informée de tout ce qui peut avoir rapport à son service, je vais essayer d'accourcir ce qu'un prince éloquent, plein de pénétration, grand questionneur, et dans la tête duquel, outre ses affaires particulières, celles de l'Europe entière roulent au moins une fois le jour; je vais, dis-je, essayer d'accourcir ce qu'il m'a dit dans une conversation longue, familière, et dans laquelle l'on paroît se vouloir parler avec confiance et ouverture de cœur.

Je rendrai compte à madame la duchesse de Bourgogne, comme envoyé de sa part, de tout ce qui la pourra amuser ; de sorte que je n'informerai point V. M. de ce qui regarde le cérémonial, ni de la joie que j'ose dire assez publique, que chacun a fait paroître, en revoyant en moi celui dont V. M. a bien voulu se servir, quand elle a donné la paix à l'Italie. Votre ambassadeur (1), Sire, m'avoit fait l'honneur de venir au-devant de moi, et je fus informé par lui que M. le duc de Savoie se flattoit, que quelqu'autre chose qu'un compliment de madame la duchesse de Bourgogne, étoit l'objet de mon voyage, et que certainement j'avois

___

(1) On a vu que c'étoit le comte de Briord.

quelque proposition agréable à lui faire de la part de V. M.

A peine avois-je mis pié à terre, que les complimens d'arrivée faits et rendus, le marquis de Saint-Thomas me fit dire, qu'il étoit au désespoir d'être hors d'état de me venir voir. Ce ministre, moins accablé d'âge que d'infirmités, et des difficultés journalières de servir son épineux maître, étoit au lit, et se leva pour m'embrasser, avec tous les témoignages d'une joie sincère de me revoir. Le hasard fit trouver chez lui la comtesse de Verrue, toujours son amie, et infiniment attachée à ses intérêts: je l'entretins un bon quart-d'heure en particulier.

S. A. sut que j'étois chez son ministre, et m'envoya dire qu'il n'étoit point question de cérémonial, qu'il me vouloit embrasser, et qu'il m'attendoit dans son jardin. J'allai l'y trouver; madame la Duchesse Royale m'appela de dessus son balcon. S. A. congédia tous ceux qui le suivoient, et après m'avoir dit mille choses flatteuses, et toutes relatives au service de V. M., et à l'attachement qu'il dit professer pour votre service, il me conduisit chez le prince son fils, qu'il voulut que je visse tout nu, me répétant de mille manières différentes, qu'il l'éleveroit dans des sentimens d'un respect et d'un attachement si effectif pour le service de V. M., qu'il espéroit qu'enfin vous perdriez les préventions dans lesquelles il ne pouvoit s'empêcher de craindre que vous ne fussiez, qu'il n'étoit pas encore détaché de tous les autres engagemens où sa malheureuse étoile l'avoit jeté ; qu'en effet, son cœur l'étoit et le devoit être. Je ne répondis à tout cela qu'en termes généraux, parce qu'il n'étoit pas encore temps que je lui parlasse aussi français sur cela que je l'ai fait depuis.

Votre ambassadeur vous a parfaitement bien informé, de l'excès naturel de l'indicible joie que ce Prince ressent d'avoir un fils ; mais tout ce que l'on en a pu dire à V. M., ne peut approcher de tout ce que j'en ai vu, et je ne pensois pas qu'un père naturellement peu disposé, par son tempérament, à la tendresse, pût trouver dans son cœur des mouvemens de paternité, dont les accès ressemblent quasi plus à la fureur qu'aux autres mouvemens ordinaires.

Je ne rends point compte à V. M. de tout ce que Mesdames les duchesses, mère et femme, me dirent ; il faudroit écrire un volume, pour exprimer l'attachement que l'une et l'autre professent fidèlement pour votre personne et pour vos intérêts. Je passe au rendez-vous que S. A. me donna le lendemain dans son jardin : « Eh bien , Monsieur , me dit-il, ne suis-je pas bien heureux de me retrouver avec l'homme du monde auquel j'ai le plus d'obligation , puisque c'est par lui que j'ai eu le bonheur de rentrer dans les bonnes graces du Roi »? et tout de suite il se jeta dans un verbiage éloquent, flatteur pour moi , et rempli de termes si convenables au respect, à la reconnoissance et à l'attachement qu'il vous doit, qu'à l'entendre dire, il n'a vécu que depuis qu'il peut compter que vous lui avez pardonné ; ensuite il me fit cent questions sur madame la duchesse de Bourgogne, sur ses occupations, sur les bontés infinies dont il paroît que V. M. honore cette princesse. Il me parla de Monseigneur (1) et de monseigneur le duc de Bourgogne. Chaque personne de votre maison royale fit un chapitre de questions, et je me flatte que je répondis vrai, convenablement et tout comme je dois croire que je devois faire. Après quoi ce Prince me dit : « Monsieur, que dit-on des affaires de Hongrie et du peu de réforme que l'Empereur a fait dans ses troupes »? — En vérité , Monseigneur, lui dis-je , je ne suis guère informé, ni de

---

(1) Le dauphin.

Hongrie, où je crois tout tranquille, ni si
l'Empereur a fait peu ou point de réforme. Ses
frontières sont actuellement si étendues par
la possession de la Transylvanie, qu'il ne doit
point paroître surprenant qu'il demeure armé,
joint que les grandes forces de S. M. I. pendant la guerre, étoient plutôt par le nombre
des troupes de l'Empire, que par celles qui
étoient à sa solde. — Mais, de bonne-foi, me
dit-il, entre nous, quel retardement apporte-
t-on à la remise de Brisach ? — L'impossibilité, lui dis-je, de raser les piles du pont,
et la grosseur du Rhin, enflé. Le marquis
d'Huxelles (1) a prié le prince Louis (2) d'employer ses propres ingénieurs à cet ouvrage,
qu'ils ont visité et connu que l'on agissoit de
bonne-foi ; en sorte que l'Empereur ne peut
avoir aucune inquiétude qu'il y ait autre chose
dans ce retardement, que l'impossibilité de
travailler plus vîte. — Mais, Monsieur, me
dit ce Prince, parlons un peu d'Angleterre.
Le parlement traverse étrangement le roi de
la Grande-Bretagne. — Il est assez ordinaire,
lui répliquai-je, que les rois d'Angleterre

---

(1) Depuis maréchal de France : il commandoit en
Alsace.

(2) De Baden.

soient troublés par leur parlement; mais ce Prince qu'ils ont élevé, sait bien se conduire et les conduire. — J'admire, ajouta-t-il, la vicissitude des choses de ce monde, car aurions-nous cru, il y a quatre ans, que le Roi et le roi d'Angleterre fussent aussi unis qu'il paroît qu'ils le sont? — Monseigneur, lui dis-je, vous connoissez mieux qu'un autre que les souverains n'ont guère d'autre regle dans leurs amitiés que leurs intérêts. — Pour moi, m'interrompit-il, je ne connois plus d'autres intérêts que ceux du Roi, et je ne veux jamais en connoître d'autres. Mais, Monsieur, me dit-il, puisque nous parcourons les intérêts de toute l'Europe, que pensez-vous de l'exil du comte d'Oropesa et de celui de l'amirante de Castille et de tous les mouvemens de la cour de Madrid, et que disoit-on à la cour, quand vous en êtes parti, de la maladie du roi d'Espagne? — Quant aux mouvemens de Madrid, ce sont des intrigues et des cabales de cour très-ordinaires sous des règnes foibles; et à l'égard de la maladie du roi d'Espagne, V. A. doit être mieux informée que moi de sa santé : elle a un ambassadeur à Madrid; pour moi je crois qu'il peut vivre encore quelques années; c'est un pot fêlé depuis long-temps, qui peut tout d'un coup aussi

aisément subsister que s'en aller. Je ne compte
tout ce détail à V. M. que pour lui faire entendre qu'en parcourant la situation de toute
l'Europe, ce Prince ne me menoit de Hongrie
en Angleterre que pour retomber sur les affaires
d'Espagne, et essayer de découvrir si j'étois
chargé de quelque autre chose que des complimens de madame la duchesse de Bourgogne;
car, outre ce que V. M. m'avoit dit de la conduite que ce Prince auroit avec moi, outre ce
que votre ambassadeur m'en avoit dit, j'avois
encore su d'ailleurs, qu'il avoit été résolu entre
Saint-Thomas et lui, de me tourner en conversation, de tous les biais imaginables, pour
découvrir si je n'avois rien à proposer sur la
figure que je sais que ce Prince se flatte que
V. M. lui fera faire, si le roi d'Espagne vient à
manquer; mais je me tirai certainement d'affaire par des réponses naturelles, naïves, sans
curiosité, et sans vouloir entamer ni être en-
tamé.

Je ne puis pas m'empêcher de conter
une sottise à V. M., qui ne laisse pas que
d'embarrasser, car les prophéties préoccupent
le cœur, malgré la fausseté que l'esprit y connoît; et quand on s'adonne trop aux impres-
sions chimériques de l'astrologie, et que l'on
se trouve dans le temps prédit, les embarras

de l'entendement augmentent; or, nous sommes dans le temps où le même horoscope qui promet tant de couronnes au fils, annonce au père, dans cette année, la certitude d'une maladie autrefois honteuse, et que l'amitié et l'estime que l'on a pour M. de Vendôme (1), ont présentement rendue si publique, que les femmes mêmes se sont accoutumées à ne plus s'effrayer de l'entendre nommer.

Pour revenir, Sire, à notre conversation, qui dura trois grosses heures, et dans laquelle je puis assurer V. M., que je ne donnai pas la moindre apparence d'être chargé d'autre chose que d'un compliment, M. de Savoie finit par me dire, qu'il avoit sur le cœur une chose sur laquelle il ne pouvoit s'empêcher de s'ouvrir à moi : qu'il s'en réveilloit la nuit d'inquiétude; qu'il craignoit que V. M. ne le connût pas tel qu'il est, et qu'il étoit triste pour lui qu'étant à V. M. au point qu'il étoit, et qu'il y vouloit véritablement être, comme celui de vos sujets sur lequel vous pouvez le plus compter, V. M. pourtant paroissoit souvent prévenue, qu'il n'étoit pas fidèlement

---

(1) Il falloit que le cinisme du duc de Vendôme, relativement à la maladie vénérienne, fût bien public, pour que le comte de Tessé osât s'en expliquer ainsi avec Louis XIV.

acquis à votre service; et tout de suite il me
conta que vous l'aviez marié, que tout son
bonheur venoit de vous, et mille autres choses
semblables. Je le laissai sur cela s'étendre tant
qu'il voulut, après quoi je crus qu'il étoit de votre
service de lui parler à mon tour, avec la liberté
respectueuse qu'il me permettoit : Monseigneur, lui dis-je, V. A. R. a trop bon esprit pour
trouver impossible ce qui n'est pas seulement
difficile. Vous voulez que l'on croie que vous
êtes aussi attaché au Roi que la proximité du
sang et votre volonté, que je suppose telle que
vous la dites, l'exigent ; agissez avec le Roi
bonnement, rondement, et comme il agit et
veut vivre avec vous; mais pour suivre le mot
de prévention, dans lequel vous supposez que
le Roi est contre vous, seroit-ce, Monseigneur, un grand miracle que S. M. fût dans
cette prévention que vous craignez, quand il
n'y a pas un homme à votre cour qui n'y
soit; quand pas un étranger ne vient ici, qu'il
ne croie entrevoir que V. A. R. a toujours une
propension à vouloir, par préférence, ce que
l'Empereur veut; quand il est public que, malgré tout ce que vous me faites l'honneur de me
dire tête à tête, vous avez fait dire à l'Empereur, que vous préféreriez à manger du pain
bis à son service, au pain blanc que la France

pourroit vous offrir ; quand vous ne souffrez qu'avec peine que vos courtisans aillent chez notre ambassadeur, dont vous m'avouez que vous êtes non-seulement content, mais charmé; quand, en un mot, madame votre fille, élevée au plus haut rang de France, vous, neveu du Roi, et petit-fils de Henri-le-Grand, vous laissez toute l'Europe persuadée qu'il vous reste encore une teinture d'Autriche. Monseigneur, Dieu n'a pas voulu que les simples prières et les oraisons vocales sauvassent les hommes ; il n'a pas même voulu que les intentions pussent suffire : l'enfer est pavé d'ames qui ont eu des intentions merveilleuses ; Dieu a voulu des œuvres, et il n'y a que V. A. R. qui puisse connoître si elle en est capable ; car, encore avec les œuvres, l'agrément des manières est à desirer.

J'avoue, Sire, à V. M., que ma tête s'échauffoit, et que je me retins tout d'un coup, après avoir tiré mon coup d'escarmouche ; à quoi ce Prince répliqua par des négatives, niant qu'il eût jamais fait parler à l'Empereur, ni qu'il voulût jamais rien écouter de sa part, sans la participation de V. M., louant la très-sage conduite de votre ambassadeur, et retombant dans des redites de protestations pour votre service, et des verbiages qui finirent enfin, après une très-longue conversation, qui ne sera peut-être pas la dernière, et que je n'ai pas cru pouvoir ni devoir réduire à un moindre détail.

Comme cette dépêche sera vraisemblablement la seule que V. M. recevra de moi, j'y ajouterai par jour, jusqu'au moment qu'elle partira, ce que je croirai devoir être su de V. M. Par exemple hier, S. A. vint à la promenade, fit descendre de son carrosse ceux qui avoient l'honneur de l'accompagner, et m'y fit monter seul. Cette conversation fut gaie, vive, longue et familière. Il me parla de l'ambassadeur qu'il envoie en Angleterre, et me dit, qu'il avoit ordre d'attendre à Bruxelles l'arrivée du Roi (1) en Hollande. Il me parut qu'il n'étoit pas autrement certain que ce ministre fût trop bien reçu; et comme le roi d'Angleterre ne donne point les premières audiences de cérémonie en Hollande, il avoit pris ce temps, pour que le comte-prélat qu'il envoie à cette ambassade, eût le loisir de négocier à Loo (2), les agrémens incertains qu'il n'auroit peut-être pas s'il alloit tout d'un coup en

---

(1) Guillaume III.
(2) Maison de campagne de Guillaume III, dans la province de Gueldre.

Angleterre. Il me reparla d'Espagne, et me dit que son ambassadeur à Vienne lui mandoit, que le marquis de Villars faisoit en conversation un partage imaginaire de la succession d'Espagne, dont il ne croyoit pas que l'Europe s'accommodât. Je lui demandai ce que c'étoit que ce projet de partage : il me parut qu'en cela il n'avoit nommé Villars que pour me faire raisonner ; car sans vouloir approfondir davantage cette matière, il continua de me dire : Monsieur, mais l'on parle de M. de Lorraine comme d'un homme proposé, pour faire quelque figure dans ce partage des royaumes d'Espagne. — J'ai ouï dire, Monseigneur, lui répliquai-je, aux galopins, c'est-à-dire aux courtisans raisonneurs et mal informés, qu'en effet l'on nommoit M. de Lorraine pour quelque chose ; mais j'ignore comment ni à quelles conditions. Après cela, il faudroit savoir au vrai, s'il y avoit quelque chose très-solidement fondé pour le prince électoral de Bavière ; car si l'on étoit convenu de quelque chose d'effectif pour ce malheureux enfant, ce quelque chose d'effectif pourroit servir de canevas à d'autres projets. — L'on n'a jamais, me répliqua-t-il, bien su le fond du sac de tout cela ; mais je sais bien que l'Empereur n'y consentoit pas. — Ma foi, Monseigneur, lui dis-je,

V. A. R. connoît mieux l'Empereur que moi. Quand il vous envoya des troupes, vous avez vu que c'étoit moins pour vous servir que pour assujétir l'Italie. Votre sagesse les en a fait sortir avec apparence qu'elles n'y reviendroient pas, et si la France, l'Angleterre et la Hollande sont assez avisées pour se mettre leurs trois têtes dans un bonnet, difficilement l'Empereur pourroit-il vouloir autre chose. Cette conversation finit là tout court.

J'en ai encore eu une autre, Sire, dans laquelle S. A. m'a recommencé ses protestations ordinaires pour votre service, à quoi j'ai toujours répondu sur le même ton, que V. M. en étoit persuadée; que je l'étois moi-même, mais que personne, pas même ses courtisans, n'avoient cette opinion. Voilà, Sire, où nous en sommes le 20. Je commence mes complimens *di partanza* (1), et quelque passion et impatience que j'aie de me retrouver aux piés de V. M., je ne crois pas qu'il soit possible que je résiste aux empressemens indicibles et sans affectation, que l'on a de me retenir quelques jours au-delà de ce que vous m'avez prescrit. Si l'on me dit quelque chose et que l'on s'ouvre, j'en rendrai fidèlement compte

(1) De départ.

à V. M., et j'espère que dans le 4, ou tout au plus tard le 6 juillet, j'aurai l'honneur de me retrouver auprès de V. M.

A Turin, le 24 juin 1699.

Enfin, Sire, me voilà parti sans que l'on m'ait rien proposé de nouveau pour votre service, et afin que mon voyage ne soit point absolument inutile à V. M., j'ai cru qu'il n'étoit pas bien à propos que je vous exposasse, ce qui m'a paru de la situation de cette Cour, de celle de votre ambassadeur, des dispositions dans lesquelles je crois que se trouve le cœur de ce Prince, ce que je pense de ceux qui ont part aux affaires, et enfin ce que l'on peut vraisemblablement le mieux espérer pour votre service.

Je ne rends point compte à V. M. des sentimens de madame Royale, ni de ceux de madame la Duchesse Royale : la dernière a l'honneur d'être votre nièce, attachée à vos intérêts, à votre personne, le cœur tout au moins aussi français que si elle n'avoit jamais passé les Alpes; et si elle avoit du crédit ou qu'elle fût consultée, V. M. pourroit compter qu'en toutes choses, vous trouveriez cette vertueuse princesse totalement disposée à vos volontés.

Madame Royale (1) a les mêmes sentimens ; mais ni l'une ni l'autre ne se mêlent que de ce qui se passe dans leur appartement ; trop heureuses encore de ne se pas trouver contrariées dans les bagatelles ; car si elles se mêloient d'autres choses, la mère y trouveroit toutes les contrariétés d'un fils, dont elle ne doit espérer d'autre consolation que celle d'être soufferte ; et la femme, bien qu'estimée et même tendrement honorée et aimée, tout autant qu'elle peut l'être d'un mari qui ne peut rien aimer, trouveroit des contradictions et des chipoteries de ménage d'autant plus cruelles, qu'elles seroient journalières ; de sorte que pour finir ce chapitre, ni l'une ni l'autre n'ont ni ne peuvent avoir aucun crédit. Le marquis de Saint-Thomas est le seul homme qui sache le fonds des affaires et qui ait part aux résolutions ; mais il est si las de son maître et le connoît si parfaitement, qu'à force de l'avoir vu de près, et l'avoir diversement trouvé dans toutes les petitesses d'une humanité incertaine, il s'est fait dans lui un dégoût pour son maître, dont il ne peut quasi plus se tirer ; il est ravi quand il ne le voit plus, il ne trouve de repos qu'alors qu'il n'est plus avec lui, et

---

(1) Mère du Duc.

pourtant la fatalité de l'usage, le reporte à vouloir qu'il n'y ait que lui qui se mêle des affaires, dont il voudroit n'entendre plus parler. La nature le redemande pour la liberté; il n'a plus rien à espérer pour la fortune, et cependant ce ministre n'a pas la force de la quitter; c'est un très-bon et honnête homme, ce sera une grande perte pour son maître et pour toute sa Cour; mais ce ministre ne peut vivre long-temps, il est frappé de mille choses trop longues à conter, dont plusieurs sont mortelles; il mériteroit de servir un maître qui n'eût point voulu, comme celui-ci a fait, effacer son mérite particulier dans les fonctions de son emploi. Tant qu'il vivra, il saura tout, et se mêlera seul de tout; il m'a prié d'assurer V. M., que c'étoit servir son maître et son Etat, que de lui faire entendre qu'il devoit être uniquement attaché à V. M.; qu'il me répondoit que tandis qu'il vivroit, jamais rien ne se passeroit contre votre service; mais qu'il me prioit de vous faire entendre; qu'il ne pouvoit répondre des manières extérieures; qu'il n'étoit ni au pouvoir ni dans la nature de S. A. R. de les avoir, et qu'en vous suppliant de compatir souvent aux petites choses, qui ne pouvoient se passer aussi gracieusement qu'il le voudroit, il vous répondoit des principales.

Que si le pauvre marquis de Saint-Thomas vient à manquer, il peut fort bien arriver que S. A. sera en nécessité de se servir du comte de la Tour. Je dis en nécessité, car si l'on peut s'en passer, ce prince s'en passera ; il croit à la Tour plus d'esprit qu'à lui ; et c'est une condition pour réussir avec ce Prince, que de lui paroître inférieur. Quand la Tour revint d'Angleterre, il parut si instruit des affaires de l'Europe, il parla si bien et si franchement, il dit tant de bien de V. M., de sa grandeur, de sa bonne conduite et de ses talens ; il parut si content d'avoir approché de votre personne, qu'il en aura toute sa vie une teinture de réprobation. Le comte de Gouvon a fait le même crime ; c'est quasi le seul qui parle et qui sache parler franchement à M. le duc de Savoie. Le marquis de Pianeze, affamé d'affaires, et que vingt ans de dégoûts n'ont pu guérir de s'en mêler, essaye inutilement de s'y raccrocher, par la proposition du mariage de sa fille qui n'a que trois ans, et qui sera la plus grande héritière d'Italie, avec un fils de même âge(1) que S. A. a eu de la comtesse de Verrue. Cet homme a plus d'esprit tout seul que toute la Cour de Piémont ensemble. V. M. connoît

---

(1) Ce fils mourut en bas âge.

ce marquis; votre ambassadeur vit et doit bien vivre avec lui. J'ai essayé de lui faire ici toutes sortes d'honnêtetés ; je lui ai fait entendre que V. M. se souvenoit de ses services et qu'elle l'estimoit ; je sais le contraire, mais au fond, si cet homme revenoit au ministère après la mort de Saint-Thomas, ce ne seroit peut-être pas un si grand malheur; enfin, Sire, le ministère ne peut vraisemblablement rouler que sur ces trois hommes.

Quant à la comtesse de Verrue, c'est un oiseau bien rare qu'une femme qui ne veut pas plaire; celle-ci s'est quasi perdue par la vanité d'être trouvée jolie. Il y a un espace infini entre le crime et l'excès de l'amour-propre ; je crois qu'elle a pu se préserver du premier, parmi le grand nombre de ceux qui se sont donné d'un air de l'aimer; mais elle a donné tout au travers du dernier, par souffrir d'être aimée; elle ne voit plus personne; elle vit renfermée dans le petit nombre de trois ou quatre personnes qui l'observent; l'amour du Prince s'est tourné dans des fureurs d'une jalousie tyrannique qui les rend tous deux malheureux ; cependant, quand il croit la haïr il y retourne, et ne se croit bien, ni en liberté, qu'avec elle; ils passent leur vie en duretés et en reproches, et pourtant elle sait tout, il ne peut rien lui cacher ; elle est tendrement unie avec Saint-Thomas ; elle a certainement séquestré le désordre des sens et de la conscience de leur commerce. Depuis le premier jour de janvier du dernier hiver que je passai ici, il porte ailleurs les très-foibles témoignages de son incontinence ; elle le sait, elle en est ravie : qui n'auroit rien à faire qu'à rire de ce tripotage, il y auroit de quoi s'amuser; mais ce qu'il y a de réel, c'est que V. M. sera avertie, s'il se passe quelque chose d'effectif qui regarde son service, et vous pouvez compter sur cela.

Quant à votre Ambassadeur, V. M. ne pouvoit certainement choisir un plus sage ministre, ni plus convenable, dans un lieu où, pour peu que l'on fût susceptible d'humeur, votre service en pâtiroit. J'ai mandé à V. M. que j'avois entretenu S. A., sur l'opposition qu'il a au commerce que ses courtisans pourroient avoir avec lui, et sur le mauvais effet de cette contrainte ; à quoi ce Prince me répondit assez lentement : « Monsieur, je n'ai jamais dit que je voulois qu'on s'abstînt d'aller chez M. l'Ambassadeur, et j'ai laissé sur cela le doute que j'ai cru qui convenoit dans un pays où nous ne sommes qu'une poignée de gens : tout se sait ; nos Piémontais n'ont guère d'esprit, nos Piémontaises en ont encore moins; les uns ni les autres ne savent quasi pas la signification ni l'intelligence des paroles ; l'on n'aura pas été dix fois de suite dîner chez M. l'Ambasssadeur, qu'il en naîtra une source de dits et de redits qui ne sont que trop ordinaires dans les petites cours. Celle de France est une mer où l'on s'observe moins; celle-ci n'est quasi qu'une famille où l'on sait tout. M. l'Ambassadeur est bien reçu par-tout où il va; mais, en vérité, pour le bien du service du Roi même, sans compter pour rien mon humeur, que j'avoue pouvoir être en cela particulière et bizarre, j'estime qu'il vaut mieux continuer de vivre ainsi qu'autrement ; et non-seulement, continua ce Prince, vous me ferez plaisir de faire bonnement entendre la simplicité de mes sentimens à M. l'Ambassadeur, mais encore en éclaircir le Roi, qui pourroit croire que, dans cette conduite, il y auroit autre chose que ce qui est, c'est-à-dire une volonté que S. M. soit contente, et je vous répète qu'il est mieux que cela soit ainsi ». J'ai conté tout cela naïvement à votre Ambassadeur, qui prend patience, et suit l'esprit convenable à votre service et aux caprices du Prince auquel il a affaire. Une fois pour toutes, entre tout ce qu'il y a sous le ciel de Princes difficiles, celui-ci excelle; il a de l'esprit, mais il est indécis; il veut et ne veut pas; il se défie de tout; il ne sait jamais ni fixer sa volonté ni demeurer en deçà de ce qu'il veut; il est consommé par sa propre inquiétude; il connoît qu'il est détesté de sa cour et de son peuple; cependant il n'est pas en lui de se rendre agréable ni à l'un ni à l'autre; il est capable de prendre des partis d'extrémités, mais son cœur le porte alternativement aux nues comme un aigle, et le moment d'après ce même cœur est capable de le faire ramper comme une taupe. Au bout du compte, Sire, c'est un malade qui voit jaune ce qui ne l'est pas; il faut le laisser voir jaune, et passer sur les bagatelles, pour aller au solide.

A l'égard de ses finances, V. M. doit compter qu'elles sont dans un désordre qui ne lui donne pas la liberté, je ne dis pas de faire partie de ce qu'il souhaite, mais même de ce qui est nécessaire. Cet épuisement me fait croire, qu'alors qu'il conviendra à votre service de mettre ce Prince dans vos intérêts, peut-être y trouverez-vous par-là des facilités. Un peu d'argent est souvent bien employé pour faire réussir de grandes choses; les petits présens entretiennent le commerce et l'amitié. Le général des finances, lequel est mon ami, et qui me regarde comme celui qui est en effet l'occasion de sa fortune, m'a parlé de tout cela avec franchise, aussi bien que de la soustraction du revenu que faisoit le droit de Villefranche. J'aurai l'honneur d'entretenir sur cela V. M., ou M. de Pontchartrain, si elle me l'ordonne, aussi bien que sur l'affaire du passage des voitures, qui occupe fort cette cour, et qui paroît un fait essentiel.

Au surplus, Sire, voici ce que j'ai pu découvrir de ce qui se passe à Vienne. Il est certain que M. le duc de Savoie fit proposer, il y a quelque temps, sa fille à l'Empereur, pour l'Archiduc, et qu'il ne fut pas écouté dans ce temps-là; il ne reçoit aucune raison des fiefs qu'il avoit achetés avant la guerre, et qui ont fait tant de bruit. Quand on lui accorde sur cela quelque chose par des lettres ou des patentes, on détruit dessous main l'effet de tout ce que l'on a promis, et on ne le paie qu'en mauvaises raisons. Cependant, si l'Empereur a besoin de lui pour les vues qu'il peut avoir en Italie, on lui promettra beaucoup, et ce Prince écoutera tout, car il est naturellement porté de ce côté-là; et bien qu'il connoisse que son intérêt n'est pas à écouter l'Empereur, cependant sa malheureuse étoile l'y conduit.

Je sais, comme j'ai déjà eu l'honneur d'en informer V. M., et comme votre ambassadeur vous l'a déjà mandé; je sais, dis-je, qu'alors que ce Prince apprit que je venois en ce pays-ci, il se flatta fortement que j'étois chargé de propositions agréables; il en parla dans son petit particulier, et croyoit, comme l'on dit vulgairement, tenir Dieu par les piés. L'on lui manda même de Milan que, sur le bruit de mon départ, l'Empereur avoit envoyé chercher Mansfeldt et qu'il avoit été agité si l'on l'enverroit en Italie. Tout cela lui avoit donné de bonnes espérances, que ma conduite et celle de votre ambassadeur ont détruites; nous savons même qu'il a été tenté de me parler, et qu'enfin il a pris le parti de n'en rien faire, et qu'il a dit à Saint-Thomas en parlant de moi : Ou il est chargé de propositions, ou il ne l'est pas; s'il l'est, il faut le laisser venir et nous en ferons notre parti meilleur, et s'il ne l'est pas, à quoi bon en faire? et sur cela sont demeurés dans le silence, joint que Saint-Thomas en conversation m'a dit : — Monsieur, quand le Roi trouvera que S. A. sera utile ou nécessaire à son service, c'est à lui de nous prescrire ce en quoi nous pouvons coopérer à sa satisfaction et à ses intérêts, auquel cas nous ferons de notre mieux pour que S. M. soit contente; mais inutilement commencerions-nous à faire des propositions ; c'est à l'inférieur à les recevoir, et je vous supplie d'en informer le Roi. Ainsi, Sire, comme ils se sont barrés avec fermeté à cette opinion, ils y sont demeurés sans vouloir s'ouvrir. Je ne raisonne plus sur tout cela, et pars comblé personnellement de manières honnêtes, de présens et de tout ce qui peut faire croire qu'en effet l'on veut que vous soyez content ; mais, encore une fois, l'humeur ni le tempérament ne se refont point : celui de M. le duc de Savoie est incompréhensible. Parmi tout cela, j'ai lieu d'espérer que V. M. sera contente, et que foncièrement ce Prince suivra ses intérêts en s'attachant aux vôtres, autant qu'il est capable de le faire.

AU MARQUIS DE TORCI.

A Turin, le 20 juin 1699.

Vous trouverez ci-joint, dans la lettre que j'ai l'honneur d'écrire au Roi, bien des petites choses que faute de plus importantes j'ai réduites dans une dépêche, que vous trouverez longue et que je n'ai pourtant pu réduire en moins de paroles. Il est certain que la patience, la sagesse et la manière convenable que M. le comte de Briord a prise ici, ont ramené le Prince auquel il a affaire, non pas encore à ce qui seroit desirable, mais au moins à une façon d'agir tolérable. Le tempérament ne se réforme guère, et parce que vous êtes né sage, vous ne devez pourtant pas manquer d'indulgence pour ceux qui ne peuvent jamais l'être autant que vous. M. le duc de Savoie ne sera jamais un allié ni commode, ni aimable, ni déterminé; mais il y a présentement plus lieu de croire que jamais, qu'il connoît ses intérêts, qu'il demeurera foncièrement attaché au Roi, et que les dispositions y sont, mais il n'est pas en lui, supposant qu'elles y soient, de les montrer avec aucuns agrémens extérieurs. La grandeur du Roi l'irrite au lieu de le rassurer ; sa bonté l'alarme, parce qu'il ne se trouve pas susceptible de la même humanité; sa franchise l'inquiète, parce qu'il croit qu'en deçà et en delà de la franchise, il y a de la dissimulation ; à dire vrai, ce Prince est un fagot d'épines que ceux qui l'approchent de plus près ne savent par où prendre; mais ces mêmes épines, en les laissant rouler toutes seules, se rendent maniables. Si le Roi a besoin de lui, j'estime que l'on ne laissera pas d'en tirer parti. Je ne sais s'il me parlera de la succession d'Espagne : j'entrevois et suis parfaitement informé qu'il en meurt d'envie ; mais ce Prince est comme le marchand qui se ruine parce qu'il veut vendre trop cher; il faudra, suivant ce que le Roi voudra, aider celui-ci à négocier; sans quoi, par l'impossibilité qu'il a de se proposer lui-même dans la vue de faire son marché, l'on perdra peut-être le temps d'en tirer à-peu-près ce que le Roi pourroit en desirer, si l'on le laisse sans propositions. Comme tout ce que je pourrois avoir l'honneur de vous dire, ne seroit quasi que des répétitions de ce que j'ai celui d'écrire au Roi, je finis tout court par l'assurance de mes respects.

Le comte de Tessé suivit de près ses deux dépêches, et revint à Versailles.

ANNÉE 1700.

CHAPITRE V.

Mémoire curieux du comte de Tessé, sur le testament du roi d'Espagne, Charles II. M. de Tessé accompagne Philippe V, son successeur, jusqu'à la frontière. Il se rend ensuite en Italie pour commander l'armée française dans le Milanais, en attendant l'arrivée du maréchal de Catinat. Il découvre les fourberies du duc de Savoie, en informe le Roi et se donne beaucoup de mouvemens pour empêcher les Autrichiens de pénétrer en Italie. Il négocie avec le duc de Mantoue, et l'amène à conclure un traité, par lequel il s'engage à recevoir des troupes françaises dans ses places et même dans sa capitale. M. de Tessé intrigue, de concert avec le prince de Vaudémont, contre M. de Catinat, son bienfaiteur et son ami, dans l'espoir de le remplacer à la tête de l'armée. Sa rare intrépidité et son sang-froid au combat de Carpi. Mort du chevalier de Tessé. Son frère perd le fruit de ses intrigues par l'arrivée imprévue du maréchal de Villeroi, envoyé par Louis XIV pour ôter le commandement en chef au maréchal de Catinat. Incapacité de M. de Villeroi. Diverses anecdotes relatives à lui et à M. de Catinat. M. de Tessé va commander dans le Mantouan. Des forces très-supérieures aux siennes finissent par le resserrer et le bloquer dans Mantoue et dans quelques postes voisins. Il fait néanmoins une guerre très-vive aux ennemis pendant tout l'hiver, remporte sur eux divers avantages, et par son industrie, son activité et sa bonne conduite, il fait subsister ses troupes, la cour de Mantoue, et les habitans de la ville près de six mois, et jusqu'au moment où le duc de Vendôme, qui avoit succédé au maréchal de Villeroi, pris dans Crémone, vient dégager Mantoue. Journal du blocus de cette place.

MÉMOIRE du comte de Tessé sur le testament de Charles 11, *roi d'Espagne* (1).

LE duc d'Uzeda m'a dit qu'avant la mort de Charles 11, ce prince malade, qu'il servoit comme premier gentilhomme de sa chambre, lui dit, se trouvant seul avec lui : *Duc d'Uzeda, j'ai intention de vous envoyer en qualité d'ambassadeur à Rome,* et que lui, duc d'Uzeda, ayant représenté à S. M., que cet emploi qui l'éloigneroit de sa personne et de ses affaires, ne lui convenoit point, et qu'il le supplioit de jeter les yeux sur quelqu'autre plus digne de

---

(1) Ce Mémoire est d'autant plus intéressant, qu'il contient des particularités inconnues jusqu'ici, et prouve que le ministère français n'employa aucune intrigue pour amener Charles 11 à tester en faveur du duc d'Anjou ; le témoignage du duc d'Uzeda a d'autant plus de poids à cet égard, qu'il étoit entièrement dévoué à la maison d'Autriche. Le maréchal de Tessé eut des liaisons particulières avec lui, pendant leur ambassade à Rome en 1708 et 1709. Ce fut sans doute à cette époque, qu'il raconta à M. de Tessé les détails qu'on va lire sur le testament de Charles 11. Après que le Duc eut reçu de Philippe v l'ordre de quitter Rome en 1709, ainsi qu'on le verra dans le douzième cha-

cet emploi. Le Roi lui dit : *Ne savez-vous pas
que je n'ai point d'enfans, que je puis mourir
tous les jours; ne m'avez-vous pas tenu comme
mort trois fois entre vos bras, et enfin ne
voyez-vous pas que, pour le repos de mes sujets
et de la monarchie entière, il faut que je
songe à me donner un successeur? c'est pour
ce grand ouvrage, dont je dois répondre à
Dieu et au monde entier, que je veux consulter
le Pape, et que comme ce projet doit être fort
secret, j'ai jeté les yeux sur vous pour me
servir dans une conjoncture aussi importante;*
et tout de suite le roi d'Espagne s'ouvrit à lui
du dessein qu'il pourroit prendre, de nommer
pour successeur de la monarchie d'Espagne un
des enfans du Dauphin de France; mais qu'il
ne vouloit pas prendre une telle résolution

---

pitre, il resta à Gênes avec des pleins-pouvoirs pour les
affaires d'Italie. Quoique sa perfidie fût connue depuis
long-temps, on avoit d'abord jugé à propos de le ménager ; mais sa trahison devint bientôt si évidente, que les
ménagemens n'étant plus admissibles, on lui manda de
revenir en Espagne : il désobéit sous de vains prétextes.
On voulut alors le faire arrêter, et l'on ne savoit comment
s'y prendre ; mais il tira bientôt la cour de Madrid d'embarras à ce sujet, en embrassant ouvertement, en 1711,
le parti de l'archiduc Charles, lorsqu'il fut élu empereur
à la place de son frère Joseph 1er.

sans consulter le Saint-Siége, auquel il étoit si attaché, et qu'il prieroit le Pape de prendre le conseil de quelques cardinaux des plus gens de bien, pour décider d'une affaire aussi importante, et dans laquelle il étoit obligé de se cacher de la reine sa femme, de tout son conseil, et de toute sa maison, attachée à la branche de l'Empereur; mais que quelque inclination qu'il eût pour sa maison, il vouloit faire son salut et avoir le sentiment du Pape, auquel il croyoit devoir ce respect et cette déférence.

Ledit duc d'Uzeda ne put refuser, et vint à Rome avec des lettres de son maître. C'étoit le pape Pignatelli, sous le nom d'Innocent XII, qui tenoit le Saint-Siége. Il m'a conté qu'aux premières audiences du Pape, Sa Sainteté lui fit une infinité de difficultés, lui représentant qu'il ne pouvoit se mêler d'une affaire aussi importante et si délicate; qu'à cette décision ou conseil il y avoit tant d'inconvéniens de toutes les sortes pour toute la chrétienté, qu'il ne pouvoit prendre l'événement sur lui. Le duc d'Uzeda lui remit différentes consultations de droit et de théologie, faites sur cette matière à Madrid et en différens lieux, et enfin le Pape lui promit de former un conseil, qui fut composé des cardinaux Albano, pape après lui sous le nom de Clément XI, du cardinal

Spinola, connu sous le titre de Cesareo, et
du cardinal Spada, et le Pape avec ledit conseil
remit au duc d'Uzeda ses sentimens conformes
à ceux des cardinaux, qui furent, qu'il devoit
en conscience appeler par son testament à la
monarchie d'Espagne le duc d'Anjou, et à
faute du duc d'Anjou le duc de Berri. Le papier
fut secrètement remis au roi d'Espagne, sans
la participation de la reine ni d'aucun de ses
ministres, et cet avis fut absolument caché à
l'Empereur. Je ne rapporte cette particularité,
que m'a contée le duc d'Uzeda, qu'afin de me
souvenir que le testament n'a point été fait
par caprice ni par séduction d'aucun ministre
d'Espagne, et que le roi Charles II a cru long-
temps avant sa mort, devoir faire le testament
qu'il a fait. Les originaux des lettres du roi
d'Espagne, et les mémoires de ce qui s'est passé
sur cela sont dans les archives du château Saint-
Ange.

Charles II meurt le 1er novembre 1700, âgé
de trente-neuf ans. Louis XIV accepte le 11 du
même mois son testament, en faveur du duc
d'Anjou, le second de ses petits-fils, qui est
proclamé roi d'Espagne à Madrid le 24, sous
le nom de Philippe V, et part le 4 décembre
pour aller prendre possession de sa couronne.

Les ducs de Bourgogne et de Berri, ses frères, l'accompagnent jusqu'à la frontière, avec plusieurs gens de qualité, au nombre desquels étoit le comte de Tessé. L'acceptation du testament contrarioit trop essentiellement les intérets de l'empereur Léopold Ier, qui avoit prétendu à la totalité de la succession d'Espagne, sinon pour lui-même, du moins pour ses enfans, pour qu'il n'en résultât pas une guerre entre ce monarque, Philippe v et Louis xiv. Ce dernier jugeant que la cour de Vienne porteroit ses efforts en Italie, sentit la nécessité de pourvoir à la défense du Milanais et des autres possessions de la monarchie espagnole dans cette contrée : il se flatta d'ailleurs d'y être secondé par le duc de Savoie, dont la fille aînée avoit déjà épousé le duc de Bourgogne, et dont la seconde pouvoit être reine d'Espagne, comme elle le devint en effet. Louis résolut d'envoyer d'abord au-delà des Alpes, quarante bataillons et cinquante-deux escadrons qui, joints aux troupes d'Espagne et de Savoie, semblèrent une force suffisante pour résister à l'armée de l'Empereur. Le comte de Tessé fut choisi pour commander provisoirement le corps français sous les ordres du duc de Savoie, du maréchal de Catinat destiné à passer en Italie pour l'ouverture de la campagne, et du prince de Lorraine-Vaudémont, gouverneur du Milanais pour Philippe v.

Dès que ce monarque fut arrivé sur la frontière d'Espagne, le comte de Tessé prit la route de Turin pour se rendre à sa destination, où on lui envoya ses instructions datées du 15 décembre; ses lettres de service le furent du 26, de même que celles du chevalier de Tessé son frère, employé sous lui; et le marquis de Barbezieux, ministre de la guerre, les accompagna d'une dépêche particulière, qui l'avertissoit de ne point compter de revenir en France, qu'après l'entier rétablissement de la paix en Italie, et de n'avoir aucun secret pour le prince de Vaudémont, en qui le Roi avoit toute confiance. M. de Tessé eut avec le duc de Savoie plusieurs entretiens relatifs aux intérêts des deux couronnes, et sur-tout au passage des troupes françaises qui devoient traverser ses Etats. Il partit ensuite pour Milan, y arriva le 1er janvier 1701, et adressa successivement au Roi et à son ministre de la guerre différentes dépêches pour les informer de la situation des choses. Il ne dissimula pas qu'il avoit eu à Turin des discussions assez vives avec Victor-Amédée, pour l'amener à donner de bonne grace le passage aux troupes françaises; que M. de Phélippeaux, ambassadeur du Roi, n'avoit pu vaincre précédemment l'irrésolution du Duc à ce sujet, et qu'il n'avoit obtenu lui-même que des réponses ambiguës, roulant sur son agrandissement, ses intérêts personnels et en aucune manière sur le passage demandé, sur lequel il avoit remis à se décider après un voyage qu'il se proposoit de faire à Milan; que ces tergiversations devoient inspirer une extrême défiance; qu'il étoit vraisemblable que le Duc avoit prévenu l'Empereur et les Vénitiens qu'il retarderoit autant qu'il pourroit le passage des troupes françaises; qu'on ne l'obtiendroit probablement que par des voies coercitives; qu'il falloit lui demander Pignerol pour déposer les vivres et l'artillerie, et le faire déclarer absolument, parce qu'il étoit moins dangereux de l'avoir sur le champ pour ennemi, que d'attendre qu'il pût être secouru par les Allemands. Qu'un des moyens les plus efficaces de déconcerter les vues de l'Empereur sur l'Italie, seroit d'engager le duc de Mantoue (1) à recevoir des troupes françaises dans ses Etats; qu'il n'importoit pas moins de veiller sur la conduite des Vénitiens, et qu'il seroit nécessaire de partager l'armée du Roi sur leur ter-

---

(1) Charles IV. On reviendra plus loin sur ce Prince, dont le caractère offrira d'étranges bizarreries.

ritoire, pour soulager le Milanais qui ne pouvoit la supporter seul (1).

Le marquis de Barbezieux, mort le 5 janvier, fut remplacé le 8 par M. de Chamillart. M. de Tessé n'omit pas de parler à ces deux ministres du prince de Vaudémont, *qui lui sembloit*, dit-il, *agir avec beaucoup de droiture* (2); mais le duc de Saint-Simon assure dans ses Mémoires (3), que *Vaudémont étoit un traître qui trompoit la France et l'Espagne, par suite d'un attachement secret à la cour de Vienne, et ne cessoit de donner des assurances de la fidélité du duc de Savoie.*

M. de Saint-Simon paroît se tromper, du moins sur ce dernier point, car nous avons sous les yeux la preuve, que M. de Vaudémont écrivit plusieurs fois, soit à Louis xiv, soit à ses ministres, que Victor-Amédée lui étoit suspect. Ce n'étoit peut-être qu'un raffinement pour mieux cacher sa perfidie, qu'on ne jugera pas invraisemblable, si l'on considère que ce gouverneur du Milanais n'avoit cessé de servir la maison d'Autriche, et de lui manifester le même

---

(1) Lettres du comte de Tessé, des 2, 5 et 11 janvier, 1er, 4 et 8 février 1701.

(2) Lettre du 29 janvier 1701.

(3) Tome iv, page 42.

dévouement que les autres princes Lorrains ; et que tandis qu'il se montroit fort zélé pour la cause de Philippe v, le jeune prince de Vaudémont, son fils, commandoit la cavalerie de l'armée que l'Empereur se disposoit à envoyer au-delà des Alpes aux ordres du prince Eugène de Savoie. Le comte de Tessé informa Louis xiv le 5 janvier, que ce jeune prince de Vaudémont avoit mandé à son père, que comme ils soutenoient des intérêts différens, il étoit à propos que toute correspondance cessât entre eux. Ce fait, dont M. de Tessé se bornoit à rendre compte, sans y ajouter aucune réflexion, n'est pas démonstratif en faveur du prince de Vaudémont, et ne détruit pas la possibilité d'une connivence entre le père et le fils; car ce n'eût pas été la première fois, qu'une lettre concertée auroit eu pour objet, de cacher une duplicité dont l'histoire offre de nombreux exemples, et il étoit possible que les deux Princes ne songeassent qu'à se tirer mutuellement d'embarras, soit que la France ou l'Autriche triomphassent. Au surplus, si Louis xiv témoigna toujours de grands égards à M. de Vaudémont, celui-ci n'en fut pas moins en but aux soupçons du Monarque, auquel il devint même si suspect à la fin de 1701 et au commencement de 1702, d'après les dépêches du maréchal de Villeroi qui commandoit alors en Italie, que Louis ordonna au comte de Marcin, son ambassadeur à Madrid, d'insister auprès de Philippe v pour qu'il lui ôtât le gouvernement du Milanais; mais Marcin lié d'ancienne date avec le prince de Vaudémont, ayant servi ensemble la maison d'Autriche dans les Pays-Bas, sous Philippe iv et Charles ii, son fils, ne se pressa pas d'exécuter les ordres du Roi, et dans l'intervalle M. de Vaudémont sut gagner la confiance du duc de Vendôme, qui ayant remplacé le maréchal de Villeroi à la tête de l'armée d'Italie, écrivit à la cour, qu'il lui trouvoit beaucoup de zèle et de fidélité. Alors Louis xiv changea d'avis, et manda le 23 mars au comte de Marcin, qu'il falloit laisser M. de Vaudémont dans le Milanais. Nous avons anticipé sur les dates pour nous dispenser de revenir sur ce point.

Dans le courant de février, le duc de Savoie annonça l'intention de n'épouser d'autres intérêts que ceux de la France, et d'ouvrir enfin le passage à ses troupes; mais il y mettoit des restrictions singulières, comme par exemple de laisser au moins un jour d'intervalle entre l'arrivée de chaque régiment. Ces difficultés, très-propres à le rendre suspect quand même il ne l'auroit pas déjà été, sembloient d'autant plus inutiles, qu'il ne s'agissoit que de laisser passer un petit nombre de troupes, sur-tout la cavalerie, car Louis xiv avoit pris ses mesures pour envoyer par mer en Italie, environ treize mille hommes qui débarquèrent à Final, Vadi et Savone, et traversèrent le territoire génois avec l'autorisation de la République.

L'armée française ne devoit pas excéder vingt-cinq mille hommes d'infanterie, et cinq mille de cavalerie, non compris les troupes d'Espagne et celles du duc de Savoie, engagé à fournir huit mille hommes d'infanterie et deux mille cinq cents de cavalerie. L'armée de l'Empereur devoit être forte de trente mille hommes au plus. Le comte de Tessé avoit d'ailleurs visité les places frontières du Milanais, pourvu aux garnisons, et réglé les réparations que les fortifications pouvoient exiger. Il étoit également chargé de négocier avec les Princes d'Italie pour les attirer dans les intérêts des deux couronnes. Il insista de nouveau pour qu'on fît des sacrifices assez considérables, pour déterminer le duc de Mantoue à permettre qu'on occupât la ville de ce nom, très-importante pour imposer aux Vénitiens, et d'autant que la cour de Vienne intriguoit fortement auprès de ce Prince pour le gagner. Tessé ajoutoit, que le duc de Modène étoit entièrement

ANNÉE 1701.

dévoué à l'Empereur, mais que la bonne volonté du duc de Mantoue remédieroit en partie à cet inconvénient, puisqu'il consentoit à accorder dans son pays quelques villages et châteaux pour y mettre des troupes, en attendant qu'on eût terminé avec lui la négociation, en vertu de laquelle on pût en introduire dans sa capitale (1). On ne négligea pas non plus les Vénitiens. Le prince de Vaudémont mandoit le 11 mars au Roi, que l'armée impériale étant au moment de déboucher du Tirol, il avoit fait presser les Vénitiens de s'expliquer sur le parti qu'ils vouloient prendre, pour ou contre les deux couronnes, et qu'il alloit faire occuper en force Castiglione-delle-Stivere, en attendant leur réponse. Comme il importoit qu'elle fût favorable, le comte de Tessé partit le 17 mars de Milan pour Venise, afin d'y seconder les démarches du cardinal d'Etrées, alors occupé à disposer la république à embrasser la cause de la France et de l'Espagne. On ne put engager le sénat à se départir de la neutralité; mais Tessé manda au Roi, le 27 mars, à son retour de Venise, que du moins les conditions de cette neutralité, (qui dans la

---

(1) Lettres du comte de Tessé, des 15, 17, 21 février, 11 et 15 mars.

suite fut très-mal observée,) paroissoient avantageuses. Il reçut à cette époque une patente du 23 mars, pour commander avec le titre de capitaine général, sous les ordres du duc de Savoie et du maréchal de Catinat, nommé aussi le 23 général de l'armée d'Italie.

Le duc de Mantoue traita avec la France, mais à condition qu'elle feindroit de le forcer à recevoir des troupes dans sa capitale, pour se disculper aux yeux de l'Empereur. Le comte de Tessé assembla en conséquence douze ou quinze mille hommes avec de l'artillerie, à la tête desquels il arriva le 5 avril près de Mantoue, et fit occuper les postes voisins de la place. Après plusieurs pourparlers et la menace d'un bombardement et de ruiner le pays, qui n'eut lieu que pour la forme, le prince paroissant ne céder qu'à la violence, fit ouvrir les portes. Alors cinq mille hommes, dont quatre mille d'infanterie, commandés par le chevalier de Tessé, prirent possession de Mantoue et de la citadelle. La moitié de l'infanterie de la garnison étoit espagnole, et Louis XIV étoit convenu de payer au duc trente-six mille écus par mois. Après cette expédition, le comte de Tessé alla occuper dans le Modénois et le Parmesan différens postes, afin d'empêcher de tous côtés, de pénétrer en Italie, l'armée du prince Eugène, qui s'assembloit aux environs de Trente.

Le maréchal de Catinat arriva le 4 avril à Turin, où il fut reçu par le duc de Savoie avec la distinction due à son rang et à son mérite personnel. Plus les intentions du Duc étoient perfides, et plus il témoigna d'empressement au maréchal, se flattant peut-être de cacher sa mauvaise foi sous les égards multipliés qu'il lui prodigua; mais Catinat avoit trop de clairvoyance et de droiture pour tomber dans un semblable piége, et il partit le 6 avec la trompeuse promesse, que les troupes piémontaises ne tarderoient pas à joindre l'armée. Il manda au Roi que, si l'on s'en rapportoit aux apparences, on pourroit compter sur les dispositions de la cour de Turin. M. de Catinat s'embarqua sur le Pô, descendit à Pavie, et se rendit le 8 à Milan, d'où, après avoir visité différens postes dans le Crémonois, les duchés de Guastalla et de Mantoue, il vint s'établir à Castiglione, où il étoit rendu le 16 avril. Une patente de Louis xiv, datée du 15, nommoit le duc de Savoie généralissime des armées françaises en Italie. Cette marque de confiance n'influa pas sur ses vues secrètes. Le comte de Tessé instruisoit M. de Chamillart, par une lettre datée de Castiglione le

1er mai, qu'il étoit informé que Victor-Amédée cherchoit tous les moyens, et alléguoit les plus mauvaises raisons pour se dispenser de joindre ses troupes à l'armée des deux couronnes, et de s'y rendre de sa personne. Il ajouta dans une dépêche du 16, qu'il savoit par une lettre de l'envoyé de Mantoue à Vienne, que le duc de Savoie avoit fait assurer l'Empereur, qu'il n'avoit traité avec la France que contre son inclination ; qu'on pouvoit compter sur son dévouement ; qu'il retarderoit, autant qu'il le pourroit, le départ de ses troupes, et qu'il prioit le Monarque de lui écrire une lettre menaçante, pour lui servir d'apologie auprès de Louis XIV. Il est surprenant que des faits aussi évidens, n'aient pas déterminé celui-ci à mettre Victor-Amédée dans l'impossibilité de lui nuire. C'étoit l'avis de Catinat et du comte de Tessé ; mais c'étoit le seul point sur lequel ils s'accordassent, et on verra bientôt les fâcheux effets de cette division, que le maréchal ne soupçonnoit même pas encore.

Sur la nouvelle que les Autrichiens s'approchent de l'Adige, les généraux assemblent un conseil de guerre, dans lequel, après quelques contestations, on convient de se porter sur cette rivière. Le maréchal de Catinat passe alors le Mincio, fait occuper et retrancher Peschiera, et campe le 7 mai à Rivoli, près de l'Adige, occupant le poste de la Chiusa sur la rive gauche. Il envoya aussi des troupes à la Ferrara, pour fermer la vallée comprise entre le lac de Garda et l'Adige. Ses instructions lui défendoient de commettre les premiers actes d'hostilités, de passer l'Adige, et de s'établir au-delà, sur le territoire des Vénitiens. C'étoit cependant l'unique moyen efficace d'empêcher l'armée de l'Empereur de déboucher des montagnes du Trentin, et ces restrictions peuvent être regardées comme la première cause du mauvais succès de la campagne. Vers la fin de mai, les Allemands entrent dans le Véronais, établissent leur camp principal au-dessus de Vérone, et les deux armées se répandent le long de l'Adige, celle du prince Eugène pour tâcher de surprendre un passage, et celle du maréchal pour l'empêcher. Elle y réussit pendant quelque temps, et ce général, auquel les troupes de Savoie eussent été utiles, se plaignit de leur retard (1) : il arriva enfin quelques régimens à Crémone vers le milieu de juin ; mais le reste suivoit lentement, et

---

(1) Dépêches du maréchal de Catinat, des 21 mai, 17 juin et 2 juillet.

Catinat, qui avoit été obligé de pousser des troupes jusqu'à Opeano, au-dessus de Legnago, manda au Roi que, d'après les incertitudes de Victor-Amédée, et la singularité de sa conduite, il feroit peut-être mieux de ne pas venir à l'armée. *Nous nous passerons fort bien de S. A. R.*, écrivoit le maréchal à M. de Phélippeaux (1), *mais il n'en est pas de même de ses troupes : elles marchent à pas de tortue, serpentant comme le Méandre.*

La position de Rivoli avoit pour objet d'empêcher les ennemis de pénétrer dans le Mantouan, entre l'Adige, le lac de Garda et le Mincio, et de se porter ensuite dans le Milanais. Le prince Eugène, ne pouvant entrer dans la vallée entre l'Adige et le lac de Garda, s'étoit étendu jusqu'au Pô; ce qu'il n'eût osé faire, s'il eût été permis au maréchal de Catinat de passer l'Adige. D'ailleurs, un coude que forme cette rivière depuis Legnago jusqu'à Anguilara, procuroit au général autrichien la facilité de rassembler ses forces sur un point quelconque, en moins de temps qu'il n'en falloit aux Français pour s'y porter. Il avoit

---

(1) Il remplaça dans l'ambassade de Turin le comte de Briord, que Louis XIV avoit envoyé en Hollande. On reviendra plus loin sur M. de Phélippeaux.

encore l'avantage de pouvoir se dispenser de ménager les Vénitiens ; car on lit dans l'Histoire du prince Eugène (1), *qu'il savoit fort bien*, que s'il violoit leur territoire, *ils feroient seulement semblant d'en être fâchés ; car le comte de Berka, ambassadeur de Vienne à Venise, avoit le consentement tacite du sénat.*

Ce fut à cette époque que les intrigues ourdies contre le maréchal de Catinat commencèrent à éclater. Le comte de Tessé et le prince de Vaudémont en étoient les auteurs : tous deux se croyoient intéressés à décrier le général, et ils y réussirent, comme le dit le duc de Saint-Simon (2), *l'un en pinçant seulement la matière, et Tessé en pleine écritoire.* Comme Catinat étoit trop prudent et trop modéré pour s'être attiré, par sa faute, l'inimitié de M. de Vaudémont, on n'apperçoit pas les causes naturelles de cette malveillance, qu'il faut donc attribuer à des motifs cachés, parmi lesquels un seul, s'il étoit prouvé, suffiroit pour expliquer l'énigme : on soupçonne que M. de Vaudémont, réellement plus dévoué à

---

(1) Tome 1er, page 314, édition d'Amsterdam et de Leipzic de 1750.

(2) *Voyez* ses Mémoires, tome IV, page 8.

l'Empereur qu'aux Rois de France et d'Espagne, craignit les talens ou la pénétration du maréchal, et employa tous les moyens qui dépendoient de lui, pour procurer le commandement à un autre général, dont la cour de Vienne eût moins à redouter. Ceci porteroit donc à taxer de trahison M. de Vaudémont, quoiqu'il se plaignît autant qu'un autre de celle du duc de Savoie; mais ce n'étoit peut-être que pour mieux éloigner de lui-même les soupçons, et colorer sa mauvaise foi par un zèle apparent pour les intérêts de Louis XIV et de Philippe V. Quoi qu'il en soit, M. de Tessé le secondoit, mais par des vues entièrement opposées, et qui ne tenoient qu'à son ambition personnelle. Nommé provisoirement au commandement de l'armée, avec le titre de capitaine-général qui lui subordonnoit tous les lieutenans-généraux, il n'avoit plus qu'un pas à faire pour parvenir au premier grade militaire. Efficacement protégé par madame de Maintenon, le duc et la duchesse de Bourgogne, agréable au Roi, passant dans son esprit pour mieux connoître que personne l'Italie, le caractère et les artifices de Victor-Amédée, qu'il importoit au Monarque de déconcerter, il put se flatter de succéder au maréchal dans le commandement en chef, s'il réussissoit à persuader que celui-ci en étoit incapable, ou convenoit moins que lui aux circonstances. On regrette que la vérité historique ne permet pas de dissimuler les faits qu'on lira bientôt, et qui sont d'autant moins honorables pour le comte de Tessé, qu'il blessa la vérité, en même temps qu'il manqua à la reconnoissance qu'il devoit au vertueux Catinat.

Les postes des Français et des Autrichiens s'étendoient sur les deux bords de l'Adige jusqu'au Tartaro. Le prince Eugène fait jeter sur la première de ces rivières, entre Castel-Baldo et Villabona, un pont, à l'aide duquel il la traverse, et pénètre dans le triangle formé par l'Adige elle-même, le Tartaro et le Canal-blanc qui fait communiquer ces deux rivières. Catinat ne pouvoit guère s'opposer au passage de l'Adige; mais il garda le Canal-blanc qui raccourcissoit sa ligne de défense : il est vrai que la crainte de trop disséminer ses forces l'empêche de les étendre jusqu'au Tartaro, dans l'incertitude si l'ennemi veut pénétrer dans le Mantouan ou le Modénois. Cette situation permettant au prince Eugène de dérober ses mouvemens au général français, au-delà de sa droite, il fait jeter un pont à Castel-Guglielmo, sur le Tartaro, et le passe le 18 juin, en même temps qu'un corps qu'il avoit envoyé sur le territoire de Ferrare, se saisit d'un passage sur le Pô à Palantone. Cette situation permettoit au prince Eugène de se porter sur le flanc droit de l'armée des deux couronnes: son quartier général étoit toujours à Rivoli, et le prince de Vaudémont posté à Casa di David en face de Vérone; enfin, la plus grande partie des forces combinées se porta, le 18 juin, à Saint-Pierre de Legnago, aux ordres du comte de Tessé, pour observer le prince Eugène; et comme il paroissoit vraisemblable qu'il tenteroit d'occuper un poste à la droite de l'Adige, afin de se trouver à cheval sur cette rivière, on jugea que celui de Carpi, à-peu-près à hauteur de Castel-Baldo, étoit le plus à sa bienséance : le marquis de Saint-Fremont, maréchal-de-camp, y fut donc envoyé le 18 avec douze escadrons de dragons, trois de cavalerie, trois mille hommes d'infanterie et six pièces de canon.

Les deux armées restent quelques jours en présence à s'observer. Pendant ce temps, le prince Eugène continue ses démonstrations vers le Pô, pour y attirer toute l'attention du général français qui fait occuper Stellata : il va ensuite visiter les postes de Carpi et de Legnago, et en part le 8 juillet avec un corps de troupes pour Ostiglia, où il étoit rigoureusement possible, quoique peu vraisemblable, que l'ennemi voulût passer le Pô, puisqu'il se seroit trop éloigné du Tirol, d'où il tiroit ses subsistances. On croit que le maréchal de Catinat ne marcha à Ostiglia, que pour faire cesser les criailleries du prince de Vaudémont, qui prétendoit que les Autrichiens ne cherchoient à entrer dans le Ferrarois et le Modénois, que pour aller ensuite enlever à Philippe v le royaume de Naples, où le duc de Médina-Céli n'avoit que quelques milices, à peine suffisantes pour contenir les partisans de l'Empereur, et que l'armée de ce monarque pourroit, en passant, forcer le Pape à lui donner l'investiture de ce royaume. Le prince Eugène, qui avoit d'excellens espions dans l'armée des deux couronnes, informé de l'absence de M. de Catinat, fait passer brusquement par un corps, le Tartaro à Trécenta, et le Canal-blanc à Baruchella par un autre corps, et tombe le matin du 9 sur les postes de Castagnaro et de Carpi. M. de Saint-Fremont résiste fortement, et le comte de Tessé, informé de cette attaque, arrive de Legnago à son secours, à la tête des premières troupes qu'il trouve sous sa main, et après avoir ordonné au reste de le suivre le plus promptement possible.

Tout en arrivant il se met à la tête des premiers escadrons qu'il rencontre, et charge les Allemands. Il donne, dans cette action, un exemple remarquable de son sang froid et de son intrépidité. Au moment où il rallie sa cavalerie, son cordon bleu l'ayant fait remarquer, un officier ennemi arrive la bride entre les dents, et tenant ses deux pistolets qu'il décharge à bout portant sur le comte de Tessé. Une des balles effleure son chapeau ; et l'autre donne dans sa perruque. Il traite son agresseur d'*insolent*; et sans daigner mettre lui-même le pistolet ou le sabre à la main, il fond sur l'officier allemand, qu'il reconduit à grands coups de canne jusqu'à son escadron, et revient ensuite froidement rejoindre ses troupes, exposé à une multitude de coups de carabine, dont heureusement aucun ne l'atteint ; mais le courage des Français ne pouvant suppléer à l'infériorité de leur nombre, ils sont forcés de se replier sur Legnago, abandonnant Carpi au prince Eugène, qui, quoique blessé au genou gauche, les harcelle vivement, jusqu'à ce que la rencontre des troupes qui venoient de Legnago, permette au comte de Tessé de modérer la poursuite des Autrichiens.

Le prince Eugène s'étoit proposé de battre ce jour-là, en détail, tous les corps qui bordoient la rive droite de l'Adige, et ce projet eût probablement réussi, si le prince de Commerci, qu'il avoit détaché, pour le seconder, avec un corps considérable, avoit pu surmonter assez promptement les obstacles du terrain, et arriver à temps. Les Allemands une fois au-delà de l'Adige, les Français et les Espagnols n'eurent d'autre parti à prendre que d'en abandonner les bords, et de se rassembler à Villa-Franca, entre Mantoue et Peschiera. Lorsque le maréchal de Catinat rejoignit l'armée après le combat de Carpi, ses ennemis firent remarquer l'abattement et la tristesse qui parurent sur son visage, pour en conclure qu'il avoit des reproches à se faire, et ils s'appuyèrent ensuite dans leurs lettres, du changement que tout le monde, disoient-ils, avoit vu sur sa physionomie, pour assurer qu'il sentoit lui-même, que les progrès des Allemands n'étoient que le résultat de ses fautes. Il résolut de ne plus céder aux opinions de MM. de Vaudémont et de Tessé, qui avoient d'abord jugé utile de partager les troupes en plusieurs corps : il voulut, au contraire, les tenir rassemblées, afin qu'elles ne fussent pas exposées une seconde fois à être battues en détail, comme à Carpi : *Car*, disoit-il, *sans la valeur des troupes, on ne sait ce que tout cela seroit devenu*. Son projet étoit de tenter une action générale ; mais M. de Tessé convint avec lui, qu'il ne falloit pas la risquer sans être sûr de l'événement, parce que, s'il étoit malheureux, l'Espagne perdoit toutes ses possessions en Italie, tandis que l'Empereur ne couroit que le risque de perdre des soldats. Le comte de Tessé fit lui-même ce raisonnement ; mais on va voir qu'il affecta de l'oublier dans sa correspondance avec la cour.

Le passage de l'Adige et l'échec de Carpi étoient des événemens d'un grand éclat, qui mirent la dissention entre les généraux des deux couronnes : le prince de Vaudémont et le comte de Tessé n'omirent aucun effort, pour rejeter le blâme des mauvais succès sur M. de Catinat. Tessé avoit mandé dès le 2 juillet, au ministre de la guerre, qu'il étoit à propos que le Roi ordonnât expressément au maréchal, de combattre pour terminer la guerre, et surtout de poursuivre vivement les ennemis, au moyen d'un pont sur le Pô, qui auroit dû y être construit depuis deux mois. Le 18, Vaudémont insiste de son côté sur la nécessité de combattre le prince Eugène entre le Pô et l'Adige. Le 2 août, Tessé, qui étoit alors à Crémone, en expédie une nouvelle dépêche, tendant à alarmer la cour sur les progrès jour-

naliers des Allemands, sans que notre armée
ait songé ou songe à y mettre des bornes ; que
la quiétude de M. de Catinat leur promet encore de nouveaux succès ; qu'il ne paroît pas
disposé à soutenir les postes les plus utiles,
notamment celui de Castiglione, qui couvre
Mantoue; que pour lui, tout ce qu'il peut
faire, c'est de se concerter avec M. de Vaudémont, pour rassurer le Crémonais et le Milanais, prêts à se révolter. Dans une autre
lettre du 7 août, il répète que la désolation est
dans ces deux provinces, et que les démarches
du maréchal sont diamétralement opposées à
celles qui pourroient amener un combat; enfin, M. de Tessé écrit le 10 à M. de Chamillart,
que le mal est au comble, qu'on ne peut garder le silence sur la conduite craintive et incertaine de M. de Catinat, qu'il faut nécessairement remplacer par un autre général. Les
expressions de cette lettre sont si indécentes,
que par cette raison même il faut les conserver : *Je suis au désespoir, je suis fou de tout
ceci; le maréchal n'y est plus; il n'y a plus
personne au logis. Envoyez-nous un autre
général, quel qu'il soit, et nous lui ferons encore faire une belle campagne.* On répandoit
que M. de Catinat avoit été si affecté de la
perte de M. de Croisille, son frère, que la tête

lui avoit tourné (1). Quelques jours après (2), M. de Vaudémont, de son côté, confirma les assertions de M. de Tessé, en insistant comme lui sur la nécessité d'un prompt remède. *Les ennemis*, disoit-il, *vont le grand chemin de Milan ; ils vont y faire briller l'aigle impériale : ils y arriveront sans coup férir.*

Telle étoit la situation de l'armée, lorsque l'arrivée du duc de Savoie, qu'on avoit cessé d'attendre et même de desirer, vint augmenter le mal. Ce prince étoit d'abord resté à Turin, sous les différens prétextes qui lui parurent les plus propres à justifier son inaction, et en dernier lieu, sous celui d'achever la négociation du mariage de sa fille avec le roi d'Espagne. Enfin, il se rendit à Milan le 24 juillet, et le lendemain 25, au camp de Villa-Franca. Il craignoit que les Français et les Espagnols dominassent en Italie, où il desiroit maintenir une espèce d'équilibre, dont il se flattoit de profiter pour s'agrandir. Comme il ne jugeoit pas que les cours de Versailles et de Madrid voulussent ou pussent consentir à lui

---

(1) Guillaume de Catinat, seigneur de Croisille, né en 1638, capitaine aux Gardes-Françaises, mort le 19 mars 1701.

(2) Le 18 août.

accorder alors les mêmes avantages que celle
de Vienne lui offroit, ses vœux étoient pour
les Autrichiens contre la France et l'Espagne,
quoique ses deux filles fussent destinées à en
remplir les trônes. Il étoit donc résolu d'entraver, au lieu de favoriser, les entreprises des
armées combinées, même par d'odieuses trahisons, et à ne conseiller jamais ce qu'il eût
été à propos d'exécuter, quoiqu'il le sût mieux
que personne. Ses mauvaises intentions bien
connues, il étoit aisé d'en prévenir l'effet ; mais
Louis XIV ménageoit ce prince et dissimuloit
avec lui, parce qu'il lui sembloit important
qu'il parût, du moins ostensiblement, déclaré
contre l'Empereur : faux calcul politique qui
produisit beaucoup de mal ; au surplus, l'arrivée de Victor-Amédée doit être regardée
comme la fin de la campagne du maréchal de
Catinat, à qui il ôtoit, non-seulement l'autorité, et dont il ne fit pas même son conseil,
tant il craignoit ses lumières ; mais il parut
donner toute sa confiance à M. de Tessé, parce
qu'il jugea que la division qui régnoit parmi
les généraux, lui permettroit d'avoir l'air de
recevoir de bonne foi des conseils désavantageux aux rois de France et d'Espagne. L'intention de M. de Tessé n'étoit pas d'en donner de
ce genre, mais son ambition, sa passion contre

Catinat, et ses liaisons de circonstances avec M. de Vaudémont, devoient en produire, et le perfide Victor-Amédée se proposoit de les suivre.

Le Roi prévenu contre le duc de Savoie par tous les rapports qui lui arrivoient, notamment par ceux du comte de Tessé, manda le 26 de juillet au maréchal de Catinat, de séparer les troupes de ce prince, de manière qu'il n'en pût faire un mauvais usage, s'il en avoit la pensée. D'un autre côté, il écrivit le 31 à Victor-Amédée, que ce général avoit ordre de lui communiquer ses vues sur les affaires d'Italie. Précédemment le monarque avoit prescrit au dernier, par une dépêche du 17, de rassembler ses forces pour combattre les Allemands entre l'Adige et le Pô. Le maréchal qui ne redoutoit une action qu'autant qu'elle seroit imprudemment hasardée, résolut de faire naître l'envie au prince Eugène, de se porter au pont établi par les Français à Goito sur le Mincio, entre Mantoue et Peschiera, afin de combattre en marche et avec avantage le général autrichien, que sa pénétration préserva du piège au moment où il alloit y tomber, et il sentit la nécessité de tenter ailleurs le passage du Mincio.

Le 26 juillet, le duc de Savoie fit passer le Mincio à l'armée des deux couronnes, qui campa à Goito. Ce mouvement rétrograde abandonnoit aux ennemis le pays compris entre l'Adige et le Mincio, qu'ils passèrent sans opposition, et leur donnoit un air de supériorité, avec la facilité de se porter sur Brescia et de s'approcher du Milanais. Les autres manœuvres du duc de Savoie ne furent pas moins étranges. Après avoir envoyé quelques renforts à Mantoue, par une nouvelle retraite il vint passer l'Oglio à Canetto le 7 août, sous prétexte de se rapprocher des subsistances et de couvrir le Milanais, en garnissant les bords de la rivière. On trouve dans la Vie du maréchal de Catinat (1) : *Qu'il faut dire, pour la justification de Victor-Amédée, qu'il ne fit cette démarche que par l'avis de M. le prince de Vaudémont et de M. de Tessé;* cependant il existe une lettre de ce dernier à M. de Chamillart, dans laquelle il blâme le passage de l'Oglio ; et dans une autre du 7 août, il propose des moyens pour découvrir les intrigues du duc de Savoie, évidemment opposé aux intérêts de la France. On lit encore dans l'ouvrage qu'on vient de citer, qu'il s'éleva sur cette marche de Canetto, entre le maréchal et M. de Tessé, qui nioit que M. de Vaudémont

---

(1) Par M. le marquis de Créqui, page 250.

et lui l'eussent conseillé, *une querelle si scandaleuse de la part du second, que le duc de Savoie fut obligé de lui imposer silence ;* mais que peu après l'ennemi ayant fait un mouvement qui rendoit la position de Canetto utile, *alors MM. de Vaudémont et de Tessé, après avoir nié que ce camp avoit été pris par leur avis, s'applaudirent de l'avoir donné.* Mais le véridique Catinat éclaircit le fait, en mandant nettement au ministre : *Ce n'est ni moi ni M. de Savoie qui sommes les auteurs de cette marche ; ce sont les derniers entretiens avec M. de Vaudémont et de M. de Tessé qui y ont déterminé.* Ce peu de mots éclaircit la malveillance de l'un et de l'autre. Les Allemands paroissant vouloir passer l'Oglio, l'armée des deux couronnes le remonta, pour camper sur la rive droite, à Antignato, au-dessus de Soncino.

Le maréchal de Catinat s'appercevoit depuis long-temps que le prince Eugène étoit si exactement instruit des projets et des mesures de l'armée des deux couronnes, qu'ils se trouvoient toujours prévenus et déconcertés, et que chaque fois qu'on faisoit un détachement, les ennemis lui en opposoient constamment un autre deux fois plus nombreux. Il s'en plaignit en plein conseil de guerre, et le duc de Savoie ne lui pardonna pas, d'éveiller ainsi des soupçons qui ne pouvoient tomber que sur lui. Il n'en falloit pas davantage pour justifier complètement aux yeux du Roi la circonspection, ou, si l'on veut, la timidité du général français ; mais les intrigues tramées contre lui avoient produit leur effet. On trouve dans sa Vie (1), que Victor-Amédée pressoit la duchesse de Bourgogne, sa fille, de le soutenir, qu'elle lisoit la correspondance secrète de M. de Catinat avec la Cour, et que du moment qu'elle apperçut que ses lettres confirmoient les défiances du Roi sur la fidélité de son père, elle travailla sans relâche à indisposer contre le Maréchal madame de Maintenon, à laquelle on faisoit voir que l'intérêt de la religion exigeoit le rappel de Catinat, qu'on accusoit d'incrédulité et peut-être de jansénisme, ce qui étoit encore pis aux yeux de cette femme toute puissante, pleine d'esprit et de manège, mais trop peu instruite pour s'affranchir des préjugés ou des scrupules absurdes, qu'il est toujours facile de semer chez une dévote ignorante. Ces détails, vrais en partie, paroissent faux quant à l'influence qu'on prête à la duchesse de Bourgogne. Née le 6 décembre 1685, elle avoit

---

(1) Pages 245, 246, 252 et 253.

alors quinze ans, âge où les princesses ne s'occupent pas de la correspondance secrète des généraux; et si elle avoit vu celle du maréchal de Catinat, elle auroit lu aussi celle du comte de Tessé qui, épargnant encore moins le duc de Savoie, seroit devenu l'objet de sa haine, tandis qu'il le fut constamment de sa faveur. Cette observation suffit pour démontrer, que la duchesse de Bourgogne influa moins qu'on ne l'a dit, sur les malheurs de la France, du moins à cette époque, en favorisant son père. Quoi qu'il en soit, Louis XIV prit de lui-même un parti qui trompa les espérances des intrigans, notamment celles de M. de Tessé, quant à l'espérance d'être appelé au commandement en chef. Le Roi écrivit le 4 août au maréchal de Villeroi, qui étoit alors à la tête de l'armée d'Allemagne, pour l'informer qu'il étoit résolu de l'envoyer sans délai en Italie, pour s'opposer aux progrès des Impériaux, produits par les irrésolutions et la lenteur des délibérations de M. de Catinat, qui resteroit néanmoins à l'armée, mais lui seroit subordonné, comme moins ancien. L'arrivée subite de Villeroi à la Cour, où il n'étoit pas attendu, surprit tout le monde, sur-tout quand on sut l'objet de son voyage; car personne, excepté le Roi, ne le jugeoit capable de réparer les prétendues fautes de son collègue; aussi le maréchal de Duras, qui étoit en possession de penser tout haut, même avec Louis, dit-il publiquement, au souper du monarque : *M. le Maréchal, tout le monde vous fait compliment sur le commandement d'Italie, mais j'attends à votre retour pour vous faire les miens.* Tous les auditeurs sourirent ou baissèrent les yeux, Villeroi demeura confondu, et Louis XIV détourna bien vîte la conversation (1).

Le 10 août, le Roi écrit au maréchal de Catinat, pour lui témoigner son mécontentement de ce qu'il a perdu plusieurs occasions de combattre les ennemis, quoique son armée soit plus nombreuse et mieux approvisionnée que la leur, et que, d'après cette conduite, on ne peut espérer que les choses aillent mieux. Deux jours après il l'informe de la résolution qu'il a prise, de mettre le maréchal de Villeroi à la tête de l'armée; mais il y ajoute l'adoucissement que, comme elle peut à l'avenir être séparée en deux corps, l'un destiné pour défendre le Mantouan, et l'autre le Milanais, il désire avoir à la tête de chacun un maréchal de France. Le Roi fait expédier le 13, à

---

(1) Mémoires du duc de Saint-Simon, tome IV, page 8.

M. de Villeroi, le pouvoir nécessaire pour commander immédiatement sous le duc de Savoie, et lui ordonne de partir sans retard. Il mande ensuite le 21 au prince de Vaudémont, qu'il ne doute pas que la présence de Villeroi ne fasse tout changer de face. C'étoit s'abuser étrangement. Au surplus, ce général arrive le 22 au camp d'Antignato. Catinat écrit le même jour au Roi, que cet événement ne diminuera rien de son zèle et de son attachement pour le service. Précédemment il avoit mandé, le 18, à M. de Chamillart, que les sentimens d'autrui avoient contribué, pour le moins autant que les siens, aux malheurs de la guerre, et qu'il n'entre dans aucun détail, de peur d'altérer l'union, si nécessaire dans les circonstances. Il ne falloit pas moins que la modération et la philosophie de Catinat, pour lui faire supporter de pareils dégoûts, dont il étoit très-affecté, et il ne s'en dissimuloit pas l'amertume, ainsi qu'on en peut juger par la lettre suivante, qu'il adressa à M. de Catinat, son frère aîné (1) :

---

(1) Réné de Catinat, seigneur de la Courtheraie, né le 30 avril 1630, conseiller au parlement de Paris le 29 mai 1655, ensuite conseiller d'honneur, mort subitement le 24 janvier 1704.

ANNÉE 1701. 213

Au camp d'Antignato, le 22 août 1701.

J'ai reçu, mon cher Frère, votre lettre du 12, par laquelle vous m'informez de tout ce qui se débite contre moi sur les affaires d'Italie. J'y ai fait de mon mieux ; les événemens en sont désagréables ; il faudroit bien des pages d'écriture pour montrer comment ces disgraces sont arrivées, les motifs qui y ont donné occasion, et comment les fautes y ont été commises. Je ne vous en dirai pas davantage là-dessus. Je suis bien persuadé de la part sensible que vous prenez à mon état présent. L'on n'est pas toujours heureux à la guerre : c'est un métier où la fortune met beaucoup du sien. Ce qui me donne le plus grand déplaisir dans ces tristes conjonctures, c'est que j'en connois les grandes conséquences pour les affaires générales de l'Etat. La perte de mes biens me laisseroit plus de force à me consoler. J'ai reçu avant-hier une lettre du Roi et une autre de M. de Chamillart, par laquelle le départ de M. Villeroi m'est mandé. Cela ne m'a pas fait de peine, et je suis disposé, de la meilleure foi du monde et du fond du cœur, de joindre mes soins, mes peines, et les connoissances que je puis avoir du pays, pour contribuer au rétablissement de la gloire et de la réputation des armes du Roi. J'aime mon maître et ma patrie. Je suis frappé de cet objet au milieu de ma disgrace et de la mauvaise satisfaction que le Roi a de mes services pendant cette campagne; j'y vois reluire quelques égards de sa bonté, pour ne me pas abattre: je ressens cela comme je dois. Adieu, mon cher Frère; c'est vous en dire assez sur un sujet triste (1).

On lit dans d'autres lettres de Catinat à sa famille, les passages suivans : « Si les circonstances de cette campagne étoient bien connues, l'on y verroit un enchaînement assez naturel, qui m'a conduit dans le malheur et la disgrace où je suis; les sentimens d'autrui y ont contribué autant que les miens. Cette réputation qui, dans le courant de ma vie, m'a coûté tant de sueurs, se trouve flétrie. Ma conduite, je l'assure, a été avec candeur et simplicité. La sagesse et la droiture, voilà ce qui peut dépendre de nous; la fortune conserve son empire dans les autres affaires:

---

(1) Cette lettre est tirée de l'avertissement que M. le général Grimoard a mis au commencement des Mémoires militaires de Louis XIV, et des supplémens qu'il y a ajoutés. *Voyez* tome III, pages 17 et 18 des OEuvres de ce Monarque.

quoique l'on y pense de son mieux, l'on ne fait pas trop bien. — Je me suis dit à moi-même toutes les raisons qu'a le Roi d'envoyer M. le maréchal de Villeroi en Italie. Je crois qu'il a très-bien fait. Je suis particulièrement touché de son ancienne amitié pour M. le prince de Vaudémont. Le zèle de ce dernier n'auroit peut-être pas tiré de lui des empressemens aussi vifs que cette bonne correspondance. — J'étouffe la disgrace où j'ai le malheur d'être tombé, pour avoir l'esprit plus libre dans l'exécution des ordres de M. de Villeroi: je me mettrai jusqu'au cou pour l'aider. *Les méchans seroient outrés, s'ils savoient jusqu'où va mon intérieur sur ce sujet* ». — Ces traits philosophiques sont vraiment dignes d'Epictète. Tout cela, et plus encore la conduite ultérieure du Maréchal, justifie ce que Voltaire dit de lui dans la Henriade :

> Catinat réunit, par un rare assemblage,
> Les talens du guerrier et les vertus du sage.

Le prince de Vaudémont ne les possédoit pas au même degré, sur-tout la loyauté, lorsqu'il assuroit le 25, le 27 et le 29 août, au Roi et à M. de Chamillart, que l'arrivée de M. de Villeroi, qui n'avoit encore rien fait, produisoit déjà un très-bon effet dans le Milanais, et un heureux changement dans les affaires, et qu'on alloit réparer le mal. Ces trompeuses assurances furent croisées par une dépêche du gobe-mouches Chamillart, qui mandoit le 27, à M. de Vaudémont, que M. de Villeroi seroit aussi empressé de marcher aux ennemis, qu'on l'avoit été auparavant de les éviter. Quant au comte de Tessé, trompé dans ses espérances par l'envoi d'un autre général, il gardoit le silence, éprouvant d'ailleurs un extrême chagrin de la perte de son frère qui, tombé malade à Mantoue, se fit transporter à Crémone, où il étoit mort le 20 août. Cet événement en amena un autre, dans lequel la sagesse de Catinat et son mépris pour les intrigues, dont il étoit la victime, se manifesta de nouveau. Le secrétaire du chevalier de Tessé n'étant plus utile à son frère, celui-ci le congédia. Cet homme, mécontent de se voir sans emploi, et qui avoit été employé à copier les dépêches qui inculpoient le Maréchal, vint lui offrir ses services, en lui promettant, pour l'engager à les accepter, qu'il lui découvriroit les trames les plus secrètes de ses ennemis; mais Catinat le renvoya en disant : *Si cet homme étoit honnête, il ne proposeroit pas de révéler les secrets de ses maîtres ; mais comme il paroît un fripon, je ne veux pas de lui ; à quoi ses révélations me serviroient-elles ?*

Le présomptueux Villeroi débuta comme son caractère le comportoit : il parut persuadé qu'il alloit chasser en peu de jours le prince Eugène d'Italie, et dès le 26 il écrivit à Louis XIV, pour rehausser la force de son armée, la foiblesse de celle des ennemis, et lui promettre une réussite certaine. L'unique point de cette dépêche, qu'on ne peut contester, étoit qu'il falloit se défier du duc de Savoie, et que les Allemands étoient toujours instruits de nos desseins avec une inquiétante précision. Les armées française et autrichienne ayant reçu respectivement des renforts, et M. de Villeroi ayant ordre de combattre, on s'attendit sous peu à des événemens d'éclat ; cependant le Roi, qui sans doute avoit fait des réflexions, mande le 27 août à Catinat, qu'il attend de son affection qu'il secondera son collègue de ses conseils ; et cinq jours après, en écrivant au dernier, il lui fait l'éloge le plus complet de la sagesse de Catinat. Celui-ci, dédaignant de lutter plus long-temps contre ses ennemis, à la cour et à l'armée, écrivit le 28 août au ministre, pour qu'il lui obtînt la permission de retourner en France à la fin de la campagne. « Il ne convient pas au service du Roi, disoit-il, de me tenir davantage à la tête des affaires d'Italie. Je ne suis plus jeune, j'entre bientôt dans ma soixante-quatrième année ; les machines les mieux composées ont leur fin, je ne dis pas que la mienne ait été de cette nature ; mais telle qu'elle ait été, je suis assez homme de réflexion pour y reconnoître de la diminution et du dépérissement ; joignez à cela une infirmité qui me rend difficiles les plus grandes fatigues du cheval. Mon esprit est si tristement et si durement occupé, que je ne suis plus capable de régularité ». Cette lettre, dans laquelle Catinat s'exprimoit sur son propre compte avec la plus humble modestie, dut donner à penser au Roi et à Chamillart, plus âgés que lui, notamment le premier.

Le comte de Tessé, qui avoit gardé le silence pendant quelques jours, le rompit enfin le 1er septembre, pour apprendre au ministre de la guerre, que les affaires d'Italie étoient dans la crise, et qu'il y auroit sans doute incessamment un combat ; ce calcul étoit juste, car le jour même, le maréchal de Villeroi, qui avoit exigé que l'armée passât l'Oglio la nuit du 28 au 29 août, en face de Rudiano, alla attaquer, contre l'avis du maréchal de Catinat, le prince Eugène, fortement retranché près de la petite ville vénitienne de Chiari, (entre Brescia et l'Oglio), qui lui avoit été remise le 31 par les milices de la République. Comme toute l'armée s'avançoit vers les Allemands, le comte de Tessé, qui commandoit la gauche, reconnut le premier l'avantage de leur position, et envoya un de ses aides-de-camp pour en informer les généraux. Le duc de Savoie et M. de Villeroi ne voulurent rien changer au projet de combattre, malgré les nouvelles représentations de Catinat, à qui Villeroi répondit ironiquement : *Nous ne sommes plus dans la saison de la prudence. Quant à moi, je n'ai pas la bonne qualité d'être circonspect, sur-tout étant plus fort que les ennemis.* Catinat ne répondit rien, donna le premier l'exemple de la subordination, et alla joindre les troupes qu'il devoit commander. On attaqua dans l'après-dîner, et on fut repoussé avec perte de quatre mille hommes tués ou blessés. Le 6 on se rapprocha de Rudiano. Le duc de Savoie savoit dissimuler au point, qu'il combattit à Chiari avec la plus brillante valeur; il se tint toujours au milieu du plus grand feu, s'exposa beaucoup plus qu'il ne falloit, eut un cheval tué sous lui, et reçut plusieurs coups dans ses habits.

La correspondance du maréchal de Villeroi

avec la Cour (1), après le combat de Chiari, est très-curieuse, et démontre son extrême médiocrité, ou, pour mieux dire, son incapacité absolue. D'abord il tâche de se disculper d'avoir donné dans un vrai coupe-gorge, ne représente cette action que comme une simple tentative, qui eût été plus décisive si les ennemis n'avoient été couverts de murailles ; que malgré les discoureurs sur les partis prudens, il soutiendra jusqu'à la fin le ton d'audace qui lui a été prescrit par le Roi, aux ordres duquel il obéira toujours aveuglément; que cette attaque étoit nécessaire pour rétablir l'honneur des armes de S. M., ce qui, selon lui, a réussi ; mais qu'il n'est pas aisé de redresser des affaires mal conduites depuis si long-temps ; qu'il n'a compromis qu'une partie de l'armée ; qu'il sait qu'on pouvoit examiner davantage le poste de Chiari, mais que la résolution de l'attaquer fut prise, sur l'assurance qu'il n'étoit soutenu que par un détachement des Allemands, et que le gros de l'armée n'y étoit plus. Villeroi, après avoir rappelé au Roi qu'il lui avoit donné l'ordre précis de combattre, s'écrie : *Où en serois-je dans*

---

(1) Dépêches des 2, 4, 10, 14, 16, 17 et 25 septembre et 9 octobre.

*l'esprit de V. M., s'il eût resté un soupçon
que je pouvois attaquer les ennemis, sans les
avoir essayés?* Le maréchal observe ensuite,
qu'il ne faut pas négliger de se plaindre à l'ambassadeur de Venise, de ce que les troupes de
cette République ont livré la ville de Chiari
aux ennemis; que malgré la bravoure extraordinaire du duc de Savoie, et son zèle apparent
pour le service des deux couronnes, il est prudent de suspecter sa bonne-foi; qu'il a pour
ses troupes des ménagemens nuisibles aux intérêts communs; qu'il insiste pour qu'on n'attaque plus les Allemands; qu'il témoigne à
leurs prisonniers des égards très-marqués, et
qu'on rend aux siens dans leur armée; qu'il
paroît souffrir impatiemment la durée de la
campagne; qu'il proposera sans doute bientôt
de reconduire ses troupes en Piémont, et qu'il
est impossible de soutenir la guerre tant que
ce prince commandera, parce qu'il souhaite
davantage l'établissement des Impériaux en
Italie, que le prince Eugène lui-même. Enfin
le maréchal, oubliant ce qu'il vient de dire,
engage lui-même de songer aux quartiers
d'hiver, et prouve par cette proposition, que
la prolongation de la campagne lui étoit pour
le moins aussi à charge qu'à Victor-Amédée,
quoique par des motifs différens. Le comte

de Tessé écrivit aussi de son côté le 4 septembre ; ce ne fut point pour approuver ce qui venoit de se passer, car il n'y avoit pas matière ; ce ne fut pas non plus pour blâmer Villeroi, qui le méritoit à tant de titres, mais dont il redoutoit le crédit ; il se borna donc à mander, qu'il falloit espérer que les choses iroient mieux dans la suite. A tout cela on pouvoit répliquer, que l'ordre de combattre n'étoit pas celui d'attaquer inconsidérément un poste sans l'avoir suffisamment reconnu, ni s'être assuré s'il étoit occupé par la totalité ou seulement par une partie des forces de l'ennemi ; qu'on pouvoit tâter, ou, comme disoit le maréchal, l'*essayer ;* mais que l'essai avoit été beaucoup trop en grand, et sur-tout trop coûteux, par la quantité de sang français répandu en pure perte; mais Louis XIV répondit seulement à Villeroi, qu'il ne vouloit plus qu'on risquât de combattre sans y trouver de grands avantages ; que quant à l'échec de Chiari, il ne le rendra jamais garant des événemens; qu'il est content de son activité et de son zèle, et qu'il faut ménager soigneusement la délicatesse du duc de Savoie (1).

L'échec de Chiari avoit ramené le Roi au

---

(1) Lettres du Roi des 13 et 28 septembre et 9 octobre.

projet formé par le maréchal de Catinat dès le commencement de la campagne, de n'engager d'action qu'à coup sûr, et d'empêcher les ennemis de prendre des quartiers d'hiver en Italie; mais cet objet étoit devenu très-difficile à remplir. M. de Villeroi, que ses mauvais succès avoient rendu plus modeste, ne dissimula pas à M. de Catinat la peine que lui causoit l'impossibilité d'agir offensivement. Celui-ci lui proposa alors de pénétrer dans les Etats autrichiens par le Frioul, pour secourir les rebelles de Hongrie, diversion qui obligeroit l'armée de l'Empereur à quitter l'Italie; mais ce projet étoit trop vaste et trop au-dessus de la portée du maréchal de Villeroi, qui pensa comme le comte de Tessé, qu'on pouvoit courir de grands risques à changer ainsi le théâtre de la guerre. Le général français se réduisit donc à tâcher d'inquiéter les Allemands, en envoyant le 16 septembre Tessé dans le Mantouan avec un corps assez considérable; cette démonstration ne put engager le prince Eugène à quitter son poste de Chiari. M. de Tessé l'approche alors de Castiglione delle Stivere et de Godolfredo; mais le général allemand, bien instruit de son projet, le fit échouer, en soutenant à propos ces deux postes avec des forces supérieures. On découvrit, bientôt que le duc de Savoie avoit mandé sans nécessité à un de ses officiers, qu'on attaqueroit incessamment Castiglione et Godolfredo, et que sa lettre étoit tombée entre les mains des ennemis. On vit dans cet accident plus que de la légèreté ou de la maladresse, et le comte de Tessé n'eut d'autre parti à prendre que d'occuper entre Mantoue et Peschiera, le camp de Goito, sur le Mincio, où il se trouva réduit, comme la grande armée, à des opérations de petite guerre. Il envoya dans les premiers jours d'octobre des détachemens qui détruisirent des magasins, que les Allemands avoient formés à Cavazere et à Castel-Baldo, sur l'Adige.

M. de Catinat se flattoit que les tracasseries étoient finies, et ce ne fut pas sans surprise qu'il reçut une lettre du 27 septembre, par laquelle M. de Chamillart l'informoit, que comme on soupçonnoit son secrétaire de trahison, il falloit le surveiller et même s'en défaire. Le maréchal répondit le 7 octobre, qu'assuré de sa fidélité il le garderoit. Le comte de Tessé avoit informé la veille M. de Villeroi, qu'un courrier du duc de Savoie venoit d'être arrêté sans escorte, et qu'il s'étoit trouvé chargé d'une lettre fort suspecte. L'ancienne amitié du Maréchal pour le prince de Vaudémont, ne l'empêcha pas de concevoir des soupçons sur sa fidélité. Il lui reprochoit, dans une dépêche du 8 octobre, d'être entouré d'hommes fort mal intentionnés et qu'il soutenoit; mais qu'il importoit sur-tout d'éloigner de lui les comtes d'Aguilar et de las Torres : ces plaintes les firent renvoyer à Madrid avec M. de Cordoua, au mois de décembre.

M. de Villeroi, réduit à l'inaction, ne pouvoit s'attirer l'attention de la Cour que par ses dépêches, la plupart mal raisonnées ou insignifiantes ; celles du comte de Tessé, à cette époque, ne sont guère plus importantes. Voici les traits les plus remarquables des unes et des autres depuis le 16 octobre. Le Maréchal observe, que trahi par le duc de Savoie et ne recevant point de secours du pays, la situation des troupes pour s'opposer aux ennemis étoit cependant la plus avantageuse possible, nonobstant les raisonnemens des censeurs à ce sujet. Il envoye le 22 l'extrait d'une lettre du comte de Tessé, qui étoit informé que l'Empereur avoit dit, qu'il comptoit beaucoup sur une révolution à Naples, sur ses intelligences dans le Milanais, et sur l'inaction dans laquelle le duc de Savoie tiendroit l'armée des deux couronnes, et que si tout cela manquoit, la sienne repasseroit le Mincio et prendroit des quartiers dans les Etats vénitiens. M. de Villeroi mande le 28, que Victor-Amédée, impatient de terminer la campagne, a fait défiler peu à peu ses troupes. Le comte de Tessé rend compte, qu'il a séparé le 27 octobre les troupes du camp de Goito et s'est établi à Mantoue; enfin que de ce jour au 30 novembre, il a fait occuper Bozolo sur l'Oglio, Piubega, entre cette petite ville et Goito qui fut pareillement garni de troupes, de même que Marmirolo, et quelques autres postes, pour éloigner l'ennemi de Mantoue.

Les armées française et autrichienne s'étoient tenues respectivement dans leurs camps de Rudiano et de Chiari. La première souffrant dans sa position, repassa l'Oglio la nuit du 13 au 14 novembre. Soit que les ennemis n'en fussent pas instruits, ou qu'ils jugeassent inutile de troubler cette opération, elle s'exécuta paisiblement. L'arrière-garde fut seulement inquiétée le matin du 14 par des détachemens. Le maréchal de Catinat qui la commandoit, les contint ou les repoussa, mais il reçut un coup de fusil dans les chairs du bras et une contusion à la poitrine. Il se fit transporter à Crémone, et reçut dans cette circonstance les marques les plus touchantes d'attachement et d'estime de la part des troupes. On demandoit à tous ceux qui venoient de cette ville : *Comment se porte notre père* LA PENSÉE ? c'étoit le nom de guerre donné par les soldats à ce grand homme, qu'il caractérise parfaitement.

Le 16, le maréchal de Villeroi répandit son armée sur la rive droite de l'Oglio, dans des quartiers de rafraîchissemens, et prit le sien à Sorecina. Dès le 14, le duc de Savoie avoit fait reprendre à ses troupes la route du Piémont. Le général français lui représenta en vain, combien ce départ précipité étoit préjudiciable à l'armée qu'il affoiblissoit; il la quitta lui-même le 17 pour retourner à Turin. Le prince Eugène décampa le 20 de Chiari, et se porta vers le Mantouan; mouvement qui força le maréchal de Villeroi à lever ses quartiers et à les rassembler entre Crémone et l'Oglio, sur lequel il fit construire des ponts à Gazolo et à Torre-d'Oglio. Le premier décembre, les Allemands attaquèrent Caneto sur cette rivière. Le marquis de Maulevrier s'y défendit courageusement jusqu'au 3, qu'il fut obligé de se rendre à discrétion. Le 6, le prince Eugène se rendit encore maître de Marcaria, au-dessus de Gozolo, et ensuite de divers autres postes. Le 14, il fit prendre possession de Guastalla; un corps de ses troupes passa le Pô le 22, et occupa le 24, la Mirandola, par une fourberie de la princesse de ce nom qui livra aux Allemands la place et la garnison française. Cette entreprise termina la campagne. Le maréchal de Villeroi sépara son armée dans des quartiers d'hiver, et s'établit à Crémone. Le maréchal de Catinat en partit le 28 décembre pour retourner en France.

M. de Villeroi le pria de représenter au Roi, combien on étoit malheureux d'avoir à se défendre autant contre les amis que contre les ennemis ; qu'il n'y avoit ni patience ni prudence humaine qui pussent y tenir ; que l'embarras que lui causoient les détails de l'armée étoient extrêmes, et qu'il falloit une grande augmentation de troupes pour commencer la campagne suivante. Ce discours démontre l'insuffisance de M. de Villeroi, et qu'il la sentoit lui-même. *Soyez persuadé*, répliqua Catinat, *que personne ne compatit autant que moi à vos détails qui, lorsqu'ils sont finis, laissent l'esprit aussi occupé qu'auparavant. J'exécuterai les ordres que vous me donnez pour le bien du service, et je vous souhaite une bonne et heureuse année.* Le lendemain de son arrivée à Paris, le Maréchal se rendit à Versailles, où le Roi lui donna une audience particulière, dans laquelle il se convainquit que son esprit n'étoit pas baissé.

Catinat ne se plaignit de personne. Louis xiv le pressant de s'expliquer sur le compte de ses ennemis, il répondit : *Les gens qui ont cherché à me nuire, peuvent être fort utiles à l'avenir. J'étois pour eux un objet d'envie, maintenant que je ne les offusque plus, Votre Majesté tirera d'eux un fort bon parti pour son service.*

Le comte de Tessé occupoit le Mantouan avec dix-neuf bataillons et douze escadrons, commandés sous lui par M. de Zurlauben, maréchal-de-camp. La position des Allemands ne lui laissoit que des communications très-précaires avec l'armée, le bloquoit réellement dans l'étendue de pays qu'il occupoit, et le réduisoit à ne pouvoir compter que sur lui-même et sur ses propres forces, qui ne rassuroient pas complètement le duc de Mantoue sur la crainte d'être bombardé dans sa capitale, d'où M. de Tessé fit pendant tout l'hiver, aux Autrichiens, une petite guerre très-active, dont on trouvera le détail dans le journal suivant, rédigé, sinon par lui-même, du moins sous ses yeux. Cette pièce est d'autant plus intéressante, qu'elle fournit des preuves multipliées de la fermeté et de l'industrie du comte de Tessé, qui sans argent et sans vivres, conserva pendant six mois Mantoue et Goito, fit subsister le duc et la duchesse de Mantoue, leur cour, la garnison et quarante mille habitans.

Journal du Blocus de Mantoue.

Le 4, le 5 et le 6 décembre 1701, on commença de s'appercevoir par la situation des ennemis, qu'ils avoient dessein de former le blocus de Mantoue. M. le maréchal de Villeroi avoit un pont sur l'Oglio à Gazolo; mais les ennemis avoient commencé d'avancer un corps de troupes vis-à-vis. Il en fit faire un second à la tour d'Oglio, où il fit marcher M. le marquis de Créqui avec huit bataillons et douze escadrons. Les ennemis, avertis par les prêtres de Marmirolo, maison de plaisance de M. le duc de Mantoue, que M. de Tessé y avoit fait entrer deux cent dix hommes, y envoyèrent quinze cents chevaux ou dragons qui les entourèrent et les sommèrent. Le capitaine, qui étoit du régiment d'Albigeois, se défendit, mais les ennemis ayant mis le feu à un magasin de foin qui étoit près de ce poste, le feu et la fumée intimidèrent les soldats, qui n'étoient que des milices, au point qu'ils se jetèrent par les fenêtres, et que le sieur Francesche qui y commandoit, après avoir tué un de ses soldats pour obliger les autres à ne se pas jeter par les fenêtres, et perdu son lieutenant et trois soldats, se trouva seul, et fut pris l'épée à la main sur le degré.

Les ennemis ayant avancé un corps considérable vis-à-vis du pont de M. le marquis de Créqui, qu'ils canonnèrent pendant trois jours, et ayant un pont à Ustiano sur l'Oglio, et un autre à Canetto, M. de Tessé crut que l'armée du Roi ne pouvant plus passer l'Oglio, il devoit songer uniquement à la conservation de Mantoue et de Goito, et retirer d'Ostia et de Ponte-Molino (1) les troupes qui n'y étoient plus en sûreté, et qui pouvoient être coupées, en sorte qu'elles n'eussent pu rentrer dans Mantoue. Il fit aussi renforcer le poste de Borgoforte, pour essayer de s'y maintenir, étant la seule communication qui lui restât avec l'armée.

La nuit du 8 au 9, les ennemis firent sommer le poste de Borgoforte, et M. de la Croix qui y commandoit un escadron des Anglais, leur fit répondre à coups de fusil ; mais M. le prince Eugène s'y avança lui-même avec un corps considérable. M. de Zurlauben partit de Mantoue avec une partie de la cavalerie, et s'avança à Borgoforte, avec ordre de soutenir ce poste,

---

(1) Du côté de Legnago.

ou de se retirer suivant les conjonctures, et M. le comte de Tessé partit à la pointe du jour avec cent chevaux, pour aller savoir des nouvelles (1).

L'on apperçut le matin du 9, sur les dix heures, un corps de cavalerie des ennemis, qui s'avançoit entre Borgoforte et Mantoue, pour couper la communication de Borgoforte, que l'on attaquoit. M. le comte de Clermont, qui commandoit la cavalerie, avertit M. de Zurlauben, se mit en bataille, et marcha aux

---

(1) On croit devoir joindre ici une relation qui diffère à plusieurs égards de celle du journal, notamment quant à la date, qu'elle met mal à propos au 10 au lieu du 9 décembre.

« Le comte de Tessé partit de Mantoue avec huit cents chevaux, ayant quatre cents fantassins en croupe, dans le dessein de s'emparer de Borgoforte, en cas que le poste lui convînt, ou de le détruire. Il apprit en chemin que les ennemis marchoient dans le Mantouan. C'étoit le baron de Merci, général-major, qui avoit été détaché par le prince Eugène avec douze cents chevaux et deux cents dragons à pié, et qui ayant posté une partie de ces troupes à la Fossa-Mantouana, (canal qui de Bescoldo aboutit à l'Oglio au-dessus de Borgoforte,) pour assurer sa retraite, s'étoit avancé avec le reste, consistant en six cents chevaux, à trois lieues de Mantoue. Le comte de Tessé résolut de les attaquer, et pour cet effet il posta ses troupes dans un défilé, et fit avancer seulement quatre

ennemis, qui mirent quelque désordre dans la première ligne, qui fut bien soutenue de la seconde. M. le comte de Clermont rallia la première, qui marcha de nouveau et repoussa vigoureusement les ennemis. Les Anglais les prirent en flanc, et les mirent en désordre; il fut augmenté par l'arrivée de M. de Zurlauben, qui les chargea vivement à la tête d'un escadron de Rénepont, que commandoit M. le comte de Bezet, qui s'y distingua fort. Les Anglais firent une seconde charge, les ennemis furent culbutés, et non-seulement on

---

pelotons au-delà, pour aller au-devant des ennemis et les attirer. Le baron de Merci croyant n'avoir à combattre que les quatre troupes qu'il découvroit, se mit à les pousser : elles se jetèrent précipitamment dans le défilé, afin d'y attirer la totalité des six cents chevaux, avant que l'infanterie qui y étoit embusquée tirât. Les ennemis pris entre deux feux ne firent pas grande résistance : il y en eut deux cents de tués à la première décharge, après laquelle notre cavalerie acheva de les renverser. Les grenadiers ne firent quartier à personne, en représailles de ce que les Allemands n'en avoient point fait à nos soldats dans d'autres occasions et même à des malades. Le baron de Merci et huit autres officiers furent sauvés par les nôtres et faits prisonniers; mais il y eut vingt officiers autrichiens tués. M. de Zurlauben, maréchal-de-camp, MM. de Clermont et de Rénepont, brigadiers, se trouvèrent à cette action et y firent des merveilles.

tua plus de cent cinquante cuirassiers sur la place, mais on renversa le tout au-delà du marais, où M. le comte de Merci, qui commandoit ce parti de cinq cents chevaux, fut pris dans le fossé de ce marais. On fit trente ou trente-cinq prisonniers, presque tous blessés, et l'on prit au moins soixante-dix chevaux. Tous les officiers des ennemis furent tués, hors un lieutenant. Ce combat fut vif et heureux. On y perdit le major de Curlandon, M. le comte de Prat, capitaine dans Répenont, fils unique du lieutenant de Roi d'Auxonne, et un autre capitaine réformé, sept officiers et seize cavaliers. M. de Merci fut amené à M. le comte de Tessé, qui donna ordre aux bateaux de passer le Pô, et après avoir prié M. de Zurlauben de retirer ce poste à l'entrée de la nuit, il alla au galop à Governolo, joindre M. de Bouligneux qui y arrivoit d'Ostia.

Le 10 au matin, tout rentra dans Mantoue, dont le blocus fut formé (1), et l'on retira en même temps, sans perte, les postes de Saint-

---

(1) Les généraux autrichiens Palfi et Herbestein étoient chargés de cette opération, l'un sur la rive droite et l'autre sur la rive gauche du Mincio, ayant sous eux plusieurs autres généraux. Ils ne négligèrent rien pour res-

Angeli, de la Chartreuse, de Curtatone, de Montanara, de Castelluchio, de Borgoforte et de Governolo.

Le même jour, M. de Tessé établit un commandant fixe au moulin de Cerèse, qu'il fit retrancher, palissader, et mettre en défense avec six petites pièces de canon.

Le 11, on régla le lieu où l'on placeroit le canon sur les remparts. On régla aussi les rondes, le service et plusieurs détails.

Le 12, M. le comte de Tessé donna de son argent au trésorier, afin qu'il n'en manquât pas. M. de Zurlauben en prêta aussi, à cause de la difficulté qui se trouvoit d'en faire passer dans la place.

Le 13, l'on apprit que M. le prince de Commerci avoit quitté Villefranche, Castel-Mantuano et li due Castelli, qu'il étoit venu camper à Roncoferraro, et qu'il avoit pris rendez-vous à Governolo, avec M. le prince Eugène.

Le 14, on fit un grand fourrage aux villages de Porto et de Soeva (1). On coupa du bois dont on avoit un extrême besoin, M. le duc

---

serrer la place; mais on verra que les fréquentes sorties du comte de Tessé qui leur tua beaucoup de monde, les obligea souvent de s'éloigner.

(1) Entre Mantoue et Goito.

de Mantoue ayant bien voulu permettre que, pour donner un peu de jour aux environs de la ville, on coupât tous les bois qui étoient trop près des remparts.

Le 15, on continua les travaux ordonnés et commencés. M. de Tessé envoya sa vaisselle à la monnoie, et M. le duc de Mantoue lui offrit d'y envoyer la sienne. L'Envoyé de France et celui d'Espagne (1) y envoyèrent la leur; mais M. de Tessé empêcha qu'on ne la prît.

Le 16, M. de Tessé régla la subsistance, et, manque d'argent, il fit donner une ration et demie de pain par soldat et par cavalier, du ris, un sou par jour par fantassin, deux sous par cavalier, et demi-paye aux officiers, avec permission à eux, sur le reçu des majors, de faire prendre chez le munitionnaire la quantité de pain bis-blanc qu'ils voudroient pour les subalternes. Il ordonna aussi, que de temps en temps on donneroit de la viande, et dès le lendemain on fit une distribution de quatre vaches par bataillon, en attendant que l'on eût trouvé des expédiens pour leur donner un peu plus d'argent et un peu plus de viande.

Le 17, on continua de travailler, et on fit du bois. Il vint quelques déserteurs qui par-

---

(1) M. de Montéléon.

loient tous du siége et du bombardement de Mantoue. Les ennemis ne changèrent point leur situation, et se montrèrent en différens endroits.

Le 18, il arriva dès le matin quatre déserteurs, qui confirmèrent que les ennemis avoient abondance de viande et de fourrage, mais que le pain leur manquoit depuis sept jours. On fit un très-grand fourrage le long du lac, entre le moulin de la Torette et le village de Soeva. On jeta dans Goito un convoi avec de l'argent, des vivres, du sel et plusieurs autres choses nécessaires. Il entra dans Mantoue douze déserteurs, tant Danois qu'Allemands.

Le 19, on continua de travailler. Il arriva plusieurs déserteurs. Les ennemis ne firent aucun mouvement.

Le 20, les partis ramenèrent quelques prisonniers et quelques chevaux. On entreprit de palissader la demi-lune de la porte de Pradella. On fit des palissades, des gabions et des fascines, et l'on ordonna plusieurs barrières.

Le 21, notre petite armée navale reprit et ramena tous les bateaux qui restoient aux ennemis du côté de Curtatone et de Notre-Dame delle Gratie. On tua quelques Allemands qui voulurent s'y opposer.

Le 22, les ennemis se montrèrent en divers endroits, mais plutôt comme des partis de voleurs que comme des gens de guerre. M. de Tessé envoya la nuit des barques pour prendre le fourrage de la Virgiliana, maison où M. de Mantoue a coutume de tenir un de ses haras, le long du Mincio, et l'on embarqua quatre compagnies de grenadiers. Le feu que les ennemis faisoient d'un petit corps-de-garde qu'ils avoient le long de la rivière, fit si grande peur aux bateliers, que malgré les officiers et les grenadiers, il ne fut pas possible de les faire voguer. Ils se jetèrent à l'eau, et l'épouvante de ces bateliers italiens, sans aucun danger, fut si excessive, que la barque armée ayant tiré un coup de son petit canon sur ce corps-de-garde des ennemis, acheva de les mettre dans un entier désordre ; ainsi ils pensèrent se noyer, et l'officier fut obligé de revenir sans avoir pu mettre pié à terre, ni rien faire de ce qui lui avoit été ordonné.

Le 23, quelques troupes Danoises, cavalerie et infanterie, s'approchèrent du bourg de Saint-George comme pour le reconnoître. On fortifia ce poste de quatre compagnies de grenadiers, et de quelques piquets commandés par le colonel de jour, qui y passa la nuit ; ce qui se fit de même les jours suivans, jusqu'à ce que les épaulemens et les travaux commencés et nécessaires pour la sûreté de ce bourg de Saint-George, fussent achevés.

Le 24, on distribua quelques vaches par bataillon. Il arriva ce jour-là plusieurs déserteurs, parmi lesquels il y avoit quelques Français.

Le 25, jour de Noël, les pluies commencèrent, et outre la bonne fête, l'impossibilité de travailler fit que l'on ne pût rien faire. Il arriva encore quelques déserteurs, et nos partis ramenèrent quelques prisonniers.

Le 26, le mauvais temps continua, et l'eau devint si grosse, qu'elle surpassa la hauteur des travaux et des parapets que l'on avoit faits. Cependant l'on continua de travailler à l'arsenal, à scier des planches et des palissades, à faire des barrières et des chevaux de frise, et à travailler à de la poudre et autres choses.

Le 27, on apprit que M. le prince Eugène avoit passé le Pô, qu'il avoit établi son quartier à Saint-Benedetto, qu'il faisoit fortifier Guastalla, que M. de Commerci avoit établi les Danois dans plusieurs châteaux, hors d'insulte, comme la Garolda Villanipenta et Cerezara; que ses troupes étoient répandues depuis Governolo jusqu'à Ostia, et que les régimens de Corbelli et de Palfi, Staremberg et autres, occupoient les villages le long du Pô, depuis Borgoforte, où étoit leur pont, jusqu'à Governolo. On fit une espèce de cotisation sur tous les gens de condition et bourgeois de Mantoue, pour essayer d'assembler du fourrage, dont on commençoit à manquer.

Le 28, nos partis ramenèrent quelques prisonniers et quelques chevaux. On alla au bois, on coupa des palissades, on continua de travailler aux choses commencées. Il y eut un grand éboulement à la porte de Saint-George, où l'on travailla jour et nuit pour le raccommoder. Il arriva un bas officier Danois avec quelques déserteurs. On eut avis de plusieurs désordres commis par les Danois dans les églises, et des sacriléges commis par les mêmes sur la sainte hostie, et sur des prêtres qui célébroient la messe.

Le 29, M. de Tessé fit la revue de la cavalerie, et M. le duc de Mantoue la vit, et trouva les hommes en bon état. On fit plusieurs réglemens qui la regardoient, et pour l'élargissement de leurs logemens. Pendant que l'on étoit à cheval, on détacha pour partir la nuit, M. le marquis de Leuville avec six compagnies de grenadiers. Il s'embarqua sur la petite flotte, et le tout se trouva à la Virgiliana, où on fit un grand et bon fourrage le long du Mincio, à Pietolo et Governolo. On prit vingt ou vingt-cinq cavaliers ennemis qui fourrageoient de ce côté-là, quelques fantassins et une quinzaine de chevaux. Les ennemis ne se montrèrent en troupes en aucun endroit, et le soir tout rentra sans aucune perte.

Le 30, on continua les travaux commencés. M. de Tessé apprit, par un homme qu'il avoit envoyé à Inspruck, que le régiment des hussards de Colonitz étoit arrivé dans le Tirol, et s'avançoit à grandes journées pour entrer en Italie, et que quatre compagnies nouvelles du régiment de Longueval, avec trois ou quatre cents convalescens, étoient débarqués aux environs de Desensano (1), pour joindre leurs régimens.

Le 31, on fit encore un assez bon fourrage qui ne fut point inquiété, et on conduisit à Goito plusieurs choses que M. de Chartogne souhaitoit. Le soir, le bruit commença à se répandre que la princesse de la Mirandola avoit fait arrêter M. le chevalier de la Chétardie, et qu'elle avoit fait introduire les Allemands dans la place (2). Les travaux commencés continuèrent.

---

(1) Entre le lac de Garda et Castiglione delle Stivere.
(2) Le 24 décembre.

Le 1er janvier 1702 se passa en complimens, en cérémonies de bonnes fêtes. On régla ce qu'on donneroit aux comédiens, afin que tous les officiers entrassent sans payer à la comédie ; le lieu où se donnoit ce spectacle fut assez rempli. Il entra ce jour-là près de vingt déserteurs de toutes nations. Les Français prirent parti, les Allemands furent mis à part, pour être observés et renvoyés quand les chemins seroient plus libres. Le froid sec commença, et les eaux diminuèrent considérablement.

Le 2, on fit du bois, on raccommoda une partie des éboulemens de Saint-George. Un de nos partis, commandé par M. de la Pommelle, vieux lieutenant dans Limosin, prit auprès de Borgoforte trente bœufs de Hongrie, avec quelques munitions, tua huit ou dix hussards, obligea les ennemis d'être toute la nuit sur pié, et rentra sans perte.

Le 3, on fit quantité de palissades. On fit aussi une distribution de quelques bœufs et vaches à l'infanterie, et on continua les travaux ordinaires. Il entra plus de quinze déserteurs.

Le 4, on entreprit d'enlever, par un fourrage général, une grande quantité de foin qui étoit à sept milles de Mantoue, entre Marmirolo et Marengo. M. de Tessé fit partir deux heures avant le jour M. de Saconet, major de Rénepont, avec quatre-vingts maîtres, et à la pointe du jour M. de Zurlauben sortit avec cent chevaux et dix compagnies de grenadiers, pour se trouver au rendez-vous pris avec M. de Saconet. Ce dernier rencontra les ennemis qu'il essaya d'attirer dans l'embuscade de l'infanterie, et ne pouvant en venir à bout, il les chargea, les culbuta, et fut ensuite repoussé au pont de Marmirolo, où s'étant rallié et M. de Zurlauben étant arrivé, qui aux premiers coups avoit laissé son infanterie derrière, et étoit venu au galop, ils rechargèrent les ennemis, qu'ils rompirent, firent douze prisonniers, en tuèrent ou blessèrent plus de quarante, et les poursuivirent l'épée dans les reins jusqu'à Marengo. On commença le fourrage, qui fut très-grand, très-bon, fort tranquille, et de la journée l'on ne revit les ennemis qui se retirèrent en grand désordre. M. de Saconet et M. de Balmont, capitaine réformé dans Clermont, s'y distinguèrent fort. Nous eûmes cinq cavaliers blessés et quelques chevaux.

Le 5, M. le prince Eugène ayant mandé à M. de Tessé, qu'il consentoit à l'échange de M. de Merci avec M. le chevalier de Maulevrier, M. de Tessé renvoya M. de Merci comblé d'honnêtetés qu'il avoit reçues pendant sa prison. Il arriva encore ce jour-là plusieurs déserteurs, et l'on sut que les ennemis faisoient passer le Pô à beaucoup de cavalerie, et que leur pont sur cette rivière n'étoit pas encore fait, mais que l'on y travailloit jour et nuit. On continua les petits travaux ordinaires, et on n'alla ni au bois, ni au fourrage.

Le 6, on fit encore du bois. Il vint quelques déserteurs, et il se répandit le soir un bruit, que M. le duc de Modène avoit introduit les Allemands dans Bersello. Le régiment des hussards de Colonitz arriva ce jour-là à Castel-Mantouano, et ferma aux nôtres la seule porte du commerce qui leur restoit avec Vérone et Venise.

Le 7, le temps fut si horrible et la pluie devint si abondante, qu'on ne put faire le fourrage qu'on avoit projeté, ni jeter dans Goito le canon dont on étoit convenu. Cependant on continua de travailler dans l'arsenal aux choses nécessaires, et qu'on avoit commencées.

Le 8, il vint plusieurs déserteurs, et comme le temps se relâcha et devint meilleur, la cavalerie monta à cheval à l'entrée de la nuit, chaque cavalier ayant un sac en croupe, et l'on jeta dans Goito mille et quelques sacs de farine, six charrettes de froment pour le pain, des officiers, du sel et de l'argent.

Le 9, on fit du bois. Il vint plusieurs déserteurs, et on eut certitude que M. de Modène, malgré la parole qu'il avoit donnée au Roi, et malgré son traité fait avec M. le cardinal d'Étrées, et les paroles réitérées du contraire, qu'il avoit fait donner à M. le maréchal de Villeroi, avoit fait entrer les ennemis dans Bersello.

Le 10, il arriva encore des déserteurs au nombre de douze ou quatorze, qui confirmèrent le peu de régularité qu'avoient les ennemis à donner le pain, et point d'argent depuis plus de six semaines. Ils dirent qu'il en désertoit bien davantage du côté du Polezan et de Ferrare. M. de Tessé permit qu'on les prît dans nos régimens, à la charge qu'on les disperseroit par compagnie.

Le 11, il arriva encore des déserteurs, et M. de Zurlauben entreprit un fourrage de deux hommes par chambrée, à la vue des hussards qui étoient à Dosso (1) et à Spinosa la Garolda. Ces gens-là firent leur manège ordinaire, se montrèrent par-tout, firent battre différentes marches, se fourrèrent dans des fossés

(1) Près de Castiglione-Mantouano.

au milieu de notre fourrage. On en tua trois ou quatre sans en pouvoir prendre aucun. Ils n'entreprirent rien. Le fourrage se fit sans perte, hormis celle de deux mulets qu'un valet conduisit bien au-delà de l'enceinte, et se fit prendre par sa faute.

Le 12, il ne se passa rien de considérable. Il arriva encore des déserteurs, qui crioient tous miséricorde et la faim.

Le 13, le temps continua d'être si affreux, que l'on ne put entreprendre de fourrage. On fit un peu de bois à la porte de Pradella. Les eaux rompirent la digue du moulin de Saint-George, et par conséquent ce quartier redevint ouvert, et il fallut recommencer à travailler jour et nuit pour le mettre hors d'insulte. M. de la Pommelle, partisan, ramena de la guerre douze chevaux danois, quelques prisonniers, et tua dix ou douze hommes. Il arriva ce jour-là seize déserteurs, dont quatre étoient à cheval.

Le 14, il fut encore impossible de faire le fourrage reconnu, à cause du mauvais temps. Il arriva un sergent avec sept déserteurs de la même compagnie. On continua les petits travaux du dedans de l'arsenal, on multiplia les palissades, et notre petite armée navale ramena encore deux barques, que les ennemis avoient sur le lac du côté de Notre-Dame delle Gratie.

Le 15, M. de Tessé fit commander six compagnies de grenadiers et soixante chevaux, commandés par M. de Vauconcourt, avec soixante charrettes pour aller prendre du bois au village de Soeva, dans un domaine appartenant à M. de Mantoue, où il y en avoit de coupé. M. de Vauconcourt trouva cent hussards qui vinrent pour charger sa cavalerie, qui précédoit ses grenadiers de près d'un mille; il fit ce qu'il put pour les attirer, et voyant qu'il n'en pouvoit venir à bout, il les chargea, et les mena trois milles l'épée dans les reins, en ramena trois prisonniers, et en fit tuer quelques-uns. Le bois fut amené tranquillement, et les hussards ne prirent ni ne blessèrent personne; mais ils furent bien battus.

Le 16, on continua de travailler à différentes réparations, et le temps fut si affreux qu'on ne put sortir. Nos partis ramenèrent quelques prisonniers et quelques chevaux.

Le 17, les ennemis parurent au bourg de Saint-George. Nos piquets y coururent; les ennemis se retirèrent, et les nôtres se promenèrent jusqu'après-midi dans ce bourg de Saint-George, sans pouvoir ni attirer les ennemis, ni les joindre.

Le 18, un de nos partis, commandé par un sergent de Morangies, ramena douze prisonniers et quatre chevaux; mais les ennemis, pour resserrer Mantoue de plus près, envoyèrent à Marmirolo, château de plaisance et très-beau de M. de Mantoue, mille hommes de pié et cinq cents chevaux avec des outils pour se retrancher, de sorte que la communication de Goito, de Vérone et de Venise fut interdite aux nôtres, et la difficulté de recevoir des lettres et de l'argent qui étoit arrivé à cette place ou à Vérone, devint plus grande.

Le 19, il ne se passa rien de considérable; les ennemis continuèrent de se retrancher à Marmirolo, et de prendre des précautions pour empêcher la désertion. On poursuivit le travail au bourg de Saint-George, dont l'eau avoit emporté la digue, et par conséquent l'avoit ouvert.

Le 20, on entreprit de faire un fourrage, uniquement pour l'infanterie. M. le marquis de Leuville en fut chargé, et le fit par la porte de Saint-George. Les ennemis parurent avec six troupes, on leur fit six prisonniers, le fourrage fut passable et on ne perdit quoi que ce soit.

Le 21, le temps fut si mauvais, que l'on ne fit pas grand'chose; nos partis ne ramenèrent rien. Un officier français au service de la république (1), conduisit onze déserteurs français qui, profitant de l'amnistie que le Roi leur a accordée, rentrèrent dans les troupes.

Le 22, le partisan de la Pommelle ramena six hussards et huit chevaux : son parti avoit tué quatre hussards, le tout sans aucune perte. On fit du bois pour la citadelle, et on continua de travailler à différentes réparations et à multiplier les palissades.

Le 23, le temps devint si beau, qu'avec toutes les précautions nécessaires, presque toute la garnison sortit pour aller faire du bois. Les ennemis se montrèrent du côté de Montanara. On prit deux cavaliers du régiment de Taff, et il entra tant pour la garnison que pour le peuple, assez de bois ce jour-là. Les ennemis, du côté du lac de Cerèse, voulurent enlever le bac, qui fut secouru, et ils se retirèrent. On distribua quelques bœufs et vaches aux troupes.

Le 24, le beau temps qui continua donna envie de faire encore du bois, à quoi on réussit. Nos troupes se promenèrent tout le jour à plus d'un mille autour de Mantoue ; mais la communication de Goito interdite aussi bien

---

(1) De Venise.

que celle de Vérone, les empêcha de recevoir des lettres de Venise et d'aucun endroit.

Le 25, M. de Tessé, qui savoit que les ennemis faisoient un amas de foin considérable dans le palais du comte Capilouchi, à sept milles de Mantoue, en delà de Notre-Dame delle Gratie, fit embarquer trois compagnies de grenadiers sous le commandement de M. de Boutteville, capitaine de grenadiers de Leuville, lequel aborda au-dessus de Notre-Dame delle Gratie, où les ennemis avoient un poste, et fit brûler le magasin de foin. Comme cela ne se put faire sans que la basse-cour du comte Capilouchi fût brûlée, et que c'est un gentilhomme bien intentionné, M. de Tessé lui envoya faire des excuses, le priant de faire estimer le dommage qu'on pouvoit avoir fait à sa basse-cour. Il le fit assurer en même temps que le Roi y auroit égard, et que ce dommage lui seroit payé.

Le 26, il arriva un lieutenant de hussards avec huit de ses cavaliers. Il dit qu'il avoit bien promis à l'Empereur de le servir, mais que ce n'étoit pas à condition de mourir de faim, et assura que bien d'autres, pressés de la même nécessité, déserteroient.

Le 27, sur ce que la garnison de Goito manquoit d'argent, M. de Tessé fit embarquer la nuit trois compagnies de grenadiers avec sept mille francs, et ayant donné avis à M. de Chartogne de les venir recevoir, le tout fut exécuté. Il arriva dès le matin cinq hussards très-bien faits, qui crioient tous la faim.

Le 28, il arriva dès le matin six déserteurs, dont quatre étoient français. M. le duc de Mantoue fut ravi d'apprendre, par une lettre qu'il reçut de son Envoyé en France, que le Roi lui accordoit la levée d'un régiment d'infanterie, dont S. M. feroit la dépense, et qu'elle l'entretiendroit. Ce prince fut charmé de cette nouvelle. Il ne voulut point disposer du choix du colonel, sans la participation de M. le comte de Tessé. Il jeta les yeux sur M. le marquis de Luzarra, et il affecta avec politesse d'exiger de M. de Tessé, de porter cette agréable nouvelle à ce marquis, et voulut faire paroître que c'étoit plutôt M. le comte de Tessé que lui qui avoit fait ce choix, qui fut applaudi et trouvé très-bon pour le service du Roi.

Le 29, on continua de travailler aux choses commencées, le temps redevint beau ; on divertit les dames, on les régala de plusieurs concerts de musique à la façon du pays, et on leur donna souvent la comédie.

Le 30, on fit un petit fourrage de paille pour

l'infanterie, entre Spinosa la Garolda, où étoient les ennemis et le bourg de Saint-George. M. le marquis de Morangies le commandoit avec quatre compagnies de grenadiers et cent chevaux. Le fourrage fut assez bon, les hussards firent leur petit manège ordinaire, se présentèrent, tiraillèrent et s'enfuirent, et le tout se passa sans aucune perte.

Le 31, il arriva cinq hussards. On continua les travaux de Saint-George, et nos partis revinrent sans perte ni gain.

Le 1er février, on entreprit d'enlever aux ennemis une cinquantaine de chariots de foin auprès de Marmirolo, et pour cet effet M. de Zurlauben avec dix compagnies de grenadiers et quatre cents chevaux, marcha dès le matin le long de l'allée qui va de Mantoue à Marmirolo. Les ennemis, qui y tenoient des postes, furent poussés et contraints de rentrer dans Marmirolo, où l'on les contint jusqu'à ce que les cinquante chariots qui suivoient fussent chargés. M. le marquis de Bouligneux chargea les hussards, et leur prit quatre chariots attelés de quatre bœufs chacun, qui conduisoient du foin. Le tout fut amené à la ville sans aucune perte. M. le comte de Tessé se promena tout le jour avec les officiers aux environs de Marmirolo, et l'on ne vit plus paroître les ennemis.

Ce fourrage fut hardi pour nous et honteux pour eux.

Le 2, il arriva encore trois hussards, on fit l'échange de quelques prisonniers. Le partisan la Pommelle ramena un cavalier et deux chevaux. M. de Tessé donna encore, pour divertir la noblesse, une espèce de fête. Au reste, il ne se passa rien de nouveau ce jour-là.

Le 3, l'on fit du bois à la porte de Pradella; il vint quelques hussards, et M. le marquis Baretti, premier ministre de M. le duc de Mantoue, donna une symphonie le soir, où toutes les chanteuses se trouvèrent.

Le 4 fut une belle journée pour Mantoue : premièrement par l'arrivée de dix hussards et de quelques fantassins; mais ce qui fut plus agréable, c'est qu'ayant découvert qu'en un monastère (1) nommé la Fontana, à demi-mille de Marmirolo, les moines avoient caché beaucoup de foin et de grain, dont les ennemis se croyoient bien assurés, M. le marquis de Leuville fut détaché deux heures avant le jour, avec quatre compagnies de grenadiers et quatre piquets de cinquante hommes chacun, et fut suivi à la pointe du jour de M. de Zurlauben, avec la meilleure partie de la

---

(1) De Camaldules.

cavalerie, et de M. le marquis de Bouligneux, avec mille hommes de pié, deux pièces de canon, et tout ce qu'on avoit pu ramasser de chariots dans la ville. M. de Leuville trouva cent chevaux et douze cents hommes de pié des ennemis qu'il attaqua, à la faveur des chemins qui sont assez coupés. M. de Zurlauben, au bruit de la mousqueterie, arriva avec cent chevaux, ayant donné ordre au reste de le suivre, et dès que sa première troupe fut formée, il marcha aux ennemis qui se retirèrent en diligence dans Marmirolo, où ils demeurèrent tout le jour sans qu'ils osassent en sortir; de manière qu'à leur vue, on enleva près de quatre cents sacs de grain, plus de cent chariots de foin, et presque toute la cavalerie rapporta des ballots. Une chose qui fit plaisir, fut de voir nos hussards qui tenoient l'avant-garde, faire le coup de pistolet et se mêler avec ceux qui étoient leurs camarades deux jours auparavant. On tua huit ou dix des ennemis, on en blessa au moins autant, et notre fourrage arriva dans Mantoue. M. le duc vint à cheval au-devant, et rentra à la tête de la dernière troupe. On remporta tous ces avantages sans avoir eu personne de tué ni de blessé.

Le 5, il ne se passa rien de considérable.

On continua de travailler aux choses non finies, et on commença à entendre parler de l'affaire de Crémone, mais si confusément, et avec des discours et des notions si incertaines, que tout cela ne servit qu'à donner de l'inquiétude (1).

Le 6, l'on fit du bois à la porte de Pradella, et on avança les gardes jusqu'à la portée du mousquet de Curtatone, en sorte que l'on fit encore un fourrage pour l'infanterie seulement. On trouva de la paille assez pour rame-

---

(1) On a vu que l'incapacité du maréchal de Villeroi l'avoit empêché de remplir les espérances que Louis XIV avoit conçues de lui. Il venoit d'être fait prisonnier dans Crémone, son propre quartier-général, où la trahison d'un curé de la ville, nommé Cassoli, gagné par le prince Eugène, avoit introduit la nuit du 31 janvier au 1ᵉʳ février 1702, un corps considérable d'Autrichiens, contre lesquels la garnison française se battit toute la journée et finit par les chasser de Crémone, dont elle resta maîtresse. M. de Villeroi qui ne méritoit pas la confiance des troupes, n'avoit pas même su gagner leur affection; car dès le lendemain de l'action dont on vient de parler, les soldats chantoient dans les rues ce couplet satirique de leur composition :

> Français, rendez grace à Bellone,
> Votre bonheur est sans égal;
> Vous avez conservé Crémone
> Et perdu votre général.

ner les chevaux chargés. M. de Vauconcourt commandoit l'escorte. On chargea les hussards des ennemis qui parurent. Ils se dirent des injures mutuellement, se mêlèrent et ne se firent point de mal. On fit deux prisonniers fantassins du poste de Curtatone, et les nouvelles de la prison de M. le maréchal de Villeroi commencèrent à se divulguer.

Le 7, il arriva seulement deux déserteurs, et l'on sut par eux et par des paysans les circonstances de l'affaire de Crémone.

Le 8, l'on entreprit un fourrage pour emporter ce que les ennemis voyoient si près d'eux, qu'ils ne s'imaginoient pas que l'on osât l'enlever. Pour cela, dès le soir le partisan la Pommelle s'embusqua dans les bois de la Fontana, et à la pointe du jour M. de Zurlauben partit avec toute la cavalerie et quinze cents hommes de pié. M. de Tessé avoit fait avertir M. de Chartogne à Goito, de sortir de son côté, et d'essayer de le joindre, afin de recevoir de l'argent pour sa garnison. Le tout fut exécuté. Les nôtres tinrent tout le jour les ennemis dans Marmirolo. Sur le mouvement que faisoient nos troupes, ils craignoient d'être attaqués, et l'on emmena cent chariots de foin à Mantoue, sans compter deux ballots de foin par cavalier. Les hussards se présentèrent et furent poussés. Dix à-la-fois désertèrent, et vinrent trouver les nôtres. Un moment après, ils retournèrent tirer de bonne grace sur leurs gens qu'ils venoient de quitter. Le partisan la Pommelle ne voulut point rentrer, et retourna s'embusquer.

Le 9, le partisan la Pommelle rentra, et ramena dix prisonniers.

Le 10, on trouva dans Mantoue des souterrains jusqu'alors inconnus, et des canaux qui communiquoient du lac à la ville, pour porter de l'eau dans différentes maisons. On travailla à les boucher et griller, et on redoubla l'attention qu'on avoit, pour empêcher que les projets de trahison, dont les nôtres étoient à tout moment avertis, n'eussent point d'effet.

Le 11, il ne se passa rien de considérable. Il arriva seulement cinq ou six déserteurs.

Le 12 fut remarquable par la quantité de cocardes blanches. Les troupes se mirent en bataille, l'infanterie le-long des murailles, et la cavalerie sur les places. M. le duc de Mantoue prit l'écharpe blanche, et vit les troupes qui le saluèrent. Madame la Duchesse, suivie de la cour, les vit de même; et toute l'après-dînée, jusqu'à l'heure du *Te Deum,* que l'on chanta avec beaucoup de magnificence, fut employée à cette espèce de divertissement. Les dames même affectèrent de porter le ruban blanc à la tête.

Le 13, il arriva quelques hussards, et le partisan la Pommelle en enleva quarante, qu'il attaqua dans une cassine ; il ramena trente-deux chevaux avec seize hussards et tua le reste.

Le 14, M. de Tessé fut averti à minuit par le commandant du moulin de Cérèse, qu'il entendoit un grand bruit, que les ennemis s'étoient saisis des maisons d'en-delà de son poste, qu'ils travailloient à les percer et à s'y fortifier, qu'ils remuoient de la terre, que l'on voyoit quantité de feux, et assez de cavalerie mêlée avec de l'infanterie qui alloit et venoit. Le brouillard étoit fort épais. On avertit avant le jour M. de Tessé, que du côté de la porte de Pradella les ennemis avoient paru, et qu'on entendoit une espèce de marche qui alloit à la Chartreuse. M. de Tessé envoya deux compagnies de grenadiers à Cérèse, avec cinquante chevaux, et dès qu'il fut jour, on chassa les ennemis de tout le bourg de Cérèse, et on trouva les maisons percées, et un travail commencé au travers du chemin, que le feu du moulin de Cérèse avoit fait finir. L'on sut et l'on vit qu'il y avoit derrière ce bourg, douze ou quinze cents hommes de pié et des charrettes remplies d'outils. Cependant la marche du côté de la Chartreuse étoit vraie, et les ennemis travailloient à s'y retrancher. M. le comte de Tessé et M. de Zurlauben coururent au galop à la porte de Pradella, et M. le comte de Clermont fit monter la cavalerie à cheval, et alla joindre M. de Tessé et M. de Zurlauben sur le chemin de la Chartreuse, avec le reste des compagnies de grenadiers. M. de Tessé envoya dire à M. d'Allard, qui commandoit l'artillerie, de préparer six pièces de canon, d'en envoyer deux à Cérèse pour recevoir les ennemis, s'ils y revenoient, et d'en tenir quatre prêtes au premier ordre. Les nôtres s'avancèrent vers la Chartreuse, qui est à trois milles de Mantoue, et ils virent les ennemis en bataille adossés à la Chartreuse, travaillant à se retrancher sur le plateau de cette Chartreuse. Sitôt que notre cavalerie fut arrivée, on la mit en bataille comme on put, malgré les chemins assez coupés, et l'on fit prendre la tête à nos hussards, soutenus de quelques compagnies de grenadiers. On commença une escarmouche qui fit perdre un peu de terrein aux ennemis, et M. de Tessé envoya dire à M. d'Allard d'amener quatre pièces de canon. Il avoit déjà envoyé à la barque armée ordre de s'avancer pour les canonner par eau. Les quatre pièces arrivèrent, et l'on commença de les saluer à la demi-portée; dès la première salve on les vit pirouetter. Le travail cessa; ils s'épaulèrent de leurs retranchemens, et on les canonna tout le reste du jour, avec un grand plaisir de les voir incommodés et changer de situation. La barque tiroit aussi de son petit canon. Les ennemis disparurent du côté de Cérèse, et reprirent le chemin de Borgoforte. La nuit arriva et nos gens rentrèrent dans Mantoue.

Le 15, on sut que les ennemis avoient quitté la Chartreuse et abandonné leurs travaux, et qu'ils avoient passé la nuit en delà de Curtatone. M. de Tessé envoya cinquante chevaux avec quelques hussards fouiller la Chartreuse, où l'on ne trouva rien : les ennemis s'étoient retirés dans leurs quartiers.

Le 16, on eut la confirmation qu'ils avoient achevé un second pont à Borgoforte, qu'ils retiroient une partie des troupes qu'ils avoient à Ostia Rovero et dans le bas Pô; qu'ils fortifioient leurs postes du bas de l'Oglio, et qu'ils avoient augmenté de quelques détachemens ceux qu'ils avoient auprès de Mantoue.

Le 17, cinq déserteurs arrivèrent, et confirmèrent diverses marches des ennemis. M. de Tessé fit mettre à l'eau la seconde barque armée, pour faire la guerre sur le lac; et comme il fut informé que les ennemis enlevoient quelque paille entre Borgoforte et Cérèse, il y envoya le piquet de cinquante chevaux qui joignit les ennemis, leur fit quitter les chariots de paille qu'ils emmenoient, et les ramena avec vingt-quatre bons bœufs et un cavalier.

Le 18 ne fut pas un jour indifférent pour Mantoue. Les nôtres ayant depuis quelques jours formé le dessein d'enlever le poste de Pontemerlano, M. de Zurlauben étoit sorti à minuit avec une partie de la cavalerie, dix compagnies de grenadiers commandés par M. le marquis de Leuville, et quatre cents hommes de pié, par M. le chevalier de Sourches. La faute d'un guide qui égara M. de Leuville, fit manquer d'enlever tout le poste; mais on ne laissa pas de tuer aux ennemis cent cinquante cavaliers, et de ramener six-vingts chevaux et cent prisonniers. Le quartier fut pillé, et nous n'eûmes qu'un grenadier tué et cinq de blessés. Les nôtres apprirent ce jour-là avec joie, le choix que le Roi avoit fait de M. le duc de Vendôme, pour commander son armée d'Italie (1).

---

(1) Le pouvoir du duc de Vendôme fut daté du 15 février. Arrivé le 18 à Milan, il écrivit le 21 au comte de

Le 19, les nôtres allèrent visiter la Chartreuse, et y trouvèrent un beau retranchement, que les ennemis y avoient fait la veille, achevé et perfectionné. Il étoit de plus de quatre cents toises, le tout d'un fascinage bien disposé. Ce travail joignoit de grandes murailles du jardin de la Chartreuse, que les ennemis avoient percées; ils avoient mis des échafaudages derrière, et avoient fait un petit fortin sur une hauteur qui domine la Chartreuse. M. de Tessé envoya chercher trois cents travailleurs et les maçons de la ville: ils rasèrent tout ce travail, et abattirent tout le tour des murailles de cette Chartreuse.

Le 20, le temps fut horrible. On ne fit rien qu'un peu de bois, et il arriva six déserteurs.

Le 21, on jeta dans Goito quatre cents sacs de farine, du sel, de l'argent, dix bœufs et trois cents paires de souliers. Il falloit pour y aller, passer dans Marmirolo que les ennemis occupoient, ou raccommoder les ponts du chemin de Soeva, que les ennemis avoient

---

Tessé, de l'informer au juste du temps qu'il pouvoit encore résister dans Mantoue, sans y trop souffrir, afin d'épargner des démarches inutiles à l'armée, pour aller dégager cette place avant que la nécessité l'exigeât absolument. M. de Tessé répondit de manière à tranquilliser sur sa situation.

rompus et embarrassés d'arbres : il n'y avoit
que ce dernier parti. Chaque cavalier portoit
un sac de farine. M. de Tessé accompagna
M. de Zurlauben, qui voulut conduire ce convoi jusqu'au pont de Soeva, que l'on fit raccommoder; on fit aussi rompre les arbres qui
l'embarrassoient. Nos hussards fouilloient le
pays, et tenoient l'avant-garde à plus de deux
milles en avant : ils découvrirent deux cents
hussards des ennemis entre Goito et Marmirolo, et vinrent avertir M. de Zurlauben sans
se découvrir. Il prit une troupe de cinquante
maîtres qui n'étoient point chargés de farine,
et marcha où nos hussards avoient découvert
les ennemis qui venoient fourrager dans des
cassines assez près de Goito. Les ennemis découvrirent les nôtres, et se mirent en bataille,
ne faisant qu'un gros de près de deux cents
qui étoient éparpillés. M. de Zurlauben ne
les marchanda point : il les chargea, ils plièrent, et il ordonna à une troupe d'Anglais de
les couper à un pont par lequel ils se retiroient. Les Anglais, ou ne l'entendirent point,
ou ne voulurent pas charger; ce mal-entendu
fit qu'on ne les prit pas tous : on en tua plusieurs, et on en ramena vingt-cinq. Le convoi
se fit tranquillement, et la garnison de Goito
enleva pour elle le fourrage que les ennemis

venoient prendre. Nos hussards demandèrent un parti de quinze des leurs seuls, commandés par un d'entr'eux : M. de Tessé leur donna un passe-port, pour aller à la guerre sur leur bonne foi. On ne sait où ils passèrent le Mincio, mais ils le passèrent, tuèrent seize Allemands, et ramenèrent à Goito, où ils rentrèrent, dix bons bœufs, et retournèrent à la guerre.

Le 22, il n'y eut rien de remarquable. Il vint deux déserteurs. Les ennemis envoyèrent trompettes sur trompettes pour ravoir leurs prisonniers. Il leur fut répondu, qu'alors qu'ils auroient rendu à M. de Tessé ceux qu'ils lui avoient promis, et qu'ils différoient depuis si long-temps à rendre, on écouteroit leurs propositions.

Le 23, on alla prendre douze chariots de paille vers la Favorite. Les ennemis vinrent fourrager la Virgiliana, et nos hussards revenus de Goito, avoient encore ramené deux bœufs et cinq vaches : ils avoient chargé leurs anciens camarades hussards, dont ils tuèrent quatre, les mirent en fuite, et firent deux prisonniers.

Le 24, le partisan la Pommelle rentra, ramenant quelques prisonniers et deux chevaux. L'on envoya prendre neuf charrettes de paille sur le chemin de Castel-Mantouano, et M. de Lartigue ramena trois bœufs qu'il prit aux ennemis qui fourrageoient du même côté.

Le 25, la disette de fourrage obligea les nôtres d'en entreprendre un, qui se fit et réussit entre le Dosso et Spinosa la Garolda, et enfin presque au milieu des quartiers des ennemis, qui eurent différentes alarmes ; ceux qui se montrèrent furent poussés, et le fourrage se fit tranquillement.

Le 26, M. de Zurlauben, qui en faisant le fourrage de la veille, en avoit remarqué un si près des quartiers des ennemis, qu'ils le croyoient en sûreté pour eux, il l'entreprit et le fit. Nos hussards, qui tenoient l'avant-garde, chargèrent de bonne grace deux troupes des ennemis qu'ils mirent en fuite, et notre second fourrage se fit encore avec beaucoup de tranquillité. Comme c'étoit ce jour-là le Dimanche-Gras, il y eut le soir plusieurs fêtes dans la ville, mais on eut la précaution de ne souffrir aucuns masques, qui furent sévèrement défendus.

Le 27, il arriva six déserteurs. M. le duc de Mantoue invita M. le comte de Tessé pour le lendemain Mardi-Gras, à un grand régal, où la santé du Roi fut bue avec tout ce qu'il y avoit à Mantoue d'officiers-généraux, de colonels, de commandans de bataillons et de majors. M. de Tessé les nomma, et il s'en trouva quarante-quatre, en y joignant MM. les Envoyés de France et d'Espagne, et les officiers principaux de la maison du Prince, de sorte que l'on compta jusqu'à soixante-quatre personnes à la même table.

Le 28, dès le matin, le partisan la Pommelle qui étoit sorti la nuit précédente, ramena vingt-huit bœufs et un cheval, pris au milieu des quartiers des ennemis, dans la maison du comte Turcki de Vérone, très-attaché à l'Empereur, et qui avoit pris une sauve-garde des ennemis. M. de Tessé renvoya la sauve-garde, mais les vingt-huit bœufs dont on avoit besoin furent reçus très-agréablement.

A l'heure du dîner, les officiers principaux se trouvèrent dans la galerie de M. le duc de Mantoue. La table étoit de soixante-dix couverts, sans distinction aucune, ni de chaises, ni de couverts. Chacun se plaça sans cérémonie, et la table fut servie de quatre-vingt-sept plats à chaque service, avec tout l'ordre et l'apprêt possible, sans confusion et avec autant d'abondance et de magnificence, que si l'on n'avoit point été dans une ville bloquée. M. de Tessé étoit à la droite de M. le duc de Mantoue. Le repas fut gai, et ne fut point excessivement long. On y but les santés de leurs Majestés très-Chrétienne et Catholique, et de l'union des deux couronnes, et à M. le duc et à madame la duchesse de Mantoue. Après le repas, qui fut de quatre services et demi-heure de conversation, le Prince sortit, et chacun se retira. Il vint six déserteurs, et le carnaval finit par la comédie ordinaire et par quelques soupers et danses, avec les précautions convenables pour empêcher le désordre.

Le 1er mars, on fit du bois au moins pour huit jours à la porte de Pradella, M. le marquis de Leuville commandant l'escorte. Il vint quatre déserteurs.

Le 2, le partisan la Pommelle rentra à la pointe du jour, avec douze prisonniers et vingt bœufs pris sur les ennemis, et comme on avoit fait reconnoître un fourrage, M. de Zurlauben prit la cavalerie comme pour aller à la guerre sans nuls fourrageurs; mais avec ordre aux cavaliers de porter des cordes et de mener quelques valets pareillement avec des cordes. Il se porta sur le lieu du fourrage. On trouva les ennemis en trois endroits; on fit vingt-sept prisonniers, et on ramena beaucoup de fourrage.

Le 3, M. de Zurlauben reprit toute la cavalerie avec dix compagnies de grenadiers. On fit repartir deux heures avant le jour le partisan la Pommelle, qui s'embusqua proche de Spinosa que les ennemis occupoient; de sorte que seize hussards que M. de Zurlauben poussa, voulant rentrer à Spinosa, tombèrent dans l'embuscade de la Pommelle, et furent tous pris avec cinq bœufs. L'on fit un très-grand fourrage tranquillement à la demi-portée du fusil de Spinosa, que l'on tint bloqué jusqu'à la fin du fourrage qui fut abondant. Les ennemis voulurent assembler leurs quartiers, et trouvèrent par-tout des obstacles. Le tout rentra sans perte, que de deux valets qui s'écartèrent. Nos hussards se comportèrent vaillamment, chargèrent leurs anciens camarades de bonne grace, et en tuèrent quatre qu'ils dépouillèrent.

Le 4, les ennemis se montrèrent à la porte de Saint-George, et voulurent enlever des bûcherons qui faisoient du bois pour l'hôpital, et se rendre maîtres des chariots à bœufs qui le conduisoient. Ils étoient venus avec quatre troupes de cavalerie soutenues de quelques grenadiers, et nos bûcherons étoient soutenus d'un piquet du régiment de Gatinois. Nos hussards de la ville coururent au bruit des coups de fusil, et chargèrent de bonne grace les ennemis. M. de la Bretonnière, colonel de cavalerie qui commandoit le bordage, et qui étoit de piquet, y courut. Les ennemis, qui ne prirent rien, furent poussés, et on les reconduisit à quatre milles de Mantoue.

Le 5, le partisan la Pommelle rentra dès le matin, et ramena huit bœufs et cinq vaches, qu'il prit dans une maison de Marmirolo, où il donna une grande alarme, et obligea les ennemis d'être toute la nuit sur pié. Il vint quatre déserteurs Danois, et six trompettes de différens endroits, pour demander des prisonniers. On leur répondit, que M. de Tessé n'en rendroit aucun que les siens ne fussent rentrés dans Mantoue.

Le 6, il fit un temps si affreux, que l'on ne fit rien du tout. Six déserteurs Allemands arrivèrent de Marmirolo.

Le 7, le temps continua d'être horrible. Il arriva huit déserteurs.

Le 8, le partisan la Pommelle rentra cette fois sans avoir rien fait à cause du mauvais temps. Il vint six déserteurs.

Le 9, le temps devint un peu plus beau, et l'on enleva douze charretées de foin dans une cassine assez près d'un des quartiers des ennemis, mais l'on ne put faire de bois. Il vint quatre déserteurs.

Le 10, sur ce que quelques espions et nos

partis avoient découvert, qu'il y avoit une cassine pleine de fourrage à la porte de Marmirolo, mais si près, qu'elle étoit à la demi-portée du fusil, et que cependant sa situation dominoit un peu sur les retranchemens de Marmirolo, M. de Zurlauben prit la cavalerie, et ayant fait occuper dès le matin cette cassine par des grenadiers, se mit en bataille à côté. On obligea les ennemis à se tenir dans leurs retranchemens, et pour ainsi dire à leur barbe, on enleva tout le foin qui se trouva assez abondant. On en trouva encore en un autre endroit, et plus de la moitié des cavaliers revinrent chargés de ballots. Il arriva six déserteurs.

Le 11, dès le matin, M. de Tessé eut nouvelle par une lettre de M. Chartogne, que les vingt hussards qu'il lui avoit envoyés, avoient amené à Goito six-vingts moutons appartenant à un commissaire de l'Empereur, et pris deux cuirassiers. On fit du bois à la porte de Pradella. M. de Mirabeau commandoit l'escorte. Il vint cinq déserteurs.

Le 12, nos vingt hussards envoyés à Goito rentrèrent à Mantoue, ayant encore fait une capture de six ou sept bœufs et de quatre cuirassiers. Le partisan la Pommelle rentra pareillement, ayant enlevé un gentilhomme

Mantouan, qui conduisoit les partis des ennemis, et qui fut pris dans sa maison. Ce même partisan ramena encore huit bœufs. Les ennemis brûlèrent la nuit une vingtaine de cassines. Le même parti enleva une quinzaine de paysans qui portoient des vivres à Mantoue, et un de nos hommes chargé de mille écus, qu'on faisoit passer à Mantoue pour le compte du Roi, se sauva seul. Il entra et apporta plusieurs lettres.

Le 13, sur la nouvelle qu'on eut à Mantoue, que la garnison de Marmirolo devoit être relevée, M. de Zurlauben sortit le matin avec six cents chevaux et douze compagnies de grenadiers (1), avec intention de tomber sur les ennemis; il sut en chemin que, pour éviter les partis de la garnison de Mantoue, ils avoient pris dès la nuit leur marche en-delà de tous les quartiers qui formoient le blocus. Cependant nos hussards, qui pénétrèrent derrière leur marche, tombèrent sur leur arrière-garde, firent quarante prisonniers, et prirent la meilleure partie des équipages des officiers (2). Cet heureux commencement engagea

(1) Commandées par le marquis de Morangies.

(2) On trouva sur des chariots de l'argent destiné à payer la garnison. Le tout fut pris et pillé, et ramené avec d'autre butin.

M. de Zurlauben de s'avancer vers Castel-Mantouano, et ayant fait sommer le poste del Dosso, qu'il fit investir, l'officier allemand qui y étoit avec cinquante grenadiers et quelques paysans, lui répondit à coups de fusil. Ce poste étoit entouré d'un profond fossé, dans lequel il y avoit au moins cinq piés d'eau. M. le marquis de Morangies d'un côté, M. le marquis de Leuville de l'autre, et M. de Zurlauben d'un autre, firent attaquer le château, dont les grenadiers et officiers traversèrent le fossé, emportèrent la première enceinte, et obligèrent la garnison de se retirer dans le donjon. M. de Zurlauben les fit sommer: ils répondirent encore à coups de fusil. On trouva moyen d'y mettre le feu, et ce fut un spectacle horrible de voir ces pauvres malheureux qui, par leur obstination, s'étoient ôté les moyens de sortir, se jeter par les fenêtres, criant miséricorde; on leur jeta des cordes pour les aider à descendre, il y en eut qui ne purent se sauver, et plusieurs furent brûlés, femmes, enfans, soldats et paysans. Enfin ce poste fut emporté, pillé et brûlé. On eut toutes les peines du monde à retirer le commandant qui avoit le ventre fort gros, et qui s'étoit fourré dans un égout : il brûloit d'un côté, et ne pouvoit sortir de l'autre. Pendant ce temps-là, les quartiers des ennemis de Marmirolo, Pestinara, Castel-Mantouano et Ponte-Merlano, voulurent s'assembler. M. le comte de Clermont marcha d'un côté, et les mit en fuite. M. de Zurlauben fit la même chose de l'autre côté, aussi bien que MM. de Vienne et de la Bretonnière. On ramena à Mantoue quatre-vingt-sept prisonniers. Cette affaire vive et hardie fut complète. M. le marquis de Morangies, qui commandoit l'infanterie, eut le pié percé. Le lieutenant des grenadiers de Limosin y fut tué, et nous eûmes cinq grenadiers tués et vingt blessés (1).

Le 14, le partisan la Pommelle, qui étoit sorti la nuit, ramena neuf prisonniers, et il vint sept déserteurs.

Le 15, le même partisan la Pommelle, retourné à la guerre, rentra : ayant trouvé un parti de treize hussards et un officier, il ramena ou tua le parti tout entier. M. le duc de Mantoue le régala d'une chaîne d'or avec sa médaille, d'environ trente louis. Ce partisan a soixante-douze ans passés.

(1) Les marquis de Bouligneux et de Leuville, le comte de Montsoreau, M. de Mirabeau, le chevalier de Sourches et le marquis de Tessé, fils du général, étoient allés comme volontaires à cette expédition à l'insu du comte de Tessé, qui leur en fit une réprimande.

Le 16, on fit un demi-fourrage de paille entre Bescoldo et Borgoforte. Nos hussards prirent quatre cavaliers de Taff et six grenadiers du régiment de Cristbaum ; et d'un autre côté, M. de la Pommelle, que nos barques armées avoient mis à terre au-dessus de Notre-Dame delle Gratie, prit dans Castelluccio vingt-huit chevaux, fit seize prisonniers, se retira à Goito, et rentra à Mantoue avec sa proie.

Le 17, il ne se passa rien de considérable. On régla la subsistance de la cavalerie pour le mois suivant, à cinq petites livres de foin et de paille par jour, une ration de pain, des fèves et un peu d'avoine et de grain. Il arriva cinq déserteurs.

Le 18, l'on retourna faire un plus que demi-fourrage à Saint-Silvestre, entre les postes de Bescoldo et de Montanara, que les ennemis occupoient. Nos hussards firent neuf prisonniers. Les ennemis se montrèrent à la Montanara et furent poussés. Du reste, notre fourrage se fit fort tranquillement.

Le 19, M. de Zurlauben sortit avant minuit avec mille hommes de pié, presque tous grenadiers ou gens choisis, six cents chevaux et trois pièces de canon, pour exécuter le projet qu'on avoit fait d'enlever le poste de Castel-Mantouano, où il y avoit cinq cents hussards du régiment d'Erbigni. Notre avant-garde trouva une garde des ennemis au pont de Sainte-Lucie, c'est-à-dire à plus d'un mille en-deçà de Castel-Mantouano. Ceux qui composoient cette garde à cheval, se retirèrent à toute bride à leur quartier, firent une grande décharge, y portèrent l'alarme, et firent rompre un petit pont à l'entrée de leur quartier. Nos hussards les suivirent, et arrivèrent au petit pont qu'il fallut raccommoder. Cela donna le temps au quartier de s'éveiller et de monter à cheval, la plupart sans selles, sans brides et sans bottes. Ils prirent seulement leurs étendards et leurs timbales, abandonnèrent le quartier et se sauvèrent en un grand désordre. M. de Zurlauben qui les suivoit l'épée dans les reins, n'ayant pu les joindre, fit piller ce quartier où l'on mit le feu. Tout l'équipage des officiers, même du colonel, fut pris. On trouva sur sa table ses lettres, sa commission de colonel et ses hardes : son lit fut pris aussi.

Le 20, tout le monde se reposa, et l'on ne fit rien. Il arriva onze déserteurs, et les ennemis renvoyèrent enfin à M. le comte de Tessé près de cinquante prisonniers de l'armée, qu'il reçut en échange d'un pareil nombre ; mais parce que M. le prince Eugène lui manda, que les siens étoient à Vienne, et qu'il ne pouvoit les lui renvoyer, parce que l'Empereur avoit voulu qu'ils fissent le voyage, M. de Tessé lui répondit, qu'il n'en renverroit aucun des trois cents qui lui restoient, que lorsqu'il leur auroit fait faire à son tour le voyage de Paris, et que cet entre-temps lui donneroit le loisir de faire revenir les siens.

Le 21, il arriva cinq déserteurs.

Le 22, sur les nouvelles qu'on eut à la pointe du jour, que M. de la Pommelle, qui étoit sorti la nuit avec cent hommes, avoit trouvé les ennemis en-delà de Saint-Antoine, et qu'il avoit de la peine à se retirer, M. le comte de Tessé envoya à porte ouvrante le piquet de soixante chevaux, avec la compagnie des grenadiers de Bugei à son secours, et l'on sut par le même M. de la Pommelle, que M. de Tessé joignit le moment d'après à Saint-Antoine, qu'il avoit vu et entendu toute la nuit les ennemis en grand nombre entre Sainte-Madeleine et le ruisseau de Lagnel (1); qu'il jugeoit par les feux de la nuit, qu'ils pouvoient être près de trois mille hommes cavalerie et infanterie. M. le comte de Tessé envoya dire à M. le comte de Clermont qui étoit de jour, de le faire suivre par deux cents chevaux et par toutes les compagnies des grenadiers, et

---

(1) Sur la route de Mantoue à Castiglione-Mantouano.

ANNÉE 1702.

de faire tenir prête toute la cavalerie. Le sieur de la Pommelle et notre piquet étoient à une portée de mousquet des ennemis, que l'on vit en très grand nombre tout le long du chemin qui va à Castel-Mantouano; il étoit rempli de cavalerie, et l'infanterie occupoit les cassines à droite et à gauche (1). M. de Zurlauben,

---

(1) Le marquis de Quinci, dans son *Histoire militaire du règne de Louis-le-Grand*, tome III, pages 633 et 634, donne une relation de cette action, différente à quelques égards de celle qu'on va lire; c'est pourquoi on en joint ici les principaux détails.

« M. le comte de Tessé ayant reconnu les ennemis, donna ordre de faire marcher ce qui restoit des dix compagnies de grenadiers et toute la cavalerie, et à M. d'Allard qui commandoit l'artillerie dans la place, d'amener quatre pièces de canon; ce qui fut exécuté. Les grenadiers, toute la cavalerie et les quatre pièces de canon étant arrivés, et la disposition faite par la droite et la gauche du grand chemin, moyennant des communications qu'on pratiqua, et l'artillerie étant à la tête de la cavalerie, n'eut pas plutôt tiré deux coups de canon, que la compagnie de grenadiers espagnols avec le détachement de M. de la Pommelle, attaquèrent et chassèrent deux ou trois cents hommes des ennemis qui s'étoient glissés dans un fossé. Cette charge et le canon firent reculer la tête de leurs troupes plus de cent pas. Le comte de Tessé toujours attentif à profiter de leurs moindres mouvemens, fit avancer ses forces sur eux de plus près, aussi bien que les quatre pièces de canon; ce qui donna lieu à un gros feu de mous-

qui joignit M. le comte de Tessé, lui proposa de faire venir deux pièces de canon que M. de

---

queterie et d'artillerie, dans lequel on usa les munitions qui n'étoient pas considérables. Le feu paroissant s'opiniâtrer, et étant même supérieur de la part des ennemis, par plus de deux mille hommes d'infanterie dont ce corps étoit composé, M. de Tessé envoya chercher les piquets de chaque bataillon, et donna ordre à M. de Zurlauben de prendre trois cents chevaux commandés par M. de Vienne, et deux cents hommes d'infanterie qui arrivoient de Saint-George, commandés par M. de Saint-Etienne, et de marcher par sa droite, pour tâcher de prendre en flanc la gauche des ennemis. Il envoya aussi M. de la Bretonnière avec deux cents chevaux et un piquet du régiment de Bugei par la gauche, entre le poste de Marmirolo et le chemin de Vérone, pour faire la même chose. Ces troupes n'arrivèrent pas sans grande difficulté, à cause d'une infinité de fossés dont la plaine étoit coupée. Pendant ce temps, le feu de l'infanterie continua toujours, nos grenadiers gagnant du terrain sur les ennemis..... La cavalerie ennemie voyant approcher des troupes pour la prendre en flanc, se retira en désordre, et abandonna plus de six cents hommes qui occupoient les cassines et qui furent tous taillés en pièces ou faits prisonniers. Cette action coûta aux ennemis plus de huit cents hommes..... Le comté de Tessé y reçut trois contusions, le comte de Clermont fut blessé à la jambe, et en mourut; le marquis de Tessé fut blessé à la hanche; M. de Lessart reçut une contusion; M. de Cauvel, major, fut blessé à mort, et quinze autres officiers tant capitaines que subalternes. Il n'y eut que quatre officiers tués ».

Tessé envoya chercher à toute bride. Nos hussards arrivés, qu'il fit marcher avant lui, ramenèrent un prisonnier, par lequel il sut que c'étoit le général Trautmansdorff, avec un très-gros détachement de tous les quartiers (1), et il y avoit de l'apparence que tout cela étoit en vue de tomber sur un fourrage, que M. de Tessé avoit envoyé reconnoître quelques jours auparavant, et qu'ils croyoient, sur un faux avis, que les nôtres feroient ce jour-là. On attacha quelques escarmouches pour les amuser, et pendant ces escarmouches, notre canon, qu'ils ne pouvoient voir par la quantité de troupes qui étoient enfournées dans le chemin, arriva et fut placé derrière la première troupe de nos hussards qui avoient l'avant-garde. Ces mêmes hussards s'élargirent dès que le canon fut disposé, et on les salua de deux pièces, dont les premiers coups mirent quelque inquiétude parmi eux et ensuite beaucoup de désordre. Nos grenadiers, à droite et à gauche du grand chemin, gagnoient du terrein, et chassèrent les ennemis des cassines qu'ils occupoient. On poussa notre canon en avant, à la tête du terrein que nous avions

---

(1) On apprécia ces troupes à environ quatre mille hommes.

gagné, et toujours des coups de canon au milieu de leurs escadrons, qui se retirèrent enfin au-delà du ruisseau de Lagnel; faisant faire leur arrière-garde par un très-gros corps d'infanterie, et toujours encore des coups de canon jusqu'à ce ruisseau et pont de Lagnel. M. le comte de Zurlauben, qui avoit pris trois cents chevaux avec intention de les couper, par le chemin qu'ils devoient prendre pour leur retraite vers Spinosa et Governolo, les obligea de se porter tout-à-fait en arrière de tous leurs quartiers pour leur retraite, et M. de la Bretonnière sur la gauche, avec cent cinquante chevaux qui les côtoyoient, leur empêchoit la retraite du côté de Marmirolo. Le combat finit au pont de Lagnel passé, n'étant plus possible de les suivre. On trouva sur le champ de bataille plus de trente hommes tués de coups de canon, et plusieurs chevaux. Nos grenadiers tuèrent dans les fossés et dans les cassines plus de cent hommes, qu'on trouva pareillement morts. On ramena plus de quatre-vingts prisonniers, la plupart blessés, avec un capitaine de grenadiers Danois, et quelques subalternes. Nous eûmes cinq ou six grenadiers de tués, un lieutenant de cavalerie de Clermont, tué, et quarante-six hommes blessés, avec quinze chevaux. M. le comte de Clermont, maréchal de camp, reçut un coup de mousquet à la jambe, dont la balle s'arrêta à l'os. M. Olivier, major de Beauce, fut dangereusement blessé, M. Pergade, major de Bugei, blessé. M. Royer, lieutenant dans Bragelonne, reçut un coup qui sauva M. le comte de Tessé, et dont il reçut une contusion à l'épaule (1). M. le marquis de Tessé reçut un coup dans le bas-ventre, qui ne lui ôtoit que la peau. Le major des Espagnols reçut une grande contusion. M. Soulier, capitaine dans Limosin, fut aussi dangereusement blessé. M. le marquis de Bouligneux, maréchal-de-camp, MM. de Leuville, de Mirabeau, de Montsoreau, et M. le chevalier de Sourches, furent presque toujours à la tête des grenadiers, et M. de Tessé reçut un coup au poignet droit, précisément à la jointure, qui lui ayant percé le juste-au-corps et le gant, ne lui fit qu'une grosse contusion sur l'os, dont il emporta la peau. Plusieurs officiers eurent leurs chevaux tués ou blessés sous eux. Il est certain que les ennemis y perdirent plus de huit cents hommes, tant tués que blessés ou prisonniers.

Le 23, il arriva quelques déserteurs, et comme l'on sut que les ennemis étoient venus

---

(1) Il fut aussi blessé légèrement au poignet.

la nuit pour enterrer leurs morts, et que dès le matin ils s'en étoient retournés, après en avoir emporté ou enterré une centaine. M. le duc de Mantoue desira que l'on envoyât les gens de la santé, non-seulement pour voir si ceux qu'ils avoient enterrés l'étoient assez bien, pour ne donner pas sujet de craindre que l'air dans la suite n'en fût infecté; mais encore pour achever d'enterrer ceux qui restoient. Ces gens de la santé avec un tambour et un passeport, en firent encore enterrer plusieurs.

« Le 24, il arriva sept trompettes ou tambours des ennemis, pour répéter ou savoir des nouvelles des leurs. On sut par eux et par divers espions, que leur perte avoit été plus grande que la nôtre, et que nous ne l'avions cru d'abord; que du seul régiment de Corbelli il y avoit eu douze officiers de tués; qu'il étoit mort un colonel Danois de ses blessures; qu'il avoit passé à Castel-Mantouano plus de vingt chariots chargés de blessés, et que la perte avoit été du moins de cinq cents hommes. M. le général Palfi manda à M. de Tessé, qu'il avoit reçu ordre de M. le prince Eugène de lui faire savoir, que c'étoit de la part de l'Empereur qu'il avoit envoyé nos prisonniers en Autriche, qu'ainsi il ne pouvoit lui renvoyer ceux qu'il lui demandoit, et qu'en attendant il le prioit de lui renvoyer les siens ; à quoi M. de Tessé répondit, que puisque l'Empereur s'étoit donné la satisfaction de voir quelques prisonniers français, il le prioit de ne pas trouver mauvais qu'il ne lui renvoyât les siens, qu'après qu'il leur auroit fait faire le voyage de Paris. Il vint ce jour-là quatre déserteurs.

Le 25, quoique les ennemis eussent renforcé le poste de Marmirolo, M. de Tessé fit jeter un grand convoi à Goito. Chaque cavalier portoit un sac de grain ou de farine derrière soi, et les ennemis ne se présentèrent, que pour y perdre deux cavaliers et trois chevaux que l'on prit.

Le 26, il arriva trois déserteurs, dont deux étoient à cheval : le comte de Trautmansdorff écrivit à M. le comte de Tessé, et lui manda que M. le prince Eugène consentoit de lui rendre les officiers prisonniers des nôtres, moyennant six cavaliers et soldats des leurs pour un capitaine, quatre pour un lieutenant; et il y consentit.

Le 27, le partisan la Pommelle sortit la nuit, rentra et ramena six prisonniers. Il arriva trois déserteurs.

Le 28, M. de Chartogne ayant mandé à M. de Tessé, qu'il lui manquoit du grain pour les officiers, et du sel que le dernier convoi avoit oublié, ou qu'il n'avoit pu porter, M. de Tessé détacha M. Courck, colonel irlandais, avec cent grenadiers, quatre-vingts chevaux et cinquante hussards. M. de Chartogne envoya trois compagnies au-devant, et le tout lui arriva. M. Courck ne trouva aucun des ennemis. Sur le soir, M. le comte de Clermont, dont la plaie étoit belle le matin, envoya chercher en diligence M. de Tessé, et dans quatre heures la gangrène se porta si subitement, qu'il fallut lui couper la jambe au-dessus du genou : il souffrit cette opération avec une fermeté surprenante. Il arriva ce jour-là trois déserteurs.

Le 29, le partisan la Pommelle rentra sans avoir rien trouvé. Il arriva deux déserteurs.

Le 30, il arriva encore deux déserteurs, et l'on sut que la meilleure partie du canon des ennemis, qui étoit à Castiglione delle Stivere, à Castelgiufre et à Ustiano, avoit descendu à Borgoforte, qu'une partie avoit été mise dans l'île du Pô, qui fait presque le milieu de leur pont, et que le reste avoit été embarqué pour descendre cette rivière vers la Mirandola ou Modène. Ce même jour M. le comte de Clermont mourut avec une fermeté véritablement chrétienne et militaire. Il pria

M. de Tessé une demi-heure avant sa mort, de prier le Roi d'avoir soin de son fils. Sa perte donne occasion de rapporter ici deux choses, l'une qu'ayant eu deux jours auparavant la jambe coupée, lorsque le chirurgien fit dans son antichambre une incision à sa jambe coupée, pour faire voir aux autres chirurgiens le fond de la plaie, M. le comte de Clermont souffrit dans son lit beaucoup de douleur de l'incision de la jambe qu'il n'avoit plus; l'autre que la marquise Ardizzoni ayant su par les médecins, qu'il y avoit dans le sang du malade une malignité pour ainsi dire vénéneuse, comme en effet tout son corps se trouva couvert de pourpre, cette marquise Ardizzoni apporta une pierre qu'elle dit avoir eue de la reine de Suède, dont on vit l'effet qui suit. On tira une goutte de sang comme d'une piqûre d'épingle, du creux de l'estomac de ce comte. On approcha la pierre du sang, et dans le moment elle s'attacha violemment, comme on voit l'aimant attirer le fer, à l'endroit d'où l'on avoit fait sortir le sang, et elle y demeura de manière qu'on auroit eu de la peine à l'en arracher. On laisse cette pierre jusqu'à ce qu'elle tombe d'elle-même, et quand elle est tombée, on la met dans du lait, on l'y laisse un temps assez considérable, et elle dépose visiblement tout le venin qu'elle a tiré, après quoi l'on la reprend, on la présente de nouveau dans le premier endroit que l'on fait encore saigner, et elle se rattache comme la première fois, se remplit de venin, retombe, et toujours recommence sans se gâter.

Le 31, il arriva deux déserteurs, et nos hussards firent un assez gros fourrage près de Spinosa. Ils y retournèrent, en sorte qu'ils s'en fournirent pour quinze jours, et firent tout leur petit manège eux seuls sur leur bonne foi.

Le 1er avril, il vint trois déserteurs, et M. de Trautmansdorff ayant mandé à M. le comte de Tessé, qu'il avoit ordre de M. le prince Eugène de lui faire savoir, qu'il ne consentoit à l'échange proposé des officiers contre des soldats, qu'à condition qu'il lui enverroit tous les prisonniers qu'il avoit, dont il lui tiendroit compte; cette lettre obligea M. de Tessé de lui faire à-peu-près cette réponse :

« J'ai reçu la lettre d'aujourd'hui que vous m'avez fait l'honneur de m'écrire, à quoi je répondrai, que la loi, qui ne peut jamais être égale entre un prince et moi, qui ne le suis pas, le doit être dans les traitemens, et que je n'en vois pas, ni ne me soumettrai à aucun qui ne me paroîtra pas raisonnable. Vous m'avez mandé que l'on consentoit à l'échange de quelques officiers, sur le pié de six soldats pour un capitaine, et de quatre pour un lieutenant, et aujourd'hui l'on me mande que l'on y consent, pourvu que je renvoie tous les prisonniers que j'ai. Je réponds à cela que je n'en rendrai aucun qu'à proportion, soit officiers sur le pié proposé, soit soldats que l'on m'enverra, et que j'en ferai l'échange en recevant d'une main ce que je rendrai de l'autre. Je crois que les honnêtetés ne produisent pas grand'chose. Les prisonniers que j'ai envoyés, quand le comte de Merci fut échangé, me sont payés présentement par dire, que ceux que l'on me devoit envoyer sont en Autriche. Je vous assure que je croyois que j'avois assez l'honneur d'être connu de M. le prince Eugène, pour lui donner lieu de croire, que les loix de supériorité ne conviennent pas à un homme, je ne dis pas tel que je suis, mais à tout homme qui a l'honneur de commander les troupes du Roi. Je vous prie de croire que je suis, etc.

» Je suis encore en obligation de vous dire, que les bruits et gazettes d'Allemagne disent qu'on fait travailler nos prisonniers en Hongrie; j'en attends la confirmation, pour mettre les vôtres au même usage. Le nombre que j'en ai ici approche de quatre cents ».

Le 2, nos hussards allèrent prendre un fourrage reconnu, et rentrèrent chargés de paille. Ils ramenèrent encore huit chariots, et l'on sut qu'un parti des leurs, que l'on avoit envoyé à Goito, avoit fait trois prisonniers, tué deux Allemands, et conduit trois chevaux à Goito.

Le 3, l'on entreprit un fourrage qui mena les nôtres plus loin qu'on n'auroit voulu, mais enfin on le fit. M. le marquis de Bouligneux le commandoit. Les ennemis firent leurs signaux, parurent, et ne firent rien. Le fourrage fut assez tranquille; on n'y perdit rien, et nos hussards tuèrent deux chasseurs, soit officiers, soit rôdeurs des ennemis. Il arriva deux déserteurs.

Le 4, M. de Tessé sut, par une lettre que M. de Chartogne lui écrivit, que les hussards qu'il avoit envoyés à Goito, lui avoient ramené quatre bœufs, trois vaches, huit chevaux et deux valets. Le partisan la Pommelle rentra, après avoir rôdé deux jours et deux nuits sans avoir trouvé aucun parti, ni avoir eu connoissance d'aucun ennemi.

Le 5, rien de nouveau, si ce n'est qu'on fit

à Mantoue une espèce d'anniversaire de joie, sur ce que ce fut le bout de l'an de l'entrée des troupes du Roi dans cette ville.

Le 6, dès le matin, M. de Tessé sut que celui qui portoit ses lettres à Vérone, avoit été pris et par conséquent les lettres des principaux officiers. M. de Tessé ne s'en soucia pas ; car celle qui étoit pour le Roi étoit en chiffres ; mais trois hommes qui lui apportoient de l'argent, et dont il étoit inquiet, arrivèrent heureusement. Un parti de Goito voulut enlever un fripon de la Volta, qui étoit à la tête de quelques rebelles ; il entoura la maison, un paysan tua un sergent des nôtres, qui mirent le feu à la maison où étoit le rebelle. Les paysans, les bœufs, et tout ce qui étoit dedans fut brûlé. Six cavaliers milanais de cette garnison, en garde à un petit batardeau qui traversoit le marais, désertèrent avec leurs chevaux, au moyen de ce petit batardeau qui ne pouvoit passer qu'un homme sans cheval. Ils traversèrent les uns après les autres les marais, dont les eaux étoient basses. Il n'est pas croyable que l'on puisse imaginer de passer par ce lieu-là. La garde toute entière s'en alla aux ennemis.

Le 7, nos hussards envoyés à Goito, ramenèrent deux hussards avec leurs chevaux, en tuèrent quatre, et leur prirent quatre bœufs.

Le 8, il arriva cinq déserteurs à cheval, et les ennemis renforcèrent encore les postes qu'ils tenoient aux environs de Mantoue, tuant et coupant en pièces les paysans qui portoient des vivres à la ville.

Le 9, les ennemis dressèrent une embuscade à nos trente hussards de Goito, qui firent une fort jolie manœuvre; car s'étant un peu trop avancés, et ayant découvert l'embuscade, ils se joignirent, firent quatre prisonniers et se retirèrent malgré six troupes qui les suivoient. Le caporal des leurs qui les commandoit, eut son cheval tué sous lui, et fut pris blessé de deux coups. Ils firent inutilement tous leurs efforts pour le ravoir, et écrivirent sur-le-champ d'eux-mêmes, que si les ennemis traitoient mal ce caporal, ils ne donneroient à l'avenir aucun quartier, et que pour un homme de perdu, ils en tueroient plusieurs autres. Deux déserteurs arrivèrent.

Le 10, les ennemis renforcèrent encore les postes du blocus, de sorte qu'il ne vint plus personne à Mantoue, où il n'entra plus rien. Ils tuèrent sur les chemins tous ceux qu'ils trouvèrent, et se repostèrent à due Castelli, où ils firent travailler. Il vint un déserteur, et ceux qui nous apportoient de l'argent et des lettres, nous manquèrent tout-à-fait.

ANNÉE 1702.

Le 11, le partisan la Pommelle rentra, et ramena deux hussards qui portoient des lettres du quartier du général Trautmansdorff à celui du colonel de hussards d'Erbigni, et par-là on eut quelque éclaircissement des lettres qu'on avoit reçues à Mantoue, de la situation et des besoins des ennemis. Il arriva quatre déserteurs à cheval.

Le 12, six cents chevaux avec douze compagnies de grenadiers partirent à huit heures du matin, pour jeter à Goito quelques provisions de ris et d'argent dont cette garnison manquoit. M. de Zurlauben y alla. Nos hussards découvrirent les ennemis, et ayant reconnu leurs anciens camarades, s'approchèrent sur leur parole et se parlèrent. Les nôtres leur dirent qu'ils étoient bien traités, et les autres promirent de les venir joindre en bonne compagnie. Nos hussards même, qui avoient fait trois prisonniers, en relâchèrent deux, qui leur promirent de porter les nouvelles des bons traitemens qu'ils recevoient à Mantoue, et se contentèrent d'en amener un pour gage de la fidélité des deux autres. M. de Zurlauben sut qu'il y avoit deux cents chevaux en campagne. Il alla les chercher et les trouva : ils se retirèrent à toute bride. Ainsi notre convoi se fit tranquillement. Un parti de nos paysans armés, ramena trois fantassins allemands du poste de Curtatone, et en tua trois autres. Il vint deux déserteurs Danois.

Le 13, il arriva deux autres déserteurs, et parce que c'étoit le Jeudi-Saint, et que les confrairies, les pénitens et les moines ont coutume en Italie de faire toutes les processions la nuit, M. le duc de Mantoue voulut bien ordonner que tout cela se fît le jour, de manière que toute fonction d'assemblée fût finie avec le jour. M. de Tessé ordonna même pour la nuit, quelque augmentation de garde et de patrouille pour éviter toute sorte d'embarras, dans une ville où le mal pressoit. L'incommodité d'un long blocus pouvoit augmenter les inquiétudes.

Le 14, il arriva deux déserteurs hussards, et sur le soir, on fit la cérémonie de montrer le précieux Sang qui donne lieu de rapporter ce qui suit :

« On raconte que le Centurion Longin, qui donna le coup de lance à notre Seigneur, après qu'il fut crucifié, reconnut son crime, qu'il fut baptisé, et qu'étant persécuté des juifs, il se retira à Rome, d'où pour éviter encore la persécution qu'on faisoit aux nouveaux chrétiens, il se sauva à Mantoue, où il fut martyrisé. Comme le nombre des chrétiens

étoit encore très-médiocre, on prétend que
Longin dit à quelqu'un avant que de mourir,
qu'il avoit caché trois morceaux de terre teinte
du sang de notre Seigneur, qu'il avoit ramassés
au-dessous de sa croix. Celui ou ceux auxquels
il révéla ce secret, ou n'osèrent en parler, ou
bien étant eux-mêmes martyrisés, ne découvrirent pas le lieu où Longin avoit caché ce
précieux dépôt; mais le bruit s'en répandit,
et huit cents ans après on trouva sous terre un
paquet ou une cassette dans laquelle, par des
paroles hébraïques qui faisoient foi que c'étoit
Longin qui l'avoit cachée, on découvrit que
c'étoit le dépôt sacré dont Longin avoit parlé.
Comme les chrétiens étoient alors assez nombreux à Mantoue, le Pape en fut informé et
s'y transporta lui-même. Il s'y tint un concile
fameux, dans lequel, après avoir bien examiné
toutes les circonstances, il fut déclaré que
c'étoit véritablement le sang de notre Seigneur.
On fit une infinité de procès-verbaux du fait,
et l'on prétend même qu'il se fit des miracles.
Ce sont trois morceaux de terre gros chacun
comme un petit œuf, sur chacun desquels l'on
voit encore du sang qui colore le lieu sur lequel
il est tombé. Chacun de ces morceaux de terre
est dans un cristal bien fermé, au travers
duquel l'on voit visiblement du sang encore

très-rouge, imbibé sur la terre. Ce cristal est soutenu dessus et dessous par une espèce de vase d'or, et chacun de ces trois vases entouré de lettres, est déposé dans une cassette de fer, à laquelle il y a sept ou huit serrures de différentes clés, dont le duc de Mantoue, la ville, le chapitre et certaines communautés ont chacun une, et il faut que tout cela s'assemble pour ouvrir cette cassette. Elle est enfermée dans une autre d'argent, couverte de velours cramoisi, et fort ornée de lames d'or et d'argent.

Le 15, l'on fit du bois à la porte de la citadelle. Les ennemis se montrèrent inutilement sur différens chemins; nos hussards avec cent cinquante grenadiers allèrent enlever un petit fourrage pour eux, assez près de Spinosa. Les ennemis n'entreprirent rien, et le fourrage se fit tranquillement.

Le 16, jour de Pâques, quinze Allemands déserteurs et calvinistes firent abjuration. La journée se passa en fonctions convenables à la grandeur de la fête, sans aucune action ni aventure militaire.

Le 17, il arriva enfin un homme parti de Vérone; lequel apporta des lettres de France, dont on avoit été privé depuis quinze jours.

Le 18, il ne se passa rien qui mérite la moindre considération.

Le 19, M. de Tessé reçut différens avis des mouvemens des ennemis qui passoient et repassoient le Pô, se fortifioient en différens lieux, en démolissoient d'autres, et agissoient enfin comme des gens incertains. On donna aux dames le spectacle de voir recevoir les officiers hussards. Sitôt que M. de Tessé les eut nommés, une quinzaine de hussards mirent pié à terre, prirent l'officier et le levèrent trois fois en l'air, comme quand on berne quelqu'un. Ils firent des cris affreux, le remontèrent à cheval après l'avoir ainsi élevé trois fois de terre, pour le montrer à la troupe. Ils lui baisèrent le bas de l'habit, après quoi ils se remirent dans les rangs. Cette bizarre cérémonie se fit à chaque officier, même aux maréchaux-des-logis et aux brigadiers. Il y avoit parmi eux un Lorrain, que l'on vouloit faire maréchal-des-logis, parce qu'il savoit la langue; mais quand M. de Tessé le fit proposer, il fut surpris qu'ils mirent le sabre à la main, firent des cris que personne n'entendoit, et avec des gestes terribles de leurs sabres, comme pour couper la tête, sembloient être en colère. Ce murmure étant appaisé, un d'entre eux qui parloit latin, vint à M. de

Tessé, lui baisa la main et lui dit, que l'homme proposé n'étant pas noble, ils le prioient de leur laisser la liberté de se choisir un maréchal-des-logis. Ils en choisirent un d'un commun accord, le mirent trois fois en l'air, et le reconnurent.

Le 20, le partisan la Pommelle sorti de la nuit, trouva les ennemis une fois plus forts que lui : il les chargea, en tua au moins trente, fit dix-sept prisonniers qu'il ramena, dont treize étoient fort blessés, et il les eût tués tous ou ramenés, si lui-même n'avoit pas été blessé de deux coups, l'un à la gorge médiocre, l'autre dans le corps; de sorte qu'il lui fallut faire l'opération de lui ouvrir le côté, pour tirer le sang qui tomboit de sa plaie dans l'estomac. Ce vaillant soldat, âgé de soixante-douze ans, souffrit courageusement l'opération. Il n'avoit jamais été blessé depuis cinquante ans qu'il faisoit la guerre. Il arriva quatre déserteurs.

Le 21 ni le 22 il n'arriva rien qui mérite d'être rapporté, si ce n'est que le 22 on fit du bois pour la cour de S. A.

Le 23, il arriva deux déserteurs, dont l'un étoit à cheval. On fit secrètement préparer des sacs de blé et de farine pour les conduire à Goito, quand le convoi d'argent que M. de

Tessé tiroit de Vérone, et qu'il avoit résolu de faire venir par-là, seroit entré.

Le 24, on prit de nouvelles mesures pour faire subsister la cavalerie. Comme il ne se trouvoit plus aucun fourrage, on fit le projet de faire couper les jeunes roseaux du lac; enfin l'on régla une manière de subsistance, pour voir si l'on en recevroit le fruit nécessaire, c'est-à-dire le soutien de cette cavalerie.

Le 25, M. de Tessé fit jeter un convoi dans Goito, où il n'y avoit de vivres que ce qui étoit nécessaire pour le reste de ce mois: M. de Tessé y en envoya pour quinze jours par-delà. Ce convoi se fit sans que les ennemis parussent. Le comte de Trautmansdorff manda à M. de Tessé, que les officiers français dont ils avoient fait le projet d'échange avec leurs prisonniers, étoient arrivés à son quartier; mais qu'il avoit ordre de M. le prince Eugène de lui faire savoir, qu'il ne les lui renverroit pas, qu'il ne lui eût renvoyé quatre-vingts prisonniers, qu'il disoit lui être dus de l'échange de Crémone, et qu'il trouveroit d'autres moyens de ravoir les prisonniers que M. de Tessé avoit, s'il ne prenoit cet expédient. M. de Tessé lui répondit, qu'il ignoroit ce qui s'étoit passé ou promis à Crémone; qu'à son tour il vouloit ses prisonniers pris dans le Mantouan, et qu'il lui avoit mandé avoir été envoyés en Autriche ; que du reste il étoit loisible à M. le prince Eugène de prendre tous les expédiens qu'il pourroit pour ravoir les siens; que pour lui il agiroit de la même sorte, et qu'une fois pour toutes, comme il étoit le maître dans son tripot, il prétendoit l'être dans le sien. Quatre Italiens d'une compagnie française de la citadelle voulurent déserter, et pour cela il y avoit un complot qui fut découvert par le major français, qui leur dressa une embuscade : ils furent pris et pendus. Quatre déserteurs arrivèrent ce jour-là, et quatre hommes dont M. de Tessé étoit fort en peine, et qui lui apportoient de l'argent, entrèrent. Il sut que quatre autres de ses porteurs de lettres, avoient été pendus au quartier du prince Eugène.

Le 26, il entra trois déserteurs, et l'on fit du bois pour l'hôpital et pour M. le duc de Mantoue.

Le 27, trente de nos hussards commandés par un cornette, sortirent par la porte de Cérèse avant le jour, et allèrent s'embusquer assez près de Borgoforte. Ils rencontrèrent quatre hommes avec cent deux bœufs hongrois, pris aux ennemis qui vinrent à toute bride, mais inutilement. Après un blocus de six mois;

ce secours de cent deux bœufs fit grand plaisir. Ce jour-là, le partisan la Pommelle mourut de ses blessures, toujours heureux dans les partis, regretté de tous les honnêtes gens, et même du pays et des bourgeois, n'ayant jamais fait mal à personne. M. de Tessé sut que les ennemis étoient entrés dans Reggio, appartenant au duc de Mantoue.

Le 28, les eaux commencèrent à croître; mais si la pluie et la fonte des neiges des montagnes étoient un avantage pour la place, et même pour l'air qui commençoit d'être très-mauvais, d'un autre côté les eaux grossissant, couvroient les jeunes roseaux qui seuls pouvoient fournir un peu à soutenir et à nourrir notre cavalerie. On ramassa de petits bateaux et des paysans qui alloient dans les marais chercher ces roseaux. L'on en ramassa pour deux jours, et l'on prit des mesures pour pouvoir dans la suite, continuer et augmenter s'il étoit possible, cette manière non encore usitée, de maintenir la cavalerie.

Le 29, il arriva quatre hussards, et l'on prit de nouvelles mesures pour essayer de faire subsister la cavalerie, au moyen de nouveaux joncs que l'on découvrit.

Le 30, M. de Tessé eut différens avis que les ennemis faisoient quelque mouvement. Un des partis commandé par M. Richaud, brave lieutenant, ròda toute la nuit et le jour, sans pouvoir rien faire, et rentra le soir sans gain ni perte.

Le 1er mai, M. de Tessé s'alla promener avec cent chevaux à la Chartreuse, et reconnoître si l'on ne pouvoit point trouver quelques herbes pour le soutien de la cavalerie. Les ennemis se montrèrent à Curtatone, mais ils ne sortirent point. M. de Tessé rentra, ayant reconnu qu'au moyen de quelques bateaux, l'on pouvoit couper de jeunes joncs du lac, trop courts pour en pouvoir faire des ballots; mais qu'au moyen de sacs qu'on en rempliroit, on trouveroit cette ressource pour subsister.

Le 2, les ennemis de la garnison de Marmirolo, à force de tirer le fer des murailles du palais, les ébranlèrent si bien, que trente-deux furent écrasés de la galerie qui tomba. Le reste du secours qui venoit d'Allemagne, commença d'arriver à Governolo. M. de Tessé sut que M. le prince Eugène étoit venu à Borgoforte, où il avoit ordonné différens travaux pour la sûreté de ce poste, et étoit retourné à son quartier de Luzzara.

Le 3, M. de Tessé fut averti dès le matin, que les ennemis avoient fait le projet de venir enlever nos bœufs à la pâture. Ils y vinrent en effet sur le midi, et s'en retournèrent sans en avoir ni pris, ni vu.

Le 4, le mauvais temps froid obligea les nôtres de faire du bois. On en fit du côté de la citadelle, et nos gardes poussèrent celles des ennemis dans Marmirolo (1).

Le 5, les nôtres continuèrent à faire leurs

---

(1) Le comte de Tessé, informé que le prince de Condé lui avoit rendu de bons offices, l'en remercia par la lettre suivante :

Mantoue, ce 4 mai 1702.

Monseigneur, le silence toujours respectueux m'avoit imposé la loi de ne point écrire à V. A. S. La reconnoissance même de toutes les bontés dont elle m'a honoré, ne permettoit pas que je prisse cette liberté; mais enfin, Monseigneur, pour me rapprocher de vous, je sais que V. A. S. a bien voulu me tendre la main, et qu'elle m'a protégé. J'ai cru qu'elle agréeroit que j'osasse l'en remercier. Je le fais avec la confiance que me donne le respectueux attachement que je professe pour V. A. Je ne lui mande rien de ce qui se passe ici, six mois de blocus et de persécutions ne nous ont encore guère affligés; j'espère même que l'avenir fournira de nouveaux trophées à la gloire du Roi; il paroît que tout s'y prépare. Vous êtes, Monseigneur, le premier prince de son sang royal : votre cœur les sentira et les partagera mieux que personne. Le mien sera content, si je puis assez faire connoître le respect avec lequel j'ai l'honneur d'être, &c.

herbes le long du lac. M. de Tessé eut des nouvelles de M. de Vendôme, qui lui mandoit qu'il étoit en marche. Il sut aussi que les ennemis s'assembloient entre Gazolo et Sabionnetta. Un de nos partis commandé par M. Cabril, neveu de M. la Pommelle, qui l'avoit suivi dans toutes les actions qu'il avoit faites l'hiver, et par M. Richaud, bien connu du Roi sous le nom de la Grandeur, pour avoir à Namur, aux yeux de S. M., monté le premier sur un des bastions que le Roi faisoit attaquer, et auquel pour cette action distinguée, le Roi a fait des graces; un parti, dis-je, commandé par ces deux hommes, s'embusqua entre Marmirolo et Mantoue. Quatre hussards tombèrent dans leur embuscade : ils les laissèrent passer sans se découvrir, parce qu'ils étoient suivis de cinquante autres, dont les premiers, après les quatre, découvrirent l'embuscade, et s'enfuirent par le même chemin qu'ils étoient venus. Le parti découvert sortit, et tira sur les ennemis : il ne se passa rien de considérable ; mais peu s'en fallut que tout le parti des hussards tombés dans l'embuscade ne fût enlevé.

Le 6, on fit de l'herbe au moyen des barques armées. Le matin, un parti de trente hussards sur le chemin de Borgoforte, ayant trouvé les ennemis que les nôtres firent reconnoître par deux hussards, un page du général Palfi s'avança et cria aux deux hussards de s'avancer sur parole ; les hussards le firent, et de la troupe ennemie qui se retira en diligence, arriva le général Palfi lui-même, qui joignit seul son page, et qui parla aux hussards, leur présenta du tabac de sa tabatière, et leur demanda combien ils étoient. Les hussards dirent que M. de Tessé se promenoit avec deux cents chevaux, et qu'il étoit derrière la première troupe qu'il voyoit. Effectivement, M. de Tessé se promenoit avec cinquante chevaux, entre le moulin de Cérèse et la Virgiliana pour reconnoître des prés. Il n'est pas permis à un officier-général et de dignité, de dire toutes les pauvretés que Palfi dit aux deux hussards.

Le 7, on changea la manière de faire des herbes. Les ennemis dressèrent une grosse embuscade, même avec du canon, dans le lieu où l'on avoit continué de les aller prendre. Leur embuscade fut inutile, et l'on alla d'un autre côté. Ce jour-là, un prêtre de Mantoue avec quelques paysans tuèrent huit Allemands vers Montanara, et en rapportèrent les têtes, les habits et les armes.

Le 8, un de nos partis commandé par

M. Cabril, ramena soixante-dix bœufs et trois chevaux. Les Danois qui étoient à Governolo s'avancèrent à Pontemerlano, et le poste de Gazolo grossit. L'on sut que M. de Vendôme marchoit depuis le 4, et que le prince Eugène étoit dans le val de Campitello, sur le bord de l'Oglio, avec la meilleure partie de l'armée impériale.

Le 9, on continua de faire des herbes le long du lac. Il vint deux déserteurs, et M. de Tessé eut différentes nouvelles des mouvemens des ennemis.

Le 10, il arriva quelques lettres de France, et M. de Tessé apprit qu'une remise de près de dix mille écus étoit arrivée à Goito. Deux déserteurs vinrent ce jour-là.

Le 11, M. de Tessé fit partir deux cents chevaux, cinquante hussards et deux compagnies de grenadiers sous le commandement du colonel Guedon avec cinquante sacs de grain et de ris que M. de Tessé envoya à Goito. M. Guedon fit son convoi sans trouver les ennemis, et rapporta l'argent que M. de Tessé avoit fait entrer à Goito. Il arriva deux déserteurs. M. de Tessé sortit avec cent cinquante chevaux pour observer les chemins de Garzedola, Spinosa et Pontemerlano, où les Danois avoient joint le comte de Trautmansdorff, qui avoit formé un camp de quatre mille hommes. Les nôtres donnèrent aussi quelques jalousies à Marmirolo.

Le 12, on continua la manière de faire des herbes sur le lac. Il arriva un déserteur. Le comte de Trautmansdorff vint se promener assez près de Saint-George avec des troupes. On lâcha un coup de canon sur la troupe dorée, et du reste de la journée on n'en vit aucune.

Le 13, M. de Tessé s'alla promener au-delà de Saint-George, et revint par la Favorite. On chercha par-tout des prés sans en trouver ni dans la quantité, ni dans la qualité. M. de Tessé sut que les ennemis avoient jeté un pont sur le Mincio, entre Mantoue et Governolo, que les Danois passoient pour aller joindre l'armée impériale sur le Mincio. Un déserteur, grenadier du régiment de Crisbaum arriva.

Le 14, un de nos partis commandé par M. Cabril, rentra, après avoir tué ou pris un parti de vingt-cinq cuirassiers du régiment de Corbelli, à l'exception de l'un d'eux qui se sauva. Ce parti ramena vingt-deux très-bons chevaux et neuf prisonniers. Le cornette, le maréchal-des-logis et le reste fut tué. Un de nos soldats fut seulement blessé à la joue d'un coup de pistolet.

Le 25, il entra trois déserteurs. Il y eut une espèce de fête chez M. de Zurlauben, où toutes les dames se trouvèrent. L'on y joua et l'on y soupa.

Le 16, il entra trois déserteurs. On continua les herbes, c'est-à-dire les joncs sur le lac. Et comme M. Bouchu (1) manda à M. de Tessé, qu'il étoit de la dernière importance d'avoir au moins trois mille sacs de farine prêts pour l'armée quand elle arriveroit, et qu'il n'avoit jamais pu parvenir, depuis six mois, à en avoir cent sacs ensemble, M. de Tessé chercha de nouveaux expédiens, pour se passer des subsistances qu'on ne pouvoit lui fournir. M. le marquis Baretti s'y employa avec une application très-grande. Les Juifs servirent bien M. de Tessé, et mieux qu'il ne devoit l'espérer.

Le 17, il vint deux déserteurs. M. de Tessé eut nouvelles que M. de Vendôme avoit passé l'Oglio et la Mela. Il en eut aussi des différentes marches des ennemis. Comme gens incertains, ils travailloient encore à Marmirolo avec grande activité. M. de Tessé fit partir plusieurs partis, entre autres M. Cabril, avec cent fusiliers, pour le venir avertir de ce

---

(1) Intendant de l'armée.

qui se passoit de ce côté-là, et dépêcha cinq personnes par différens endroits, pour apprendre à M. de Vendôme ce que l'on savoit, et pour avoir de ses nouvelles.

Le 18, M. Cabril manda à M. de Tessé, dès le matin, que les ennemis avoient abandonné Marmirolo, qu'ils avoient mis précipitamment le feu au palais, et jeté leurs poudres et une partie de leurs farines dans les fossés; que les fortifications et palissades étoient en leur entier, et qu'il étoit dedans avec son détachement, ayant trouvé deux mille rations de pain. M. de Zurlauben y courut, et revint à midi confirmer à M. de Tessé la même chose. Il y envoya trois cents hommes de pié avec M. des Iles, lieutenant-colonel de Limosin, de la poudre et des grenades. M. de Tessé sut aussi sur les quatre heures du soir, qu'ils avoient quitté Spinosa. Il y envoya un parti qui trouva que les paysans emportoient les farines que les ennemis y avoient laissées. Tout ce jour-là la garnison fit du bois, et l'on profita de l'occupation de Marmirolo, pour envoyer en pâture de ce côté-là; ce qui fit grand bien à notre cavalerie.

Le 19, M. de Tessé, ayant su dès le matin, que les ennemis avoient remarché avec plus de quatre mille hommes à Spinosa, alla se promener sur le chemin de Castel-Mantouano, et envoya un parti d'hussards avec trente maîtres jusqu'au pont et défilé de Lagnel. L'on y trouva les ennemis en grand nombre. M. de Tessé ordonna à M. de Guedon, brave colonel irlandais, de tenir seulement cette tête pendant qu'il iroit à Marmirolo, qu'il alla visiter, et où il trouva les retranchemens assez bien disposés, mais insoutenables, dès que l'on y marcheroit avec quatre pièces de canon, et d'une grandeur qu'il auroit fallu quinze cents hommes pour les garder. Comme M. de Tessé revenoit, M. de Guedon lui envoya dire, que pour retirer ses hussards qui s'étoient trop avancés, il avoit été obligé de passer le pont de Lagnel, vaillamment, mais imprudemment et contre l'ordre précis qu'il lui avoit donné; qu'il avoit non-seulement passé le premier pont de Lagnel, mais aussi le second, et que la chaleur l'avoit conduit presque jusqu'au camp que les ennemis faisoient à Sainte-Lucie, de manière que huit grosses troupes étoient tombées sur lui qui n'avoit que soixante maîtres et vingt hussards. Il se mêla bravement, mais trop; il tua sept ou huit cuirassiers, et perdit seize cavaliers en se retirant au pont de Lagnel, où l'on ne doit pas oublier qu'un hussard seul, le sabre à la main, se tint sur le pont, arrêta seul les coureurs des ennemis, en sabra quatre, donna le loisir à nos gens de se retirer, et M. de Guedon revint heureusement, mais avec grand péril pour lui et pour nos gens. M. le comte de Tessé blâma son imprudence, et loua sa valeur et celle des troupes ; il récompensa le hussard. Cependant M. de Tessé ayant eu avis que le camp de Sainte-Lucie grossissoit, et celui de Spinosa aussi, il envoya, le soir, M. de Saint-Offange, major de Clermont, avec cent chevaux et une compagnie de grenadiers, retirer M. des Iles, auquel il envoya des charrettes pour rapporter ce que les ennemis avoient laissé de farines à Marmirolo. Le tout rentra à minuit, et bien en prit d'avoir évacué ce poste ; car comme nos gens sortoient par une porte, les ennemis y entroient par l'autre, et y passèrent la nuit avec apparence qu'ils n'y étoient revenus que pour l'investir. Ce jour-là les ennemis établirent des batteries, et travaillèrent à se fortifier vis-à-vis le moulin de Cérèse, qu'ils saluèrent de quatorze pièces, dont huit étoient de vingt-quatre, et continuèrent depuis trois heures après-midi jusqu'au lendemain matin. Marotti, brave capitaine dans Limosin, que M. de Tessé y avoit établi gouverneur fixe depuis le commencement du blocus, lui donna plusieurs avis pendant la nuit, et lui manda qu'assurément toute l'armée des ennemis étoit là; qu'il avoit escarmouché toute la nuit et tiré de son petit canon tant qu'il avoit pu; mais que la tour étoit en mauvais état, et percée de tous côtés. Demi-heure après le dernier avis, cinq coups de gros canon non-seulement écrasèrent le faîte, mais rompirent son pont, dont la moitié tomba sur sa bascule, en sorte que les ennemis en grand nombre se jetèrent dessus. Il y eut des coups d'esponton donnés; mais enfin il fut obligé de se retirer à une espèce de coupure à trente pas de là, ayant perdu deux grenadiers. Tout cela étoit peu de chose; mais comme il fut emporté subitement par le malheur de son pont, les deux pièces de canon restèrent avec les ennemis, sans qu'il y eût à cela de sa faute. D'ailleurs, il eût été impossible le jour de les aller rechercher, sous le feu de dix-huit pièces que les ennemis avoient en batterie à la portée du pistolet.

Le 20, M. de Tessé sortit sur les six heures du matin, avec toutes les compagnies de grenadiers, six pièces de canon, des travailleurs et toute la cavalerie. Il se mit en bataille dans l'île, à couvert de quelques rideaux; car le canon de l'ennemi y fouettoit. On fit, malgré leur grand feu, un travail à la portée du mousquet du moulin de Cérèse qu'ils occupoient, et dont ils raccommodoient le pont. On y mit deux pièces, et d'un autre côté trois; en sorte que l'on tirailla tout le jour de part et d'autre. Notre canon les incommoda; mais du leur nous n'eûmes qu'un cheval tué, un officier et un canonnier blessés. Tout cela étoit disposé pour les combattre, s'ils eussent passé dans l'île, et M. de Tessé y étoit résolu.

Le 21 se passa comme le jour précédent, en tiraillant. Les ennemis continuèrent de travailler tout le jour. Ils élevèrent deux grands travaux en-delà de Cérèse, et y placèrent vingt pièces de gros canon.

Le 22, on les vit travailler tout le jour à différens travaux, et ils augmentèrent leurs batteries. Une partie de leur armée passa le Mincio pour augmenter le camp de Gazolo, et l'on vit le soir le feu de leur camp fort étendu entre Garzedola et Spinosa; d'autres entre Virgiliana et le village de Cérèse, et un autre à Curtatone. Il entra quatre déserteurs, qui ne dirent rien, sinon que les ennemis alloient et venoient, et que depuis huit jours, ils marchoient sans cesse, avec peu de pain et moins d'argent. D'un autre côté, on accommoda les nouveaux retranchemens de Mantoue, et l'on prit des précautions pour le dedans et pour le dehors de cette importante place.

Le 23, dès le matin, M. de Tessé reçut une lettre de M. de Vendôme, du camp de Médoli, qui accusoit la réception de plusieurs de ses lettres. Il sut que les ennemis qui avoient été devant Goito, en étoient repartis la veille brusquement, et qu'ils retournoient à leur pont du Mincio. Il vit tout le matin l'armée marcher à la portée du canon de Mantoue, retournant vers Curtatone, d'où la plupart étoient partis le jour précédent, tenant toujours leurs retranchemens de Cérèse, les augmentant et y travaillant. On jugea qu'ils prendroient la résolution d'attendre l'armée du Roi, dans ce qu'on appelle le Seraglio de Mantoue. On fit le matin deux prisonniers, dont on ne put rien apprendre, tant ils étoient bêtes. Un parti que M. de Tessé envoya à Marmirolo, lui rapporta que les ennemis l'avoient abandonné encore une fois. On fit un fourrage d'herbes pour deux jours. Les Juifs continuèrent à lui fournir de l'argent pour la dépense journalière; et pour remettre un peu la ville dans quelque sorte de joie et d'amusement, et faire la guerre aux dames, qui ne dormoient plus depuis trois jours, parce qu'elles vouloient avoir peur, et qu'un coup de canon tiré, soit du poste, soit de celui des ennemis, leur donnoit de grandes alarmes, il y eut le soir une espèce de fête chez M. de Zurlauben: M. le Duc y vint, et l'on s'y réjouit beaucoup. On arrêta deux espions crémonois, chargés de passe-ports du marquis de Visconti : ils furent pendus.

Sur le soir, M. de Vendôme manda à M. de Tessé, qu'il étoit à Goito. Les premiers qui arrivèrent étoient deux carabiniers. Jamais gens n'ont été mieux ni plus extraordinairement reçus. Le peuple, au nombre de plus de trois mille, les suivoit, ou marchoit devant eux. Ils jetoient leurs chapeaux en l'air, et crioient : Vive le Roi et M. de Mantoue. Ce Prince les voulut voir, et les embrassa. On les conduisit où les dames, qui les demandoient avec empressement, les attendoient. Toutes parloient à la fois pour leur faire des questions, et il échappa à l'un des deux de répondre à trente qui l'environnoient, un mot pour marquer qu'ils avoient battu un parti des ennemis ce jour-là, un mot, dis-je, plus militaire que d'usage parmi les dames, et qui fit beaucoup rire la compagnie, qui d'ailleurs ressentoit une extrême joie de voir le long blocus de Mantoue si heureusement et si glorieusement fini (1).

Si l'on examine avec attention tout ce qui s'est passé pendant ce blocus, qui a duré six mois moins trois jours, on y trouvera des choses si surprenantes et si singulières, qu'on peut assurer qu'elles n'ont jamais eu d'exemple. En effet, qui auroit jamais pu croire, même après avoir lu le journal de ce blocus, si les ennemis n'en convenoient, parce qu'ils ne le peuvent nier, que des troupes trouvassent tous les jours plus de quoi vivre, quoique res-

___

(1) L'esprit de parti influe très-souvent sur la vérité de l'histoire, au point de défigurer quelquefois totalement les faits. On en aura un exemple de plus dans le résultat suivant du blocus de Mantoue, extrait d'un ouvrage dont le titre devroit inspirer de la confiance.

« Le prince Eugène s'occupa à resserrer encore plus Mantoue. La première chose qu'il fit pour cela, fut de publier un édit, portant défense à tous les paysans des environs, de porter aucune denrée dans cette place, sous peine de la vie. En conséquence, cinq hommes ayant entrepris d'y voiturer du vin, furent pendus sans miséricorde. Cet exemple de sévérité effraya si fort les pauvres villageois, qu'ils n'auroient pas hasardé de porter un œuf dans Mantoue pour tout le bien du monde; de sorte que la cherté y fut bientôt extrême. Le Duc qui s'y trouvoit pour-lors, auroit bien voulu être délivré des Français; mais ceux-ci étoient maîtres des postes, de l'artillerie et

serrées dans une place où tout manquoit, lorsqu'on a commencé à les bloquer, qu'une armée maîtresse de la campagne? Le nombre infini de déserteurs, dont la plupart ne se sont jetés dans Mantoue que pour y trouver de quoi vivre, en est une preuve incontestable; et ce qui doit passer pour une chose incompréhensible, c'est que si peu de soldats de la garnison de Mantoue ont déserté, qu'à peine a-t-on pu s'appercevoir qu'il en soit sorti un seul, au lieu qu'il s'est à peine passé huit ou dix jours durant six mois, sans qu'il

---

des munitions. Les habitans affamés se prenoient aux Français de leurs misères; et les Français, accoutumés à mâtiner leurs hôtes, maltraitoient les bourgeois lorsqu'ils leur refusoient ce qui leur étoit nécessaire. Leur mésintelligence éclata bientôt; ils en vinrent aux mains, il y eut des gens tués de part et d'autre. Ces désordres croissoient avec la famine. Le comte de Tessé avoit beau faire pour les prévenir; ses soins étoient inutiles et les esprits devenoient tous les jours plus échauffés ». (*Voyez* l'*Histoire du prince Eugène*, tome II, pages 61 et 62, édition d'Amsterdam et de Leipzic, de 1750.

Le duc de Vendôme vint à Mantoue le 24 mai; et comme son arrivée à Goito la veille, avoit fait tirer les détachemens autrichiens qui étoient encore dans le voisinage, le blocus de Mantoue fut considéré comme fini, du moins de ce côté; et dès-lors les opérations de M. de Tessé dépendirent de celles de l'armée des deux couronnes.

soit entré des déserteurs dans cette place, et souvent même un nombre considérable. Ce qu'on ne doit pas trouver moins étonnant, c'est que ces déserteurs, qui n'étoient distingués par aucune action de valeur avant que d'entrer dans Mantoue, ont fait tous les jours des actions remarquables tant qu'ils ont combattu avec des Français; en sorte qu'ils ont toujours eu l'avantage sur leurs premiers camarades, et ont fait prisonniers presque tous ceux qu'ils ont attaqués. Il est encore extrêmement surprenant qu'aucun de ceux qui sont venus se rendre dans Mantoue, n'en ait déserté pour chercher à vivre plus commodément que dans une place bloquée, ou pour retourner chez soi. Cependant ces faits sont incontestables et de notoriété publique. Il y a lieu de croire que leur attachement et leur fidélité provenoient, de la manière dont ils étoient traités dans Mantoue, et de ce qu'ils n'y voyoient rien qui ne dût leur faire plaisir. On n'y étoit non plus embarrassé que si toutes les choses nécessaires à la vie y eussent été en abondance. On envoyoit tous les jours des partis en campagne, tantôt d'un côté, tantôt d'un autre, et ils revenoient rarement sans ramener pour plusieurs jours toutes les choses dont la ville pouvoit avoir besoin. Enfin, rien ne leur manquoit, pendant que ceux qui venoient tous les jours se rendre, ne parloient que de la misère des troupes qu'ils quittoient, parce que le manque de vivres les y obligeoit. Ainsi ceux qui étoient en pleine liberté souffroient plus que ceux qu'on prétendoit affamer, et ils n'avoient point d'autres ressources pour se garantir de la faim, que de se jeter entre leurs bras. Mais comme le nombre en est répandu en tant d'endroits différens de ce journal, qu'il est impossible de savoir à combien il monte sans le relire en entier, et sans faire une infinité de calculs, on a cru devoir rapporter ici les articles qui regardent les prisonniers, les rendus, les chevaux et les bœufs pris pendant tout le temps que le blocus de cette place a duré.

Le 9 décembre, les ennemis perdirent plus de cent cinquante cuirassiers, qui furent tués sur la place par un parti de la garnison. M. le comte de Merci fut pris, on fit trente-cinq prisonniers, et on prit soixante-dix chevaux.

Le 17, il entra trois déserteurs dans la place.

Le 18, il vint dès le matin quatre déserteurs.

Le soir du même jour, il entra douze déserteurs, tant Danois qu'Allemands.

Le 19, il arriva six déserteurs.

Le 20, on fit huit prisonniers et on prit douze chevaux.

Le 21, on prit tous les bateaux que les ennemis avoient du côté de Curtatone, et il y eut quinze Allemands tués.

Le 24, il arriva ce jour-là douze déserteurs.

Le 25, il arriva six déserteurs, et on fit huit prisonniers.

Le 28, on fit cinq prisonniers, un officier Danois se rendit avec douze déserteurs.

Le 29, on prit vingt-cinq cavaliers, quinze chevaux et douze fantassins.

Le 2 janvier, on prit trente bœufs de Hongrie.

Le 3, il arriva dix-huit déserteurs.

Le 4, on fit douze prisonniers.

Le 6, il vint sept déserteurs.

Le 8, il vint quinze déserteurs.

Le 9, il arriva douze déserteurs.

Le 10, il arriva quatorze déserteurs.

Le 12, il arriva douze déserteurs.

Le 13, on fit dix-huit prisonniers; on ramena douze chevaux ; il arriva seize déserteurs, dont quatre étoient à cheval.

Le 15, on fit trois prisonniers.

ANNÉE 1702.

Le 16, on fit six prisonniers, et on amena cinq chevaux.

Le 20, on fit six prisonniers.

Le 21, onze déserteurs Français rentrèrent dans les troupes.

Le 22, on prit six hussards et huit chevaux.

Le 26, il arriva un lieutenant de hussards avec huit de ses cavaliers.

Le 27, il arriva cinq hussards.

Le 28, il arriva six déserteurs.

Le 31, il arriva cinq hussards.

Le 1er février, on prit quatre chariots attelés de quatre bœufs chacun.

Le 2, il arriva deux hussards; on prit un cavalier et deux chevaux.

Le 3, il vint six hussards.

Le 4, il arriva dix hussards et six fantassins.

Le 6, l'on fit deux prisonniers.

Le 7, il arriva deux déserteurs.

Le 8, il arriva dix hussards.

Le 9, on fit dix prisonniers.

Le 11, il arriva six déserteurs.

Le 13, il arriva six hussards déserteurs; on en enleva quarante, et on prit trente-trois chevaux.

Le 17, il vint cinq déserteurs. On prit un cavalier et quatre bœufs.

Le 20, il arriva dix déserteurs.

Le 21, on prit dix bœufs.

Le 22, il vint deux déserteurs.

Le 23, on fit deux prisonniers, et l'on prit quatre bœufs.

Le 24, on fit deux prisonniers, on prit deux chevaux et trois bœufs.

Le 27, il arriva six déserteurs.

Le 28, on prit vingt-huit bœufs.

Le 1er mars, il vint quatre déserteurs.

Le 2, on fit trente-neuf prisonniers, et l'on prit vingt bœufs.

Le 3, on fit seize prisonniers, et l'on prit cinq bœufs.

Le 5, il arriva quatre déserteurs, et l'on prit huit bœufs.

Le 7, il arriva huit déserteurs.

Le 9, il vint quatre déserteurs.

Le 10, il arriva six déserteurs.

Le 11, il vint cinq déserteurs ; on prit deux cuirassiers et cent vingt moutons.

Le 12, on fit seize prisonniers, et l'on prit quinze bœufs.

Le 13, on fit quatre-vingt-sept prisonniers.

Le 14, on fit neuf prisonniers, et il vint sept déserteurs.

ANNÉE 1702.

Le 15, on fit dix prisonniers.

Le 16, on fit vingt-six prisonniers, et l'on prit vingt-huit chevaux.

Le 17, il arriva cinq déserteurs.

Le 18, on fit neuf prisonniers.

Le 20, il arriva onze déserteurs.

Le 21, il arriva cinq déserteurs.

Le 22, on fit quatre-vingt-un prisonniers.

Le 23, il arriva six déserteurs.

Le 24, il arriva quatre déserteurs.

Le 25, on fit deux prisonniers, et on prit trois chevaux.

Le 26, il arriva trois déserteurs.

Le 27, on fit six prisonniers; il arriva trois déserteurs.

Le 28, il arriva trois déserteurs.

Le 29, il vint deux déserteurs.

Le 30, il arriva deux déserteurs.

Le 31, il arriva deux déserteurs.

Le 1er avril, il arriva trois déserteurs.

Le 2, on fit trois prisonniers, et l'on prit cinq chevaux.

Le 3, il arriva deux déserteurs.

Le 4, on fit deux prisonniers; on prit huit chevaux et sept bœufs.

Le 7, deux hussards pris avec leurs chevaux, quatre tués et deux bœufs pris.

Le 8, cinq déserteurs arrivés à Mantoue avec leurs chevaux.

Le 9, on fit quatre prisonniers.

Le 10, il vint un déserteur.

Le 11, on fit deux hussards prisonniers. Il arriva quatre déserteurs à cheval.

Le 12, trois fantassins Allemands prisonniers, trois tués. Il vint deux déserteurs Danois.

Le 13, il arriva deux déserteurs.

Le 14, il arriva deux déserteurs hussards.

Le 20, trente tués, dix-sept prisonniers, quatre déserteurs.

Le 23, il arriva deux déserteurs, dont l'un étoit à cheval.

Le 25, il arriva quatre déserteurs.

Le 27, on prit cent deux bœufs hongrois.

Le 29, il arriva quatre hussards.

Le 7 mai, il y eut huit Allemands tués.

Le 8, on prit soixante-dix bœufs.

Le 9, il vint un déserteur.

Le 10, il arriva deux déserteurs.

Le 11, il vint deux déserteurs.

Le 12, il arriva un déserteur.

Le 13, il arriva un déserteur.

Le 14, on fit huit prisonniers, et l'on amena vingt-deux chevaux.

Le 15, il entra trois déserteurs.

ANNÉE 1702.

Le 16, il vint trois déserteurs.

Le 17, il entra deux déserteurs.

Le 22, il entra quatre déserteurs.

Le 23, on fit deux prisonniers, et on prit deux espions.

Total des ennemis qui ont déserté pour se rendre dans Mantoue pendant le blocus, 395.

Total des prisonniers faits par la garnison, 551.

Total des chevaux pris, 226.

Total des bœufs pris, 324, et 120 moutons.

On ne répète point ici la quantité de bois et de fourrage enlevés dont il est parlé presque dans toutes les pages de ce journal.

On ne peut donner trop de louanges à M. le duc de Mantoue. Comme il n'y eut pas d'abord sujet d'espérer tous les avantages qu'on remporta sur les ennemis sans discontinuation pendant six mois, ce Prince se prépara à souffrir, avec une fermeté sans égale, tout ce qui lui pourroit arriver de plus chagrinant, disant, « que rien ne lui paroîtroit rude, de tout ce qui pourroit lui servir à marquer au Roi son attachement et son dévouement à ses intérêts ».

CHAPITRE VI.

Le comte de Tessé fait la campagne de 1702 dans l'armée du duc de Vendôme. Complot contre la vie du roi d'Espagne, Philippe v, qui étoit venu commander lui-même en Italie. La bonne intelligence entre M. de Tessé et le duc de Mantoue souffre quelqu'altération, relativement à un ministre de celui-ci, envers qui il étoit injuste. M. de Tessé se distingue au combat de Santa-Vittoria, et contribue au succès de la bataille de Luzzara, où il commande l'aile gauche. Il attaque et prend Borgoforte et seconde le duc de Vendôme au siége de Governolo. Il est fait maréchal de France.

Dès que Louis xiv fut informé de la prise du maréchal de Villeroi dans Crémone, le 1er février, il résolut de mettre le duc de Vendôme à la tête de son armée d'Italie, et le fit partir le 10 si précipitamment, que son pouvoir pour commander ne fut expédié que le 15, et on le lui adressa par un courrier. Vendôme arrive le 18 à Milan, s'y arrête quelques jours pour prendre connoissance des affaires et se concerter avec le prince de Vaudémont qui, pour éviter toute surprise, avoit rassemblé les troupes des deux couronnes le long de l'Adda.

Le Duc se rend le 28 février à Crémone, pour y préparer l'ouverture de la campagne,

ANNÉE 1702. 325

et attendre l'arrivée des renforts qui venoient de France. Vers la fin de mars, il réunit quelques forces à la droite du Pô, à Castel-San-Giovani et à la Molta, près du Tidone, pour menacer le Modénois; ce qui oblige le prince Eugène à couvrir ce duché avec une partie de ses troupes, tandis que l'autre s'assemble aux environs de Bersello. Le 22 mars, le général français campe entre Plaisance et la petite rivière de Nura, qu'il passe le 31 pour s'établir à Ponte-Nura. Ces mouvemens forcent l'armée de l'Empereur à se concentrer entre Parme et Bersello, en même temps qu'elle tient derrière l'Oglio un corps qui, en fortifiant Ustiano et Caneto, avoit pour objet de couper aux Français le chemin de Mantoue. Mais rien ne pressant le duc de Vendôme d'aller dégager cette place, où le comte de Tessé l'assuroit qu'il pouvoit tenir encore long-temps, il s'avança le 7 avril à Saint-Nazaro, et fit jeter sur le Pô, derrière sa gauche, à Monticello, au-dessus de Crémone, un pont qui fut achevé le 8. Le 10, des troupes françaises commencèrent à filer vers l'Oglio, à Soncino, où l'on établit des fours pour l'armée et des magasins. Après ces divers arrangemens, qui n'avoient eu d'autre but que d'obliger les ennemis d'abandonner quelques uns des postes qu'ils occupoient, le duc de Vendôme dispersa ses forces dans des quartiers de rafraîchissemens, le long de l'Adda, en attendant que les herbes fussent assez avancées pour lui permettre de réunir son armée et de commencer ses opérations.

Le 1er mai, il la rassembla sur les deux rives du Pô, vers Monticello, près de Crémone, et employa quelques jours à faire faire des mouvemens propres à cacher son but, qui étoit de dégager Mantoue. Le prince Eugène, qui le soupçonne, fait alors passer le Pô à Borgoforte, au comte de Staremberg, qui se porte sur la rive gauche de l'Oglio, à Marcaria. Le 4, l'armée française, réunie à la gauche du Pô, s'avance à Fiorana, dans la direction de Crémone à Bozolo, dont elle s'approche ensuite, et campe à San-Giovani-in-Croce. M. de Vendôme, en comptant les secours venus de France, au nombre de quatorze bataillons et vingt-sept escadrons, et les troupes du duc de Savoie, devoit avoir à ses ordres, indépendamment de ce qui occupoit Mantoue et Goito, où il avoit jeté un convoi, soixante-un bataillons et cent deux escadrons; mais toutes ces troupes ne l'avoient pas encore joint. Les Autrichiens n'avoient que cinquante bataillons et quatre-vingt-neuf escadrons, plus forts que ceux de l'armée des deux couronnes. Le 13, elle part de San-Giovani, et remontant à la droite de l'Oglio, campe à Bardolano, entre Soncino et Crémone. Le 14, elle jette des ponts sur l'Oglio, à Monte-Vico, passe la rivière le 15, et marche à Bassano, d'où le duc de Vendôme envoie un détachement pour s'assurer d'un passage sur la petite rivière de Mela, à Minerbio : il la traverse le 16, et campe à Pra-Albuina. Sur la nouvelle de ces mouvemens, le prince Eugène rassemble ses quartiers, et campe le 15 à Ustiano, qu'il abandonne le lendemain, après en avoir fait ruiner les retranchemens, pour se porter vers Mantoue. Le général français s'empare des munitions et des bateaux abandonnés par les Autrichiens à Ustiano, et s'avance le 18 à Isorella, d'où il fait deux détachemens, l'un pour occuper des passages de la Chiesa, l'autre pour s'emparer de Canetto, qui se rend le 20. Le lendemain, l'armée passe la Chiesa, et campe à Casal-Moro, en arrière de Castel-Guifré, qui se rend seulement le 23, après une assez forte résistance. Le duc de Vendôme avoit détaché le 21 un corps considérable aux ordres du marquis de Créqui, qui se dirige sur Goito. Ce mouvement inquiète les corps autrichiens qui bloquoient Mantoue de ce côté, et ils commencent à se replier de l'autre, pour concentrer leurs forces entre la place et Borgoforte. Le prince Eugène avoit attaqué vigoureusement, dès le 19, la porte de Cérèse, l'un des débouchés de Mantoue, et où l'on a vu que le comte de Tessé lui opposa une forte résistance, qui néanmoins fut surmontée le lendemain. Alors les ennemis campèrent à Pietolo ; et comme ils vouloient rester dans le Seraglio, ils commencèrent le 22 à élever des retranchemens devant les portes de Cérèse et de Pradella, pour se mettre à couvert des entreprises de la garnison de Mantoue. Dans cette situation, ils avoient derrière eux Borgoforte, où étoient leurs magasins.

Le duc de Vendôme marcha, le 22 mai, de Casal-Moro à Medoli, en avant de Castiglione delle Stivere, occupé par une garnison autrichienne, qu'il se borna pour le moment à faire bloquer, et s'avança le 23 à Goito, où il campa. Cette position fit disparoître les corps autrichiens qui se trouvoient dans cette partie, où le blocus de Mantoue fut entièrement levé ; mais le prince Eugène, décidé à se maintenir dans le Seraglio le plus long temps qu'il pourroit, réunit toutes ses forces de l'autre côté de la ville, dont il continua à masquer les débouchés. Il fit en même temps perfectionner les lignes, commencées la veille 22, depuis la porte de Pradella jusqu'à Curtatone, d'où ces retranchémens, bordant un canal appelé *Fossa Maestra*, s'étendoient jusqu'auprès de Borgoforte, qu'on retrancha, et où l'on mit des troupes. Le quartier-général fut établi à Curtatone, la cavalerie un peu au-delà de Montanara, et on construisit des batteries entre ces deux villages. Le 23, M. de Vendôme se porte de Medoli à Goito, où il appuie sa gauche, et étend sa droite vers Rivalda. Le lendemain il vient à Mantoue, et ne peut que rendre justice à la conduite du comte de Tessé, dont il trouve les troupes dans le meilleur état.

Le duc de Vendôme retourna le 26 à Goito, d'où il détacha le lendemain le comte de Revel, avec des troupes pour assiéger Castiglione-delle-Stivere, qui fut bloqué dès le 27 ; mais l'attaque ne commença que le 28, et la garnison capitula le 1er juin. Cette conquête rendit le général français maître de tout le pays depuis Mantoue jusqu'à Crémone, et ôta de ce côté toute communication au prince Eugène, avec le lac de Garda et l'Allemagne. Le 3 juin, le duc de Vendôme descend le Mincio, campe et se retranche à Rivalta et à la Madone-delle-Gracie, en face et à une portée de canon des Allemands. La maison occupée par ce général, à Rivalta, étant isolée et assez voisine de plusieurs canaux aboutissant au lac, le prince Eugène tenta, le 11, de le faire enlever par quelques troupes embarquées sur des bateaux; mais l'entreprise, confiée au lieutenant-colonel comte de Davia, échoua; et le prince, d'autant plus irrité de ce mauvais succès que son projet étoit moins délicat, menaça cet officier de lui faire trancher la tête. Le 12, le duc de Mantoue vint au camp de Rivalta, où on lui rendit tous les honneurs dus à la qualité de *généralissime* que les rois de France et d'Espagne lui avoient accordée. Il retourna le même jour à Mantoue. Le 15, le duc de Vendôme, pour se venger de la tentative déloyale du prince Eugène, fit canonner subitement à la pointe du jour, par une batterie dressée à cet effet, la maison qu'il occupoit, et de laquelle il fut obligé de s'enfuir brusquement pour n'être pas accablé sous les ruines, car elle s'écroula. Pendant le reste du mois de juin et le commencement du mois de juillet, les deux armées ne pouvant entreprendre l'une sur l'autre, se bornèrent à la petite guerre.

Dès le 5 de juin, le ministre de la guerre avoit écrit au comte de Tessé, pour lui exprimer la satisfaction du roi sur tout ce qu'il avoit fait pendant le blocus de Mantoue; et

ANNÉE 1702.

comme sa présence n'étoit plus nécessaire dans cette place, il y laissa M. de Zurlauben, et se rendit le 10 juillet au camp de Rivalta. Le duc de Vendôme en remit, le 11, le commandement au prince de Vaudémont, à qui il laissa cinq bataillons et treize escadrons espagnols, avec seize mille Français, tant infanterie que cavalerie, provisoirement aux ordres de M. de Tessé, chargé spécialement d'empêcher les ennemis de gagner le Brescian. Vendôme prit, avec le reste de ses forces, le chemin de Crémone, où l'on rassembloit une armée, à la tête de laquelle devoit agir le roi d'Espagne, Philippe v, arrivé de Naples à Milan le 18 juin. Il se rendit le 3 juillet à Crémone, où le duc de Vendôme arriva le 12, en même temps que le comte de Tessé, et le duc de Mantoue, qui s'étoit décidé à faire la campagne sous les yeux du jeune roi, avec d'autant plus de sécurité qu'on laissoit dans sa capitale quatorze bataillons, outre cinq dispersés dans quelques petites places voisines. Le départ du général français du camp de Rivalta, et les projets qui doivent naturellement en être la suite, comme de s'emparer de Bersello et de Borgoforte, pour en rompre le pont, attirent l'attention du prince Eugène, qui fait d'abord observer la marche du duc de Vendôme par un détachement aux ordres du général Visconti. Celui-ci arrive le 14 à Bersello, et Eugène se rend lui-même le lendemain à Borgoforte, dont il renforce la garnison.

Louis XIV, également prévenu contre la comtesse de Soissons (1) (qu'il fit sortir de France en 1680, parce qu'elle se trouva impliquée dans le procès de la Voisin, fameuse empoisonneuse, brûlée le 22 février, et qui fut accusée, dans la suite, d'avoir empoisonné Marie-Louise d'Orléans, reine d'Espagne, en 1689) et contre le prince Eugène, son fils, qu'il ne croyoit pas plus délicat sur les moyens, reçut divers avis qu'il machinoit un assassinat contre Philippe V, lorsqu'il seroit à la tête de l'armée d'Italie. Il ordonna en conséquence que six officiers supérieurs français, d'une valeur éprouvée, environneroient constamment Philippe; et que le duc de Vendôme veillât d'ailleurs à sa conservation par tous les moyens qu'il jugeroit à propos, de même que le comte de Marcin, ambassadeur de France auprès du jeune roi. On assure même que le ministre des affaires étrangères, Torci, écrivit au marquis

---

(1) Olimpia ou Olimpe Mancini, la seconde des nièces du cardinal Mazarin, mariée le 20 février 1657 à Eugène-Maurice de Savoie, comte de Soissons.

de Louville, gentilhomme français particulièrement attaché à Philippe : *Le prince Eugène ne croit pas avoir d'autres ressources pour sortir avantageusement de l'embarras où il se trouve.* Le motif de ces précautions étant venu à la connoissance du prince Eugène, par la lettre d'un nouvelliste de l'armée, tombée entre ses mains, il la renvoya au duc de Vendôme, avec la déclaration suivante :

« Cette lettre a été prise par un de nos partis. L'on fait savoir à M. le duc de Vendôme, que le prince Eugène n'a jamais été un assassin, et qu'il n'y a aucune raison qui pût l'obliger à une aussi infâme action. Il est même connu dans le monde sur le pié de ne servir que pour l'honneur et la gloire, outre qu'il sert un maître qui n'a jamais employé de pareils moyens, et qui est incapable de les commander. Ainsi, s'il n'y a d'autre raison que cela qui ait fait redoubler les gardes, on les peut, sur ma parole, laisser dans le premier état ».

Malgré cette assurance, on continua à prendre les précautions prescrites par Louis XIV, jusqu'au moment où Philippe V quitta l'armée. Antoine Bulifon, Napolitain, qui y suivit ce Prince, a composé un journal historique de la campagne de 1702, qu'il fit imprimer à Naples en 1704 (1), dans lequel on trouve, page 327, que le 4 septembre, un inconnu entra dans la chambre du roi, au camp de Luzzara, et disparut bientôt, appercevant sans doute qu'on le surveilloit; que le 6 on fit beaucoup de perquisitions pour retrouver cet homme, et qu'on ne put y réussir. Bulifon ajoute (pages 358 et 359), que le 13 la garde du Roi fut renforcée le soir par des grenadiers et des gendarmes, sans qu'on en pût pénétrer la raison, et que le 14, à cette augmentation de la garde, on joignit un capitaine de chaque corps ; que ces officiers devoient se tenir dans l'antichambre, et n'en permettre l'entrée qu'à des personnes à eux connues. C'est probablement de ces mesures dont le prince Eugène vouloit parler dans sa lettre au duc de Vendôme : elle est sans date.

L'armée française, rassemblée des deux côtés du Pô, près de Crémone, savoir, vingt-trois bataillons et quarante escadrons à Castel-Vetro, sur la rive droite, et dix-sept bataillons, avec quarante escadrons sur la rive gauche, commence à s'ébranler le 18 juillet. Le corps de la droite se porte à Corte-Maggiore, le 19, à

---

(1) Petit *in*-12 de 436 pages, avec dix planches.

Soragna, le 20, à San-Secondo, sur le Taro, le 21, à la gauche de la Parma, près de Colorno. Le corps de gauche s'étoit avancé de Crémone, en descendant à la rive gauche du Pô, par Castel-Ponzona, à Casal-Maggiore, où il jette le 21 un pont sur le fleuve. Philippe v étoit depuis le 20 à l'armée. Jointe le 24 par le corps qui avoit passé le Pô à Casal-Maggiore, elle marche le 25 à Sorbolo, sur la Lenza.

Le comte de Tessé, qui étoit retourné dans le Mantouan, préférant de servir sous le roi d'Espagne et sous Vendôme, quitta le corps de M. de Vaudémont et arriva au camp de Sorbolo. Il assista le 23 à un conseil de guerre, à la suite duquel il alla reconnoître Bersello, pour examiner les entreprises qu'on pouvoit former contre ce poste. Quoique M. de Tessé eût rendu de grands services au duc de Mantoue pendant l'hiver; qu'il eût récemment fait consentir Louis xiv, le 17 juillet, que le régiment de Royal-Monferrat, qui étoit à sa solde, changeât de nom et prît celui des *Gardes du Duc,* ce prince susceptible, bizarre et rempli de foiblesses, ne lui pardonnoit pas de soutenir le marquis de Baretti, son ministre, qu'il avoit disgracié, parce qu'on lui imputoit contre sa personne des cabales imaginaires; mais comme il étoit très-bien intentionné pour la France, Tessé ne jugeoit pas à propos d'entrer dans ces intérêts particuliers et de l'abandonner à la haine de ses ennemis ; ce qui déplut au duc de Mantoue, au point qu'il pria le duc de Vendôme d'adresser le 24 au Roi une lettre de plaintes contre M. de Tessé : elle ne servit qu'à faire donner à celui-ci beaucoup de louanges sur sa conduite. Au surplus, sa mésintelligence avec le Duc fut de courte durée ; d'ailleurs, Louis xiv étoit d'autant plus disposé à ménager M. de Tessé, que des motifs qu'on ignore, lui faisoient desirer qu'il différât l'acceptation d'une grace très-éclatante que Philippe v étoit disposé à lui accorder. La fermeté et la constance qu'il déploya pendant le blocus de Mantoue, avoient été trop utiles à la conservation des Etats de ce monarque en Italie, pour qu'il ne sentît pas la convenance de reconnoître un service aussi essentiel. Le duc de Medina-Sidonia et le duc de Mantoue lui-même, le firent valoir assez efficacement aux yeux de Philippe, pour qu'ils pussent avertir M. de Tessé d'obtenir de Louis la permission d'accepter la grandeur d'Espagne. Il demanda les intentions du monarque par une lettre du 17 juillet ; mais il en reçut une réponse négative, à laquelle il répliqua (1) : *Qu'il ne profi-*

---

(1) Du camp de Luzzara, le 2 septembre.

teroit jamais d'une chose, quelqu'avanta-
geuse qu'elle lui fût, lorsque par contre-coup
elle pourroit nuire aux affaires de S. M. ou à
celles du roi d'Espagne.

Les projets et les mouvemens du duc de Vendôme qui menaçoient Bersello et Guastalla, inquiétoient le prince Eugène. Il avoit six mille hommes à Borgoforte, cinq mille dans Bersello, mille à Ostiglia, huit cents à Guastalla, cinq cents à Luzzara et autant à la Mirandola, de sorte que ses forces disponibles n'étoient guère que de vingt-quatre mille hommes, tandis que celles des Français s'élevoient à environ trente-cinq mille. La nécessité de les observer, l'engagea à porter encore quelques troupes à Guastalla et sur le Crostolo, tandis que le général Visconti qui étoit près de Bersello avec trois mille quatre cents hommes tant infanterie que cavalerie, se trouvant trop faible pour arrêter le duc de Vendôme, fit brûler par ordre d'Eugène un pont de bateaux qu'il avoit fait construire sur la Lenza, et se replia près de Santa-Vittoria, entre les rivières de Crostolo et de Tessone. Le 26 juillet l'armée française part de Sorbolo, passe la Lenza et campe à Castel-Novo. M. de Vendôme se décide alors à surprendre Visconti le jour même, et malgré l'extrême chaleur, qu'il assuroit aux soldats être une *belle-fraîcheur*, ce qui est devenu proverbe, il se met en marche à deux heures après midi, à la tête de vingt-quatre compagnies de grenadiers et de seize escadrons, arrive à la vue des Autrichiens qui ne s'attendant pas d'être attaqués à une heure aussi indue en Italie, étoient en partie au fourrage. Les Français partagés en deux colonnes, celle de droite aux ordres du comte de Tessé, et celle de gauche à ceux du comte d'Albergotti, passent brusquement le Crostolo, renversent les premières gardes ennemies qui tentent de les arrêter, se portent à la tête des ponts du Tessone par lesquels Visconti auroit pu se retirer, et culbutent ses troupes dans cette rivière, qu'elles avoient à dos. Ce combat dans lequel M. de Tessé montra sa valeur ordinaire, ne fut qu'une déroute de la part des ennemis qui eurent six cents hommes tués, quatre cents faits prisonniers et beaucoup de noyés : les Français y en perdirent cent vingt tant tués que blessés. Leurs grenadiers donnèrent dans cette occasion une preuve de leur gaîté naturelle. Comme ils avoient pris un grand nombre de chevaux, ils les montèrent et allèrent dans cet équipage au-devant du roi d'Espagne, qui sur l'avis qu'on en étoit aux mains, accouroit du

camp de Castel-Novo, mais il arriva trop tard.
Les troupes qui venoient de combattre restèrent à Santa-Vittoria, où l'armée vint camper
le 27. Le 29, le comte d'Albergotti détaché par
M. de Vendôme, se fait ouvrir les portes de
Regio, et s'empare également sans résistance
de Modène, de Coreggio et de Carpi. Le 31
l'armée française marche de Santa-Vittoria à
Novellara.

Ces progrès forcent le prince Eugène de
s'éloigner de Mantoue, et de faire replier sur
Luzzara les détachemens qu'il avoit à la droite
du Crostolo et vers Guastalla. Le 31, ce général
ordonne de retirer les troupes qui resserrent
Mantoue à Cérèse et à la Pradella, abandonne
son camp de Curtatone, et vient s'établir entre
Bescoldo et Borgoforte. Le prince de Vaudémont sort alors de ses retranchemens de Santa-
Maria delle Gratie, pénètre dans le Seraglio,
prend son quartier à Curtatone, et fait raser
les retranchemens construits par les Autrichiens dans cette partie. Le premier août le
prince Eugène passe le Pô à Borgoforte, y laisse
six mille hommes tant pour garder ce poste
que pour en achever les fortifications, campe
à Sailetto, et fait jeter devant sa position
plusieurs ponts sur le Zero. Le 2 août l'armée
française s'avance de Novellara à Testa, et

établit devant son front plusieurs ponts sur le canal ou petite rivière de Parmegiana. Dans cette situation, la proximité des deux armées rendoit une action presqu'inévitable, et le prince Eugène y étoit résolu malgré son infériorité en nombre. Le duc de Vendôme décidé lui-même à combattre, ne vouloit cependant engager d'action, qu'après avoir reçu des renforts qu'il attendoit, et rappelé les détachemens envoyés dans le Modénois. Il se vit bientôt à la tête de cinquante-trois bataillons et de cent un escadrons, et dès lors il se montra très-empressé d'en venir à une bataille, dont la supériorité de ses forces lui sembloit susceptible d'assurer encore mieux le succès.

Le prince Eugène se fait joindre par deux mille hommes tirés de Bersello, et forme le projet de profiter de la nature du pays qui est très-coupé de fossés et de canaux et couvert d'arbres, pour surprendre les Français au moment où ils s'approcheront de lui, préférant de les attaquer à se laisser attaquer lui-même. Il lui parut qu'il suffisoit d'être exactement informé des mouvemens du duc de Vendôme, pour rendre infaillible l'exécution de son projet : en conséquence, le général autrichien fait encore redoubler l'espionnage, qu'aucun homme de guerre n'a poussé au même degré que lui. Informé que l'armée française doit venir camper le 15 août en avant de Luzzara, bourg environné de fossés et précédé d'un vieux château fortifié d'une grosse tour, il y poste la nuit du 14 au 15 six cents hommes avec ordre de se défendre jusqu'à la dernière extrémité; mais il assure en même temps au commandant qu'il viendra à son secours le plus promptement possible. Comme le Zero coule parallèlement à la position que le duc de Vendôme se proposoit d'occuper, et que ce canal est bordé d'une digue destinée à empêcher les inondations, le prince Eugène, cache dans la matinée du 15 le long de cette digue, son infanterie soutenue par sa cavalerie. Il présumoit qu'en arrivant dans son camp, l'armée française poseroit les armes pour dresser ses tentes, que les troupes se disperseroient ensuite pour aller à l'eau et au fourrage, et qu'il profiteroit de ce moment pour marcher droit au camp de cette armée, prendre ses armes aux faisceaux et une partie des chevaux au piquet, ce qui devoit produire en un instant sa dispersion et sa ruine.

Les Français décampent effectivement le 15 de Testa, passent la Parmegiana et la Tagliata, et prennent, sur deux colonnes, le chemin de Luzzara, le comte de Tessé conduisant celle de gauche. La proximité de l'ennemi détermine le duc de Vendôme à redoubler de précautions ; il se met lui-même à la tête de l'avant-garde, de laquelle il détache des patrouilles pour fouiller le pays dans toutes les directions. On ne découvre rien, et on arrive à la vue de Luzzara que le général français envoie sommer. On lui répond à coups de fusil ; mais comme il juge que ce poste qui va se trouver derrière l'armée tombera de lui-même, il n'ordonne pas moins de marquer le camp entre Luzzara et la digue du Zero, sur laquelle un aide-major qui conduisoit les campemens de son régiment, s'avise de monter. Alors il découvre l'infanterie autrichienne couchée ventre à terre sur le revers de la digue, et la cavalerie en bataille à quelques pas derrière la première : il donne aussitôt l'alarme ; l'escorte des campemens qui commençoit à quitter ses armes, se hâte de les reprendre, et le duc de Vendôme envoie ordre aux colonnes de s'avancer avec la plus grande promptitude. On range les troupes en bataille à mesure qu'elles arrivent. La gauche, commandée par le comte de Tessé, s'appuie au Pô, et la droite, conduite par le marquis de Créqui, se forme de son côté, autant que le terrain coupé le permet. Le prince Eugène se voyant découvert,

calcule que la nature du pays rendra inutile
la nombreuse cavalerie française, que l'action
se réduira à un combat d'infanterie, et que la
sienne plus exercée au feu que celle du duc de
Vendôme, lui permet encore d'espérer de le
vaincre ; il ne balance donc pas à sortir de son
embuscade, et à marcher aux Français, déterminé à faire son principal effort avec sa droite
contre leur gauche afin de l'enfoncer, de la
séparer du Pô et de prendre ensuite en flanc
le reste de l'armée. Entre cinq et six heures
du soir, le général allemand fait commencer
le combat avant qu'elle soit totalement en bataille, et elle ne peut réussir à s'y mettre totalement pendant la durée de l'action, sur-
tout à la droite, où les arbres, les haies et les
fossés empêchent les troupes de communiquer entre elles et même de se voir. Bientôt
le feu s'étend d'une extrémité de la ligne à
l'autre. Le comte de Tessé soutient les tenta-
tives des ennemis avec son intrépidité accou-
tumée ; il les repousse ou en est repoussé
quatre ou cinq fois : ses troupes en viennent
souvent aux coups de main. Dans un de ces
chocs, il reçoit une légère blessure. Les
mêmes choses se passent à sa droite. Philippe v
et le duc de Vendôme se montrent par-tout,
et le dernier sur-tout déploie autant d'activité

que les troupes montrent de valeur. La nuit surprend les combattans sans suspendre le combat, car le feu du canon et de la mousqueterie continue malgré l'obscurité encore plus d'une heure.

Le prince Eugène rallia ses troupes en avant du Zero, à une très-petite distance en arrière du terrain sur lequel elles avoient combattu, et fit élever sur son front un retranchement qui se trouva achevé au jour. Les Français en usèrent de même de leur côté; chacune des deux armées eut environ quatre mille hommes tués ou blessés; toutes deux perdirent des généraux et s'attribuèrent la victoire, qui ne peut être contestée aux Français, puisqu'attaqués dans leur poste, ils s'y maintinrent; qu'ils prirent à l'ennemi deux pièces de canon et un étendard, et que le château de Luzzara se rendit à eux le 17 août. Dans une lettre que le comte de Tessé adressa ce jour-là à M. de Chamillart, il l'assure qu'on n'avoit pas vu depuis long-temps un feu d'infanterie si long et si violent; il auroit pu ajouter, ni si vigoureusement soutenu de part et d'autre. Les Français s'attendoient à voir recommencer le combat le 16 au matin, mais le prince Eugène se borna à leur faire tirer un grand nombre de coups de canon, qu'ils lui rendirent, tant les deux armées étoient proches. Chacune d'elles dressa sur son front des batteries dont le feu dura presque continuellement pendant plusieurs jours. Le 18, les Français commencèrent sur le Pô à l'extrémité de leur gauche, un pont qui fut achevé le 20; il étoit partagé en deux parties par une île dans laquelle on envoya de l'artillerie pour canonner la droite des Autrichiens. Le prince de Vaudémont vint resserrer Borgoforte à la gauche du Pô. S'il eût été aussi bien instruit des démarches du prince Eugène, que celui-ci l'étoit de celles des Français, il auroit pu tomber sur ses derrières pendant la bataille de Luzzara, attaquer Borgoforte et produire ainsi une diversion utile à l'armée des deux couronnes. La garnison de Guastalla inquiétant les derrières du camp du duc de Vendôme, il fit reconnoître la place le 19 par M. de Tessé, et l'envoya investir le 29. On ouvrit la tranchée la nuit du 31 août au premier septembre, et elle capitula le 9. Le 10, le comte de Tessé escorta la garnison jusqu'au pont du Pô, d'où elle devoit se rendre à Trente, en traversant le territoire vénitien.

La guerre avoit peu de charmes pour le duc de Mantoue, qui étoit parti inopinément le 22 août du camp de Luzzara, pour Casal, sous prétexte de s'y occuper du rétablissement de sa santé. On le mit, le 12 septembre, en possession de Guastalla et de ses dépendances, parce qu'il avoit des droits à ce duché, du chef de sa femme. Le comte de Tessé observa à la cour, par une lettre du 15 septembre, qu'il falloit exiger que ce Prince passât l'hiver dans sa capitale, où sa présence contribuoit à contenir les partisans de l'Autriche.

Il ne se passoit rien d'intéressant entre les deux armées, qui se bornoient à la petite guerre. Philippe v partit le 2 octobre pour Milan, d'où il retourna en Espagne. A la même époque le prince de Vaudémont se rendit aussi dans le Milanais, et fut remplacé par le comte de Tessé. Le comte de Langallerie, maréchal de camp, commandoit alors à Mantoue. On conçut des inquiétudes pour cette place, où le duc de Vendôme envoya, le 6, M. de Tessé pour la rassurer, et prendre le commandement des sept mille hommes d'infanterie et des quinze cents de cavalerie qui se trouvoient dans cette partie. On voyoit rôder à Mantoue beaucoup d'inconnus très-suspects; ils y commettoient même des excès qui faisoient regretter à M. de Tessé la disgrace du ministre Baretti, qui les eût réprimés. Peu de jours après son arrivée, on découvrit que le prince Eugène avoit formé le dessein de surprendre

ANNÉE 1702. 347

Mantoue à la faveur des intelligences qu'il y entretenoit, et de faire égorger la garnison. C'étoit pour faciliter cette entreprise, qu'il avoit fait rapprocher de la ville plusieurs corps de troupes, sous prétexte qu'il vouloit la bloquer de nouveau pendant l'hiver. Le complot fut éventé par un officier, qui feignit d'y entrer, afin d'en mieux connoître les détails. On prit alors des mesures, de concert avec le duc de Vendôme, pour faire tomber le prince Eugène dans un coupe-gorge, avec le corps nombreux qu'il destinoit à l'entreprise. Il fut averti par un déserteur, au moment même où il se mettoit en marche, et le coup manqua ainsi de part et d'autre.

Le desir de pourvoir à la sûreté de Mantoue fit naître l'idée d'y laisser M. de Tessé pendant l'hiver : il manda le 13 octobre et le 3 novembre, à M. de Chamillart, qu'il y consentoit, si le service du Roi l'exigeoit absolument, mais qu'il souhaitoit en même temps de pouvoir retourner en France, où l'arrangement de ses affaires demandoit sa présence. Dans la dernière de ces lettres il rappeloit au Roi ses services, à propos du bâton de maréchal de France donné au marquis de Villars, qui avoit gagné, le 14 octobre, la bataille de Friedlingen, et d'une compagnie des Gardes-du-Corps que la mort du maréchal de Lorges faisoit vaquer. Ces dépêches furent croisées par une autre du ministre du 13 octobre, pour annoncer au comte de Tessé que, selon toutes les apparences, il passeroit un second hiver à Mantoue. La majeure partie de ses forces campoit à Torre-d'Oglio et à Cesoli, près de l'Oglio, afin d'observer de plus près les Autrichiens de Borgoforte. Le duc de Vendôme lui prescrivit de faire, le 5 novembre, des démonstrations contre ce poste, afin d'y attirer l'attention des ennemis, et de les empêcher de troubler le départ de l'armée, qui replia son pont et quitta ce jour-là sa position de Luzzara, pour venir camper à Raggiolo, à hauteur de Guastalla; le général français fit en même temps courir le bruit qu'il alloit marcher à la Mirandola, afin d'attirer de ce côté le prince Eugène, et de faciliter au comte de Tessé la prise de Borgoforte, qu'il attaqua le 13, secondé par le comte de Médavi, qui s'étoit porté, avec un détachement, au confluent de l'Oglio, d'où il envoya des galiotes chargées de troupes pour resserrer Borgoforte par eau. Le duc de Vendôme, feignant toujours d'en vouloir à la Mirandola, campa le 9 novembre à Papazzina, près de la Secchia. Eugène, trompé par ces démonstrations, s'éloigne de Borgoforte pour venir se poster sur la rive droite de la Secchia, en défendre le passage, et couvrir le Mirandolais, où il se propose de prendre des quartiers d'hiver. Pendant ce temps M. de Tessé se rend maître le 15 de Borgoforte; il y prend trois cents hommes, trente-six pièces de canon et beaucoup d'approvisionnemens. Cette conquête rend Mantoue entièrement libre, et le ravitaillement de Bresello, situé sur la rive droite du Pô, au-dessus de Guastalla, impossible; c'est pourquoi le prince Eugène tente de reprendre Borgoforte; mais les Français y envoient à propos un renfort qui fait échouer ce projet; et pour mieux assurer encore le Séraglio et resserrer les ennemis, le comte de Tessé propose l'attaque de Governolo, situé sur les deux rives du Minçio, près de son embouchure dans le Pô.

De Papazzina, le duc de Vendôme étoit venu camper à Guastalla, d'où il se rendit le 14 à Mantoue, pour régler les préparatifs du siége de Governolo, qui fut investi la nuit du 16 au 17, et le général français vint camper le lendemain à Coreggio, près de la place. La nuit du 17 au 18 fut employée à disposer les attaques et à l'établissement des batteries, qui commencèrent à tirer le 18 au soir. Le même jour le comte de Tessé s'étant porté avec un détachement à l'embouchure du Pô et du Mincio, ses troupes en apperçurent d'ennemies de l'autre côté de la rivière, et il s'engagea entre elles, d'un bord à l'autre, un feu de mousqueterie qui fut assez meurtrier. Les Autrichiens dont on vient de parler servoient d'escorte au prince Eugène qui, en arrivant au camp de Sachetta, vint examiner lui-même les moyens de dégager Governolo. Les jugeant impraticables, il envoya ordre au commandant de l'abandonner et d'y mettre le feu; ce qu'il tenta d'exécuter le 19, mais les assiégeans ne lui en donnèrent pas le temps, éteignirent le feu, sauvèrent les magasins, et tuèrent quelques Allemands, qui abandonnèrent ensuite d'eux-mêmes la partie de Governolo située sur la rive gauche du Mincio, ainsi que divers postes qu'ils occupoient à la gauche du Pô, à l'exception d'Ostiglia et de Bersello, sur la rive droite. Ce dernier poste fut bloqué pendant tout l'hiver et une partie de l'année suivante (1).

Le reste de la campagne se réduit, de part et d'autre, à des opérations de petite guerre; et vers la fin de décembre, les deux armées

---

(1) La garnison de Bersello se rendit enfin prisonnière de guerre le 27 juillet 1703.

ANNÉE 1703. 351

entrent dans leurs quartiers d'hiver. Le prince
Eugène part pour Vienne, et le duc de Vendôme s'établit à Guastalla, après la prise de
Governolo. Le comte de Tessé étoit retourné à
Mantoue, d'où il ne néglige rien (1) pour
détromper le Roi, sur des bruits mal fondés qui
pouvoient le faire croire brouillé avec M. de
Vendôme ; il éveille ensuite l'attention de la
Cour (2) sur la conduite insidieuse des Vénitiens, lesquels, disoit-il, étoient cause de la
guerre d'Italie, qui ne s'entretenoit que par
leur moyen. Les succès du duc de Vendôme,
à qui l'on ne pouvoit contester les avantages
de la campagne, et l'éloignement des Autrichiens de Mantoue, ne laissant plus aucune
inquiétude pour la sûreté de cette place, M. de
Chamillart manda le 7 janvier 1703, à M. de
Tessé, qu'on lui permettoit de revenir en
France. M. de Vendôme ayant alors envoyé le
comte de Besons, lieutenant-général, pour le
remplacer à Mantoue, il se rendit à Milan,
où il apprit le 24, que le Roi l'avoit nommé
le 14, maréchal de France. Il se hâta de se
rendre à la cour, et prêta, le 8 février, le
serment de sa nouvelle dignité. Quoiqu'il y

---

(1) Par une lettre du 4 décembre.
(2) Par une dépêche du 11.

eût des droits par ses services, on prétendit que madame de Maintenon, en la lui procurant, n'avoit cherché qu'à se faire une créature de plus; mais cette opinion est démentie par une lettre écrite au cardinal de Noailles, le 10 février, par madame de Maintenon elle-même, qui lui mande, relativement à la promotion que le public n'approuvoit pas : *Ce que vous me dites m'afflige ; madame la duchesse de Bourgogne a fait M. de Tessé, et je n'ai pu faire le cousin de 59.* On ignore qui ce chiffre désigne ; mais les collègues de M. de Tessé furent le marquis de Chamilli, le duc d'Etrées, le comte de Chateau-Renaud, M. de Vauban, le marquis de Rosen, le marquis d'Huxelles, le duc de Tallard, le marquis de Montrevel et le duc de Harcourt. Le comte de Tessé étoit le septième.

FIN DU TOME PREMIER.

TABLE DES CHAPITRES

CONTENUS DANS CE VOLUME.

Introduction ou Avertissement nécessaire à lire. *p.* v

CHAPITRE PREMIER.

Naissance du comte de Tessé. Son entrée au service et ses premières armes en Lorraine avec le maréchal de Créqui. Il est placé ensuite dans le même régiment avec le chevalier de Tessé, son frère. Il sert dans la guerre de Hollande commencée en 1672. Il parvient successivement aux grades de capitaine et de colonel. Son mariage. Il marche en Roussillon, passe en Sicile, se distingue sur le Rhin en 1677, sous les ordres du maréchal de Créqui. Est élevé au grade de brigadier de dragons. Se signale encore dans la campagne de 1678 sous le même général. S'introduit dans la société du marquis de Louvois, et gagne son amitié. Obtient le commandement du Dauphiné et celui de plusieurs camps de paix. Est employé au siége de Luxembourg en 1684. M. de Louvois lui procure la charge de mestre-de-camp général des dragons. *page* 1

CHAPITRE II.

A la révocation de l'édit de Nantes, M. de Tessé devient un des missionnaires militaires ou chefs des dragonades, chargés d'opérer à coups de sabre la conversion des Calvinistes, mais sans se permettre les mêmes excès que plusieurs autres. Lettre singulière qu'il écrit à M. de Louvois sur les abjurations forcées de la ville d'Orange. Le ministre lui procure le grade de maréchal de camp et le cordon bleu. Il va servir successivement sur le Rhin et sur la Moselle. Fait des courses dans le duché de Juliers, et commande ensuite sur la Meuse. *page* 9

CHAPITRE III.

Le comte de Tessé est envoyé en 1691 à l'armée d'Italie aux ordres de M. de Catinat. Il gagne l'amitié de ce général. Est blessé à l'attaque du château de Veillane, obtient le gouvernement d'Ipres, le grade de lieutenant général des armées et la charge de colonel général des dragons. Il entreprend avec les Barbets, contre l'avis de M. de Catinat, un traité dans lequel il échoue. On le nomme successivement au commandement de l'Aunis et du Béarn. Il revient à l'armée d'Italie et réussit à se faire employer par M. de Catinat et par la Cour, dans les négociations secrètes avec le duc de Savoie. Il défend contre ce Prince le fort de Sainte-Brigite, la citadelle et la ville de Pignerol avec autant de valeur que d'intelligence, et continue à négocier avec lui. Bizarres artifices de Victor-Amédée. M. de Tessé va le trouver à Turin déguisé en postillon. Il n'en obtient d'abord que des espérances. Il concerte avec lui la reddition et la démolition de Casal. Il réussit enfin à conclure avec le Duc un traité préliminaire de paix, dans lequel le mariage de la fille ainée de ce Prince avec le duc de Bourgogne est arrêté. Nommé plénipotentiaire de Louis XIV pour conclure la paix définitive, il la signe à Turin, de même que le contrat de mariage du duc de Bourgogne. Il sert ensuite au siége de Valence, accompagne la duchesse de

Bourgogne jusqu'à Fontainebleau et retourne à Turin. Ses liaisons cachées avec la comtesse de Verrue, maîtresse du duc de Savoie. Notice sur la personne et les aventures surprenantes de cette femme singulière. Elle trahit son amant pour servir Louis xiv. Lettres curieuses du comte de Tessé au Roi à ce sujet. Il adresse au marquis de Barbezieux, ministre de la guerre, des détails relativement à un alchimiste. Il va servir en Flandre dans l'armée du maréchal de Catinat en 1697. Il est employé au siége d'Ath. Quelques-unes de ses lettres écrites pendant cette campagne. *page* 15.

CHAPITRE IV.

Louis xiv consulte sur les affaires d'Italie le comte de Tessé, qui lui remet à ce sujet deux mémoires. Mystifications aussi plaisantes que désagréables que le duc de Lausun lui fait essuyer au camp de Compiègne et à Marli. Le Roi le renvoie à Turin en 1699, pour pénétrer les intentions du duc de Savoie. Lettres intéressantes qu'il écrit au Monarque et au marquis de Torci, sur l'objet de sa mission. *page* 126

CHAPITRE V.

Mémoire curieux du comte de Tessé, sur le testament du roi d'Espagne, Charles ii. M. de Tessé accompagne Philippe v, son successeur, jusqu'à la frontière. Il se rend ensuite en Italie pour commander l'armée française dans le Milanais, en attendant l'arrivée du maréchal de Catinat. Il découvre les fourberies du duc de Savoie, en informe le Roi et se donne beaucoup de mouvemens pour empêcher les Autrichiens de pénétrer en Italie. Il négocie avec le duc de Mantoue, et l'amène à conclure un traité, par lequel il s'engage à recevoir des troupes françaises dans ses places et même dans sa capitale. M. de Tessé intrigue, de concert avec le prince de Vaudémont, contre M. de Catinat, son bienfaiteur et son ami, dans l'espoir de le remplacer à la tête de l'armée. Sa rare intrépidité et son sang-froid au combat de Carpi. Mort du chevalier de Tessé. Son frère perd le fruit de ses intrigues par l'arrivée imprévue du maréchal de Villeroi, envoyé par Louis XIV pour ôter le commandement en chef au maréchal de Catinat. Incapacité de M. de Villeroi. Diverses anecdotes relatives à lui et à M. de Catinat. M. de Tessé va commander dans le Mantouan. Des forces très-supérieures aux siennes finissent par le resserrer et le bloquer dans Mantoue et dans quelques postes voisins. Il fait néanmoins une guerre très-vive aux ennemis pendant tout l'hiver, remporte sur eux divers avantages, et par son industrie, son activité et sa bonne conduite, il fait subsister ses troupes, la cour de Mantoue, et les habitans de la ville près de six mois, et jusqu'au moment où le duc de Vendôme, qui avoit succédé au maréchal de Villeroi, pris dans Crémone, vient dégager Mantoue. Journal du blocus de cette place. *page* 177

CHAPITRE VI.

Le comte de Tessé fait la campagne de 1702 dans l'armée du duc de Vendôme. Complot contre la vie du roi d'Espagne, Philippe V, qui étoit venu commander lui-même en Italie. La bonne intelligence entre M. de Tessé et le duc de Mantoue souffre quelqu'altération, relativement à un ministre de celui-ci, envers qui il étoit injuste.

TABLE.

M. de Tessé se distingue au combat de Santa-Vittoria, et contribue au succès de la bataille de Luzzara, où il commande l'aile gauche. Il attaque et prend Borgoforte et seconde le duc de Vendôme au siége de Governolo. Il est fait maréchal de France. *page* 324

FIN DE LA TABLE.

www.ingramcontent.com/pod-product-compliance
Lightning Source LLC
Chambersburg PA
CBHW050548170426
43201CB00011B/1611